エビデンスに基づく教育政策

EVIDENCE-BASED EDUCATION POLICY
What Evidence? What Basis? Whose Policy?

D.ブリッジ
David Bridges

P.スメイヤー
Paul Smeyers

R.スミス
Richard Smith

編著

柘植雅義
Tsuge Masayoshi

葉養正明
Hayo Masaki

加治佐哲也
Kajisa Tetsuya

編訳

勁草書房

EVIDENCE-BASED EDUCATION POLICY: What Evidence? What Basis? Whose Policy?
by edited by David Bridges, Paul Smeyers, and Richard Smith
Copyright © 2009 by Philosophy of Education Society of Great Britain
All Rights Reserved. Authorized translation from the English language edition published by
Blackwell Publishing Limited.
Responsibility for the accuracy of the translation rests solely with Keiso Shobo Publishing Co., Ltd.
and is not the responsibility of Blackwell Publishing Limited. No part of this book may be
reproduced in any form without the written permission of the original copyright holder,
Blackwell Publishing Limited.
Japanese translation published by arrangement with John Wiley & Sons Ltd.
through The English Agency (Japan) Ltd.

翻訳にあたって

　本書は，2009年に英国WILEY-BACKWELL社から刊行された，"Evidence-Based Education Policy: What Evidence? What Basis? Whose Policy?"の翻訳である。イースト・アングリア大学の名誉教授であるデビッド・ブリッジ（David Bridges），ゲント大学の教授であるポール・スメイヤー（Paul Smeyers），そしてダラム大学の教授であるリチャード・スミス（Richard Smith）の3名の編集体制で，彼らを含む総勢16名によって執筆された。本書のタイトルは，直訳すれば，『エビデンスに基づく教育政策——エビデンスとは何か？　エビデンスの基盤とは何か？　誰のための政策か？』である。

　翻訳にあたっては，国立教育政策研究所の教育政策・評価研究部長（当時）の葉養正明氏，兵庫教育大学の学長の加治佐哲也氏，それに私，国立特別支援教育総合研究所の教育情報部長の柘植雅義の3名で監訳を始めた。章によっては他の研究者も担当した（巻末の訳者一覧を参照）。

　本書は，近年，英国や米国において研究が進んできている，「エビデンスに基づいた」教育政策を扱ったものである。このテーマは，日本では，ここ数年の間にやっと話題になり始めたばかりで，学術学会で関連の研究が出始めたり，関連のシンポジウムなどが開催されたりするようになってきた（例：国立教育政策研究所が2010年に行った教育改革国際シンポジウム「教育研究におけるエビデンスとは—国際的動向と専攻分野からの知見—」，日本発達障害ネットワーク（JDDネット）が2010年に行った教育シンポジウム「エビデンスに基づいた指導・支援—特別支援教育のあるべき姿—」など）。

　本書の内容は，まず，エビデンスに基づいた政策と実践に向かう動向が近年になって英国や米国であること，政策が研究から引き出される範囲や，政策に対

i

翻訳にあたって

して情報を提供するエビデンスの種類等に関する重要な質問が起こされる。もしエビデンスに基づく政策という手法ではない場合には何が上手く働くのかを議論すること，政策に情報を提供するエビデンスという概念の批判，そして研究によって示すことができることと政策のより広い政治的な要求との間の様々なギャップなどについて述べられていく。そして，政策に情報を提供するいくつかの異なる教育的研究について，どのようにエビデンスを提供することが可能かが個々の手法ごとに論じられていく。たとえば，個別の事例研究，個人の語り（ナラティブ），大規模母集団生徒研究，実地研究法（アクションリサーチ），そしてロマン主義的文学までにも及ぶ。ロマン主義は，18世紀末から19世紀にかけてのヨーロッパの精神運動の一つで，それまでの理性偏重や合理主義などに対抗し，感受性や主観に重きをおいた運動であった。最終章の第9章では，「プロテウスの出現――教育研究を再考する」と題して，このことも含めて，改めて教育研究を論じている。

　こうして，本書は，政策や実践に情報を提供するであろう様々な異なる手法のより深く繊細な理解の重要性と，これまでの伝統的な教育研究によって示される洞察の認知と利用の重要性が示唆される。

　このように，本書は，エビデンスに基づいた教育政策について，英国における最新の研究とそれに基づく主張を全体的に提供していることが貴重であり，そしてその際には，単に「表面的なエビデンス」に収束することもなく，より高いところから，エビデンスに基づく教育政策とは何かを問いかけている。この点が，本書の最も重要な特色の一つであり，そのような意味で，今後，我が国におけるエビデンスに基づく教育政策についての議論や具体的な政策形成や行政施策の本格的な展開において，大いに参考になると考える。

　なお，監訳にあたっては，以下の点に配慮した。

（1）人名は，基本的にはカタカナ表記とし，論文引用などでは英語表記をそのまま使った。

（2）単語（用語）によっては，必要に応じて，初出時は括弧内に英語表記を記した。これは，日本語にした場合に，似たような意味になる単語（用語）であったり，英語表記があったほうが元の意味（文意）が明確になったりする場合があるとい

う理由からである。例：信頼（confidence），省察（reflection），探究（investigation）と研究（research）。

(3) 組織名，委員会名，プロジェクト名などは，基本的には，日本語表記（漢字やカタカナなどで表記）としたが，初出時は，その後に括弧内に英語表記を記した。さらに，RCT など略語がある場合は，その後に括弧内に略語も記載した。

(4) "Evidence-based Education Policy" は，「エビデンスに基づく教育政策」というように，"Evidence" は，「エビデンス」とカタカナ表記し，「証拠」などとはしなかった。本書では，「エビデンス（evidence）」を，「証拠（proof）」や「正当な理由（warrant）」などと区別して使用している。

以上の点も含め，全篇を通して基本的には直訳としたが，文によっては前後の文脈なども踏まえて意訳としたところもある。これにより，少しばかり回りくどい表現や分かりづらい表現もいくつか残ってしまった。

最後になったが，勁草書房の編集部の永田悠一氏には，本書の企画段階から最終校正や出版に至るまで，様々な支援をいただいた。氏のホスピタリティー溢れる支援がなければ，本書は世に出ることはなかっただろう。

監訳者を代表して
柘植雅義

序　文

　私は，いろいろな理由から本書を歓迎するとともに，完成に至ったこの仕事に対して，英国・経済社会研究会議（Economic and Social Research Council: ESRC）の教育学習研究プログラム（Teaching and Learning Research Programme: TLRP）理事会から寄せられた支援に感謝したい。TLRP は，学際的分野である教育研究の，複雑だが本質的な責任を果たすだけでなく，教育の政策決定者——つまり学級の担任教師から国家の大臣まで——の期待を実現させるためにも，彼らがどんな種類の知識（knowledge）とエビデンス（evidence）に正当な信頼を抱くことができるかについての保証と実際的な指針を求めて，広範囲に及ぶ研究プロジェクトの「正当な理由」(warrant) をいかに実証するかという問題に取り組んできた。

　インターネットにアクセスしダウンロードできる研究の量を考えれば，これは教育か政策決定のいずれかに責任を負う人々の側においては確かに好ましい期待である。コナー・ガルビン（Galvin, 2003, 2004, 2005）の研究が明らかにしているように，政策または実践にとって，情報のかたまりやエビデンスが薄い誤報に基づいてしまう機会（あるいは誘惑）は常に増大している。私はかつて（たとえば, Saunders, 2004, 2007 で），それが理論的かつ実際的に，明白なものとして指定され，資格が与えられていようとも，公の意思決定における合理主義者の理想は大切にされると述べた。別の選択肢は，一般の生活は顕示的知識または特異的知識に依存するということであり，その場合は日和見主義，腐敗，無知，自己中心主義，集団的健忘症に対して，原則的にさえ防護手段は全くない。よって，「正当な理由」という問題，われわれの信念の根拠は足元で堅固であるという保証は，ますます競争が激しくなりつつある知識市場において，教育に

序文

対する教育研究の継続的かつ強力な影響にとって，極めて重要である。
　知見を正当化するために異なる TLRP プロジェクトチームによって採用されてきたアプローチから判断すると，この保証は，たとえば，ピアレビュー（仲間による審査）のプロトコル（手順計画），方法論的妥当性，分析的説得力，または研究者以外の聴衆への研究知見およびメッセージの有用性ともっともらしさに基づくと考えられる。本書の各章では，これらの異なるアプローチをより一般的かつ理論的な文脈におくことを試み，そうすることで二つのかなり異なるニーズを満足させることを試みる。
　第一のニーズ：専門家以外のために，教育においてなぜ様々な種類の研究が，信頼される状況とともに，信頼できる知識の形として展開され得るのかという根本理由，またそうされるべき根本理由を設定することである。これは必然的に，教育研究における文脈や基準，基礎価値，制約と制限，および意味を作ることについて，非常に興味深く有益な発言を伴った。
　第二のニーズ：教育の非常に多様性のある研究コミュニティの中で専門家の集団的理解を高めるために，「妥当性」「一般化可能性」「真実」「エビデンス」および「知識」の持続的関心について，専門家の話題と問題を詳細に説明することである。
　この両方の目的（ニーズ）のために，支持者と批判者との間でやりとりが拡大するなかで，ここ 10 年間にわたって多くの教育研究の執筆を巧みに支配してきた「何が役に立つか（what works）」という議論から一歩離れる必要があった。私は以下に述べる，議論を刺激するために各章を論じる過程で，本書は，私の様々な量的・質的研究の経験から，実践の場で注目し続ける政策立案者によって，全面的にも意図的にも開発されたものでないことを示した。いずれにせよ，われわれ研究者にとって政策「テキスト」の問題を非常に解決の難しい問題として扱うことは好都合であると私は考える。つまり，広く報道される演説や，主な対象者が室内にいる聴衆にとどまらない演説のなかで大臣が話すことは，様々なテキストや口頭による「スペース」の中で，人々の行動や慣行によって，入念に練られ，交渉され，手を加えられ，織り込まれ，または妨害されてきた「理解され信頼される政策ポジション」として必ずしも扱われるわけでない。そのようなスペースで，研究は戦略と影響の余地を多く有している。

序　文

　教育研究の創出，普及および取り組みがハーグリーブスとヒラージの挑戦以来，ここ10年間近くで著しく発展したというのは，議論の余地があるところだと私は考えている。その挑戦とは，研究の「産出者」と同程度に「利用者」，資金提供者，コミッショナーにも投げ掛けられたものであり，TLRP自体がその挑戦に対する回答であり，その範囲と規模において前代未聞のものであった。さらに，英国政府やその他教育の国家政策組織（民間部門も同様）で働いている多数の研究者，およびますます割合を増している教師は，研究に積極的になりつつある。つまり，教育研究は，もはや大学の特権ではない。われわれは，研究，政策，実践の決定的な違いがどこにあるのかを知っているという自信を持って「他者」を構築することは，もはやできない。

　むろん，多くの問題が研究と政策との関係に不意打ちを食わせ続けている。中でも，次のようなものが挙げられる。

- 研究が政策のために何ができるか，についての誤診（おそらくどの場合も，いずれか一方から請求されるものより多かったり少なかったりである）。
- 政策および研究の非常に異なる「談話コミュニティ」。そこでは質問しやすい問題として見なされるものですら共通していない。
- 政策立案者と研究者との間に，意味が共同構築される可能性のある出会いや会話の機会が欠如していること。
- 異なるタイムスケジュールと時間スケール。たとえば，研究を設定し，実施し，完成させ，報告するのに要する時間と比べた場合の，（内容／人員に関する）「政策回転（policy turnover）」率。または研究が特別な貢献を行うと期待される政策循環におけるポイント。
- 他の研究者が遅れないでついていくことができない（政策立案者は言うまでもない）雑誌，本，ウェブサイト上での研究成果の普及。「選択性（selectivity）」は相対語でなければならない。
- エビデンスとして見なすことができるものに対する，異なるまたは不明確な基準。

　本書の各章が最も真剣に取り組んでいるのはもちろんこの最後の問題であるが，ちょうど「政治」を考えずに「政策」について話すことが不可能なように，その他の要素が中心的・認識論的問題に影響を及ぼす方法を，検討事項から完

序文

全に排除することは困難であることが判明した。しかし，意思決定者はいまだにエビデンスとアイデアに飢えているというのが私の印象である。条件が正しければ，研究は現在の政策思考を深め，さらに広げることができ，または混乱させることさえでき，そうすることが歓迎されることもある。

そこで，私は，本書について特に二つのことに感銘を受けた。一つ目は，最も完全で徹底した例証において，科学のみならず名人芸として実行されている教育研究から私が得た感覚であり，読者もそうであって欲しいと思う。私はこの観点からも教育と政策決定の両方に注目しているため，これは合理的のみならず想像的方法とスペースでも合意ができうるということを示唆している。研究における「物語ること（storying）」の比喩的用法やそれに向けた転換は，執筆者の多くが議論していることであり，それ故に強調することが非常に重要であるように私には思われる。物語は，最も簡素な数値データベース上でさえ，われわれが（準）直感的に抱くようになる生来の人間にとって，ニーズと能力のように感じられる。もしストーリーが信頼に足るもので認識できるものならば，認識という行為そのものから引き出される直接的な一般化可能性が存在する。さらに，「物語る」刺激の一部は，「因果関係」という単純な概念を複雑化すること，（一つのストーリーという）固有の特徴を偶発的かつ文脈的にすること，異なる登場人物・主人公の行為のみならず，意図や信念，価値，態度をも明らかにすることである。人文科学や社会科学において，これらを無視することはできない。

私を感動させた二つ目のポイントは，編集会議では喜んで証明することができたが，読者の方々にはそれほどすぐに明白でないかもしれない。それは遭遇の力である。すなわち，知識と理解が創造され発展され，原理に基づいた討議を通じて共通財産となる対話方法である。私はこれの一つの結果は，「哲学的冷静（philosophical composure）」であると適正に記述できると考える。これはグループのメンバーが哲学のアフォーダンス（身の回りにある意味ある情報，あるいはギフトと言ったほうがいいだろうか）の一つとして称賛している。すべての教育者がこれを受け取りたいと希望するはずである。私にとって教訓は明白である。すなわち，研究者と政策決定者がとりとめのない倫理的に同調した公的スペースで遭遇する機会を創出するために，より注目し，より資源を投じる必要があ

る。本書の各章が他の方々にもそのような考えを刺激することを希望して止まない。

レズリー・サンダース

参考文献

Galvin, C. (2003) The New Public Life: Wired Communities and the Creation of Education Policy in a Digital Age. Paper presented at British Educational Research Association Annual Conference, Edinburgh, l0-13 September.

Galvin, C. (2004) The Making of Public Policy in a Digital Age: Some Reflections on Changing Practice. Paper presented at Market Research Society Conference 'Social Policy Research in the Information Age', London, 17 February.

Galvin, C. (2005) But All the Wrong People are Here…: Wired Networks. Social Capital and the Making of Public Policy in a Digital Age. Paper presented at British Educational Research Association Executive Conference, Oxford, 10-11 February.

Saunders, L. (2004) *Grounding the Democratic Imagination: Developing the Relationship between Research and Policy in Education.* Professorial Lecture (London, Institute of Education).

Saunders, L. (ed.) (2007) *Educational Research and Policy-making: Exploring the Border Country Between Research and Policy* (London, Routledge).

目　次

翻訳にあたって　　　　　　　　　　　　　　　　　　　　　　　　　　i

序　文　　　　　　　　　　　　　　　　　　　　　　　　　　　　　　v

第 1 章　教育研究と政策立案者の実際の判断……………………………　3
　1.1　背景：エビデンスとは何か？　3
　1.2　本書の構成　6
　1.3　エビデンスの基盤とは何か？　研究はどのように政策と関連するか　8
　1.4　誰のための政策か？　11
　1.5　本書の作成過程　14

第 2 章　徹底的であることの重要性……………………………………… 17
　2.1　導　入　17
　2.2　教育研究に関する批判および「何が有効か」に関する論考の出現　18
　2.3　知識の説明および「何が有効か」の限界　27
　2.4　研究およびエビデンス　30
　2.5　研究および政治的枠組みの民主化　42
　2.6　結　語　44

目 次

第3章　教育研究および政策 …………………………………… 49
- 3.1　研究と政策の関係を調査する際に認識論的な考察をすることに意味はあるか？　49
- 3.2　「政策」とは何か？　58
- 3.3　政策声明の論理的および修辞学的な評価　59
- 3.4　政策決定のプロセス　62
- 3.5　政策決定の構成要素　63
- 3.6　研究と政策の規範的基準　69
- 3.7　まとめと結論　76

第4章　大規模母集団研究の認識論的基盤と教育への利用 ……… 81
- 4.1　はじめに　81
- 4.2　計量的研究の前提の分析とそれに対するいくつかの反論　85
- 4.3　ランダム化比較試験（RCT）の一例：学級あたりの児童数の研究　94
- 4.4　大規模母集団研究：その認識論的基盤とそこから期待できること　105

第5章　研究と政策における倫理としての認識論 ……………… 113
- 5.1　はじめに　114
- 5.2　立証におけるステンハウス：ケースからケース記録へ　118
- 5.3　ケース 対 サンプル　126
- 5.4　測定 対 実践哲学　132
- 5.5　ジャンルおよび推論の様式としてのケーススタディー　134
- 5.6　認識的かつ社会的活動としてのケーススタディー　139
- 5.7　方法としてのケーススタディー　143
- 5.8　ケーススタディーの援護　147
- 5.9　実践としての政策策定　149
- 5.10　要旨と結論　151

目　次

第 6 章　自伝と政策 ………………………………………… **161**
　6.1　背　景　161
　6.2　信頼性への問い　166
　6.3　政策および実践の認識論　168
　6.4　自伝における真実と妥当性の問題　176
　6.5　政策立案者は自伝的研究を使うことができるか，また使うべきか？　184

第 7 章　アクションリサーチと政策 ………………………… **195**
　7.1　はじめに　195
　7.2　アクションリサーチ　196
　7.3　専門的学習としてのアクションリサーチ（①）　198
　7.4　実践哲学としてのアクションリサーチ（②）　200
　7.5　批判的社会科学の様式としてのアクションリサーチ（③）　203
　7.6　政策実施の業務におけるアクションリサーチ　207
　7.7　正当な理由と知識主張　212
　7.8　結　論　215

第 8 章　政策および実践の基盤としての哲学 ……………… **219**
　8.1　イントロダクション　219
　8.2　信頼の性質について　220
　8.3　哲学による建設的な貢献　228
　8.4　アプローチの提示　231
　8.5　哲学的な関与のプロセス　239

第 9 章　プロテウスの出現 ………………………………… **245**
　9.1　認識論　245
　9.2　ロマン主義　250
　9.3　プロテウスの見方　253

xiii

目　次
9.4　研究と政策　258
9.5　結論の兆候　263

索　引　267

エビデンスに基づく教育政策

第1章 教育研究と政策立案者の実際の判断

デビッド・ブリッジ，ポール・スメイヤー，リチャード・スミス

1.1 背景：エビデンスとは何か？

　本書は，政策立案者と教育研究者が，教育の政策と実践は質の高い研究から情報を与えられるべきであるという要求をますます強めてきているという背景から生まれている。アメリカ合衆国と英国では，これは「エビデンスに基づく」政策と実践 (evidence-based policy and practice) ということばが使われ，そして両国において，「役に立つこと (what works)」をわれわれに確実に知らせることができる研究と見なされるものを，あまり注目に値しない研究から切り分けることを目指した，教育研究の「系統的レビュー (systematic review)」をもたらした。アメリカ合衆国では，初等中等教育法 (Elementary Secondary Education Act)（「No Child Left Behind Act」落ちこぼれを作らない法）の 2001 年の再承認を受け，医療における二重盲検法ランダム化比較試験 (Randomised Controlled Trials: RCT) と肩を並べるような研究のみが，政府関係機関では，政策形成に関して注目に値するものと考えられている。それほど限定的ではないが，英国政府から求められ，ロンドン大学教育研究所・エビデンスによる政策と実践のための情報連携センター (London Institute of Education Evidence for Policy and Practice Information and Co-ordinating Centre: EPPI Centre; www.eppi.ioe.ac.uk) の後援の下に実施された「系統的レビュー」では，「系統的に」行うことが必要だと主張する人がいるかもしれないが，教育研究全体がその検討事項から除外された。この除外は，「どんな政策であるべきか」は，「決定済みの政策がどのように実施または実行されるか」とは異なるということを示す研究に関して特に重要であったが，哲

第 1 章　教育研究と政策立案者の実際の判断

学的作品や批判的理論は言うまでもなく，たとえば，個別のケーススタディや物語（語り）に基づく多くの研究も検討の枠外においた。

しかしながら，ウィッティが 2005 年 BERA（英国教育研究）会議での議長演説で，次のように指摘した。

　実践を改善し教師をサポートすることに中心的に関係する研究でさえ，「役に立つもの」というレトリックが時に示唆するものよりも，……その性質上，より多様である必要がある。あまりに狭く定義された研究では，今日役に立つことが明日は役に立たないかもしれないという，急速に変化する世界の巨大な難問に直面している教職のための根拠としての役割は，実際に非常に制限されるだろう。したがって，なぜ何かが役に立ち，等しく重要であるのか，なぜそれがいくつかの状況で役に立ち，他の状況では役に立たないかを含め，研究によっては，異なる種類の質問をする必要がある。いずれにせよ，教師の専門リテラシーは確かに純粋に有益な知識以上のものを必要とする。ゆえに，研究に基づく専門職は，広く行き渡っている仮定を問い直し，そして，第一に活動が価値ある取り組みであるかどうか，そして何が社会的に公正な学校教育を構成するかなどの問題を検討する研究から情報を与えられるべきであることは妥当である（Whitty, 2006, p. 162）。

教育研究の多様化，区分け，ハイブリッド化が高まりつつあるという状況において，ESRC 後援の英国の主要な教育学習研究プログラム（TLRP）は，何がより広く教育政策の認識論ベースとして見なされるかという哲学的考察を求めた（だが，われわれは「ベース」という言葉によって暗示される基礎主義に完全には満足でなかった。本書の第 9 章，第 5 章も参照）。核心となる問題は，どんな種類の研究がそのような政策に情報を与えることができるか，また与えるべきか，ということであった。われわれは政策のベースとしての様々な研究に，どんな自信を持つことができるだろうか。

本書の編者は，「エビデンスに基づく実践」運動と政策は，ある意味で，たとえば，噂，先入観または吟味されていない仮定よりむしろ，研究から情報を与えられるべきであるという問題を共有することができる。また，かかる研究は

1.1 背景：エビデンスとは何か？

質の高い研究であるべきだという希望も共有できる。難点は，「質」は容易にというより意図せずに，教育的理解に貢献できるかつ貢献している多様な知的情報源の多くを排除する方法で定義され得るし，定義されているということである。

公正な立場で言うならば，教育研究者が利用してきた情報源と方法論がますます多様になってきたため（あるパターンが社会科学全体により一般的に反響した），それらは質の判断に直面する人にちょっとした挑戦を与えた。ドンモイヤーは米国教育研究協会（American Educational Research Association），雑誌エデュケーショナルリサーチャー（*Educational Researcher*）の編集者であったとき，「パラダイム拡散の時代における教育研究：雑誌編集者は何をすべきか」(Donmoyer, 1996) という題で記事——ほとんど助けを求める嘆願——を執筆した。彼はそのなかで，教育研究の領域を次のような言葉で記述した。「われわれの領域はパラダイム拡散によって特徴付けられる領域であり，必然的に研究および学問とは何であるか，どんな研究報告と学問に見えるべきかについて，コンセンサスがほとんどない領域である」(Donmoyer, 1996, p. 19)。

本書の各章の著者は，教育的理解に貢献できる知的伝統の豊かさを，不満というよりむしろ魅力の源として，落胆よりむしろ称賛の要因として見る傾向がある。少なくともエリオット・アイスナー（これは米国教育研究協会での議長演説でのことであった）と共に，われわれは「もし世界を理解するための異なる方法があれば，またそのような理解を可能にする異なる形があれば，学校教育のプロセスと成果を理解する包括的な努力は，完全に統制された一枚岩的な研究アプローチよりむしろ，多元的アプローチによって利益を享受する」(Eisner, 1993, p. 8) と考える。よって，われわれは政策に情報を与えることができ，また与えるべきである知的資源は，エビデンスに基づく実践運動が想定しているよりも，特徴においてより多様性があるという仮定で出発したが，少なくともわれわれはこの信念をより密接な分析と討議を通じてテストしたかった。

そこで問う。われわれは，母集団の大きい研究のみならず，小規模の事例研究や伝記（語り）から，学術機関の研究のみならず実践者の行動研究から，経験的なエビデンスのみならず哲学的作品や著作物から，有益な見識を引き出すことができるだろうか？ もしできるなら，さらに具体的に，このような形の問いは，政策とどう関連し，どのように政策に情報を与えるだろうか。

第 1 章　教育研究と政策立案者の実際の判断

1.2　本書の構成

本書は，オックスフォード大学のアリス・オアンセアとリチャード・プリングによる章「徹底的であることの重要性：教育研究における「何が有効か」についての系統的な蓄積について」(第2章) から始まる。これは「エビデンスによる実践」と「系統的レビュー」をめぐる展開を評価し，それらが曝されてきた批判のいくつかを詳しく述べ，研究の本質をさらに一般的に議論する。とりわけ，様々な研究問題に関連する様々な種類のエビデンスを評価し，一般的問題に対する総合的研究に基づく解決策の結果として生じる限界を認識する。

第3章，デビッド・ブリッジとケンブリッジのセント・エドムンズカレッジのマイケル・ワットによる「教育研究および政策」は，どんな種類のエビデンスが教育政策に情報を与えることができるか，また与えるべきであるかについて，推進できる一般原則が存在するか否かを考察する。そのためには，教育政策の構築に要求される情報および理解の種類を綿密に調べることが必要となる。特に，かかる情報の必然的に標準的な性格に注目し，そのような規範の文脈で研究の役割を議論する。

次に，研究が教育政策にどんな種類の貢献をできるか，またはできないかを調べることを視野に入れて，具体的な形の研究をいくつか見ていく。

その最初となる章は，教育調査で最も古くに確立された形のひとつで，恐らく最も物議の少ない形，すなわち母集団の大きい研究に注目する。第4章「大規模母集団研究の認識論的基盤と教育への利用」の中で，ポール・スメイヤーは，かかる研究が政策に情報を与える方法を考察し，かかる研究における因果関係の解釈に識見を提示する。われわれとしては数量調査メソッドの例を少なくとも一つ，一連の議論に含めたかった。これらは政策に情報を与えることができるエビデンスとして，相対的に問題がないと考えられることが多いためである。しかし，スメイヤーが実証しているように，かかるエビデンスからの政策の誘導とそこに含まれる影響には独特の複雑さがある。

次に，個別のケースまたは少数のケースに焦点を当てつつ，定性調査方法の議論を2つ進める。イースト・アングリア大学のジョン・エリオットとドミニ

ク・ラケスは，第5章「研究と政策における倫理としての認識論：ケーススタディーの使用」のなかで，事例研究（ケーススタディ）が政策に情報を与えることができる方法を議論する一方，エディンバラ大学のモルウェナ・グリフィスとゲール・マクラウドは，第6章で，「ストーリーと個人の体験談」に関連する問題を検討する。

実践者と実地研究（アクションリサーチ）に関連して同じ問題がいくつか提起されるが，これはノーサンブリア大学のロレーヌ・フォアマン=ペックとノーサンプトン大学のジェーン・マレーによる第7章「アクションリサーチと政策」の焦点でもある。ここでは，特に実地研究の異なる概念が政策に対してもつ異なる関係を分析する。

これは，政策は哲学的検討事項によって必然的に情報を与えられなければならないというわれわれの論点の一部となるだろう。グラスゴー大学のジェームズ・コンロイ，ロバート・デイビス，ペニー・エンスリンは，この関係を第8章「政策および実践の基盤としての哲学：われわれは哲学的分析と議論にどんな信頼を抱けるだろうか」のなかでより詳細に調査している。この章では認識論的原則として自信そのものの概念も詳細に調査する。最後に，われわれは教育政策に対するさらに難しい問題の検討について議論の口火を切りたかった。そしてこれはリチャード・スミスが担当する第9章「プロテウスの出現：教育研究を再考する」で寄稿している内容でもあり，教育政策の舞台における「非モダニスト」の問いと「ロマンチックターン」の場所を考察する。

むろん，これらの章が現代の教育研究による様々な形態のすべてをカバーしているわけではない。しかしながら，これらの章は実際に，より狭い範囲の知的資源より，むしろより広い範囲の知的資源によってなすことができる教育政策への貢献に，賛成を唱えている。また，これらの資源と政策形成との関係は必ずしも容易でなく，すべてのケースにおいて必ずしも同じでないことも明確にしている。

1.3 エビデンスの基盤とは何か？ 研究はどのように政策と関連するか

　研究は政策に「エビデンスの基盤」を提供する，という広く知られた仮定がある。あるいはより受け入れやすいものとして，研究は政策に「情報を与える」という仮定が広く知られている。だが，研究が政策に「基盤」を提供するという概念は，それが，必要な政策を指摘する研究とともに始まるプロセスを示唆する限りにおいて，特に問題となる。これは経験的かつ論理的に見て，政策の本質とその構築についての，根拠の薄弱な見方である。政策とは持続的なプロセスであり，満たさなければならない真空の待機状態ではない。政策には歴史があり，現代的な社会的政治的背景がある。政策は研究が現れる前からそこにある。政策は研究が現れるのを待っているわけではない。同様に，政策立案者は空っぽの船ではない。彼らは先入観や，経験，実現したいと望む価値，将来のための構想と共にやってくる。時に彼らは何をすべきか自信がもてず，助言を求めてくるかもしれないが，その時でさえ研究は信念や理解，経験がすでに深く埋め込まれている社会／歴史システムに，そして人々と関わらなければならない。研究は興味を引き起こし，論争を誘発し，先入観を確認し，新しい見識を与え，既存の信念に挑戦するかもしれないが，政策に情報を与えることにおいて無類ではなく，圧倒的な情報提供源であることも滅多にない。それは単に，すでに政策システムや政策立案者自身に組み込まれた，なんらかの「情報」が大量にあるからである。

　この手の研究と政策との関係は，次に，「情報を与えること」の本質の問題，すなわち，研究はどのようにして政策または政策立案者に情報を与えるのか，または入り込むのか，関与するのかという問題を提起する。

　エビデンスに基づく政策運動は，政策決定を創出するアルゴリズムをほぼ前提にしているように思われる。もしあなたが達成したいと思っているものがAならば，そしてもし研究がR1，R2およびR3がそのケースであることを示したなら，そしてさらに研究がPを行うことが明確にAと関連することを示したなら，その時はあなたがする必要があるのはPであるということになる。そこ

1.3 エビデンスの基盤とは何か？　研究はどのように政策と関連するか

で，あなたが教育／政治のゴールを上手く選別したいなら，あなたに必要なのは政策を引き出すために適切な研究所見，すなわち正しい情報を，ゴールに蹴り込むことである。エリオットとラケスは，すべての代替物に共通する質の点でのみ異なる，単一の計測価値を最大化するための関心事によって特徴付けられる，実践理性というこの種の「科学的」概念を特定するために，Nussbaum (1990) の「測定科学」を引き合いに出した。しかしながら，エリオットとラケスが担当する第5章で論じているように，「効率化された合理的判断はしばしば，そしてほぼ常に，政策決定，出来過ぎた話や正当化の儀式という文脈のなかにある」「人は絶えずシステムを回避する。もし合理的な人々が実際に同意したなら，彼らは同じ合理的なシステムに賛同するだろう。しかしながら，彼らは実際にはしない」(グリフィスとマクラウド，第6章)

　本書への多数の寄稿が，研究と政策の相互作用で働いているより微妙なプロセスを指摘している。まず，(たとえこれが性急に解決に全力を注ぐ政策立案者にとって苛立ちの源であっても) 必ずしもすべての研究が教育の問題や課題への解決を指向しているわけではない。研究は，あなたが考えてもいなかった問題を抱えていることを示すかもしれない。(フォアマン＝ペックとマレーが指摘しているように，たとえそれが「行動」研究であるとしても) 研究は成功する方法を告げるというよりむしろ，あなたの政策を批判するかもしれない。あなたが歴史的または社会的文脈で，恐らく永遠の相の下にさえ，あなたが何を処理しているかを見極めるのを手助けするかもしれない (エリオットとラケスが本書の第5章のなかで「一般と普遍との間の継続する会話」として，研究と実践との相互作用を書いている)。研究は問題の複雑さを理解するのを手助けするかもしれない (コンロイらによる第8章を参照)。研究はあなたが直面している選択の厳しい現実を暴露するかもしれない (グリフィスとマクラウドによる第6章を参照)。

　第二に，そしてその延長線上で考えてみると，あなたが「情報」や得点，数字または事実のために研究を当てにすることから，様々な種類の認知目的を求めることへ移れば，あなたは研究について異なる展望を得る。Hammersley (2002) が提案していることだが，解決策を求めるよりむしろ「理解」を求めることに向けて，また熱烈な確信を持って要求を推進するよりむしろ暫定的な要求を行うことに向けての単純なシフトは，研究者と政策の関係にとって極めて根本的

な意味をもつ（第6章，および第9章を参照）。エリオットとラケスは「遡及的一般化」について書き，「人々が起こり得る出来事を率直に予想するよりむしろ，期待することを可能にする」判断について概要を書いている（第5章）。グリフィスとマクラウドはアリストテレス派の区別を採用し，政策立案者が頼りにする必要があるのは智慧（sophia）と学（episteme），あるいは技術（techne）ではなく，むしろ実践（praxis）（大雑把に言えば，人がいかに市民として，人間として生きるかに反映される実践的知識（phronesis）だけでなく，実践的知識または実践的英知によって情報を与えられる知識）であることを示している。自伝／伝記（第6章）や，個別のケーススタディ（第5章），および局所的に適用された行動研究（第7章）によって情報が与えられるのは，この種の知識である。スミスは，異なる（ウィットゲンシュタインの意味で）癒し系の方向について，または彼が提案するようにロマンチックな方向で必要とされる知識の種類についての議論を取り上げる。「世界を知る代わりに，われわれは世界に同調し，敏感であることができる。世界と共鳴し，そのリズムを共有することができる，すなわち科学者として世界に近づく代わりに心を開いた場合，われわれが自然界と共にする方法」（スミス，本書第9章）。

第三に，本書のいくつかの章は，（先に示唆したように，必ずしも先入観がないと言うわけではない）政策立案者の実践英知，判断，実践的知識（phronesis）に情報を与える上で研究は一定の役割を果たすが，その代わりをすることはできないというポイントを強調する。スメイヤーは，母集団の大きい研究は，一般的に行われた説明で正しくないと判明した特定の説明を修正することはできるが，こうした識見を政策という文脈で適用する場合は，まだまだ検討が必要であると主張する。エリオットとラケスは，単独ケースの描写には，実践的論法の様式として実践的知識（phronesis）に文化的スペースを残す政策という文脈において，なすべき特定の貢献があると明確に主張する。ただし，「ステンハウスのケーススタディの概念は，実践的知識のためのスペースは推定できないが，開放する必要があるという文脈に適している」（エリオットとラケス，第5章）と付け加えている。

第四に，多様で，複雑（コンロイら），不安定（スミス），予想不能（エリオットとラケス），そして乱雑な文脈であるとすべての章が見なすもの全体に適用され

ると想定される，教育問題と政策要件に対する一般解決策への疑念を，多数の章が共有している（このことに関して，グリフィスとマクラウドのアーレントについての議論は特に啓蒙的である）。英国における行動研究は，確かに，特定の教室に対する効果の証拠に照らして一般カリキュラム規定をテストする必要があるとされていた（フォアマン=ペックとマレー）。エリオットとラケスは「事例重視の推論 (case-focused reasoning)」を，「普遍的理解と状況理解を統一する……プロセス」として記述し，グリフィスとマクラウドは「特異性のみならず，コンテクストに注意を払う能力」(Fraser, 2004, p.181) を訴え，ミクロとマクロレベルの間を移動することによって政策と生きた経験の関係を再構築できるという理由で，伝記（語り）の方法を駆使する (Frogget & Chamberlayne, 2004, p.62)。

　これらの考察のすべてが，研究が政策に情報を与えることができる方法について，エビデンスに基づく政策についての論文で提案されているより多様で繊細な分野に貢献する。それはまた，もし教育研究界が提供できるより広範囲の資源にわれわれが注意を払わなければ，失われてしまう，大量の人の経験と，その経験への研究識見を想起させるものでもある。「あまりに多くの困難な状況が注目されず，気づかれず，裏切られている」と，リチャード・スミスは本書の最終章で述べ，本書のカバーにあるピーター・ブリューゲルの絵画「イカルスの墜落 (The Fall of Icarus)」を引き合いに出し，絵の中の農民のように，着手している目の前の仕事にあまりに偏狭に集中する時，あるいは通り過ぎる船のように，どこか行くべきところがある時に，われわれが失くすものの隠喩としてオーデンの感想に言及した。

1.4　誰のための政策か？

　ブリッジとワットは，本書で，政策は単に政治家や大臣によって国レベルで構築されるものだけではないと強調する。ましてや，スコットランド，ウェールズおよび北アイルランドで——様々な方法で——教育問題の管轄権が行使されていることを考えれば，英国の状況では，単にロンドンで行われていることだけが政策とは言えない。集団の行為に適用されることのほうが一般的であるが，地域，地方および学校レベルで，そして拡大解釈すれば，個々の教室のレベル

第 1 章　教育研究と政策立案者の実際の判断

でさえ，政策を話しあうことは道理に適っている。しかしながら，「エビデンスに基づく」政策の議論は，権限が地方政府や学校から集権的管理へと体系的に搾取されている状況において（特に英国で），主に大臣の要求への対応となる。

　研究を政策に関係付けることについての問題のいくつかは，この中央集権的傾向の直接的な結果である。この点は強調しておかなければならない。世界の多くの場所で，政府はますます権限を不当に自らのものにし，また教育分野でも政府の指揮下で運営されている中央政府の機関に帰しているが，政府が支配したいと思っており，実際には避けられている教育界と関係を再構築するために，政府が求めている「研究の識見」を教育者が提供していないと驚きを示しているという点で，皮肉である。この中央集権化の傾向は，中央にいる者に，対象となる実際の様々な社会的状況からますます離れていく一般化政策規範を求めるよう強要する。その結果，研究と政策立案者との間により大きな社会的距離を生み出す。規模の小さい政治組織（スコットランドはその一つの例である）では，研究者と政策立案者（および教師）は，はるかに自然に相互作用しており，教育の方向性と管理に責任を負う者は，政策が生み出される社会的場面になおいっそう近い。第二の例を挙げるとすれば，英国東部のイングランド地域では，高等教育における参加拡大の研究に関わるすべての研究者は毎年，最新の研究成果を見直し，政策および実践に対するその意味を評価し，他に調査すべきどんなニーズがあるかを突き止めるために，政策立案者や現場の実践者と会合をもつ。この最後の例のポイントは，このようにして集まった人々は行動の優先順位を決定する能力（少なくとも広い国内の枠組みにおいて）と，地方で応用される研究に権限を与え，活用する能力を持っているということである。政策が中央政府の手にある場合，機会も実際的に利用できない。

　教育行動研究は，ある意味で，この論理をさらにもう一段階進める。少なくとも一つのモデルで（Elliott, 2000 と本書の第 7 章を参照），教育価値と教師の強い願望（有効な意味での「政策」）および研究を，その価値と強い願望が実現される文脈において一つにまとめる。このことが可能な場合，Bridges (2001) が他の場所で主張したように，それは教室での教師による指導および学習のオーナーシップ，彼らがこの指導やプロフェッショナリズムおよび責任をこの仕事で履行できる完全性を再確認する。この場合もやはり，研究と政策の間のギャップ，

1.4 誰のための政策か？

そして政策と実践の間のギャップでさえ，あなたがそれを最も地域的なレベルで突き止める自信や勇気があれば，そもそもそれを人工的に存在させないことによって解消される。

　最後に，章のいくつかは，研究および政策のオーナーシップ（所有者）の問題と研究および政策のプロセスにおける参加の問題を，コミュニティがその政策を形成している知識に自信を持つようになるかもしれない状況と関係づけている。プリングとオアンセアは本書の寄稿のなかで，「合理的な政策と実践は，これら異なるエビデンスの情報源（教師，政策立案者，親，生徒）の検討と，（彼らの）論理的に異なる種類の説明から，そして，この検討が民主化されるという文脈においてからしか生まれてこない」と述べた。民主化という言葉によって，異なる研究とエビデンスの声が聴取されることと，さらなる対話と批判を歓迎し，結論を暫定的で条件付きのままにすることの両方を意味する。コンロイ，デイビス，エンスリンは，「より広く検討された哲学的分析が，政策立案活動との永続的な対話にあるべきだ」と強く訴えた。スミスは寄稿のなかで，文芸批評を「協力的かつ創造的相互作用」とするリービスの説明をわれわれに想起させた。これは「コミュニティを創出し，生活文化を生み，生かすプロセスから切り離すことができない」(Leavis, 1961, Matthews, 2004, p.55 で引用)。エリオットとラケスは，参加者にその先入観について警告する「会話の精神」で行われる質問について書いている。そのような先入観の再構築は，「理解そのものの表示方式」であると彼らは言う。だが，これは系統的レビューによって求められる種類の理解からは，一定の距離にあると思われる。

　研究者と政策立案者が互いに話し合えさえすれば，すべてが上手くいくだろうと想像するのは，今時珍しくないことである。しかしながら，エリオットとラケスは，彼らが記述する種類の会話は，以下の通りであると警告する。

　　……自動的にその状況の「よりすっきりした像」を導くものでもなければ，「社会的によいもの」を必ずしも作り出すものでもないことは，強調されるべきであろう。「学術的な会話」を「もし各人がそれぞれ話あえば，世界はより良い場になるであろう」といった理想的な政策に関する民衆理論の向上版だという見方の危険性がある。学術的な会話（民主的で，論理的な）は，しばし

第 1 章 教育研究と政策立案者の実際の判断

ば，議論好きの様相を示し，その会話が示したいとするそれ自身の品のある状況とは全く異なる（エリオットとラケス，本書第 5 章，p. 153）。

1.5 本書の作成過程

われわれは本書が作成された方法から，特定の強さと整合性が得られることを願っている。著者たちは，各章の概要を提示し，グループとしてそれらを議論した 2006 年秋の 2 日間のセミナーに始まり，12 カ月間に渡って協力して作業にあたった。次に著者たちはこれまでの議論に照らしてプランを再検討し，執筆を進めた。グループの中核部分は，2007 年 4 月の英国教育学学会の年次大会で彼らの現在の考えを発表した。グループはそれから 2007 年 6 月ケンブリッジでの 2 日間のセミナーで，詳細な批判的精査を求めて第一草稿を配布した。セミナーには教育学以外の研究者 2 人も出席した。総合教育評議会（General Teaching Council）の研究政策アドバイザーであるレズリー・サンダース（本書の序文を寄稿），教育学習研究プログラムの副部長アラン・ブラウンである。続いて草稿は，2007 年 9 月の英国欧州教育研究協会の年次会議での発表に向けてさらに改定され，そこで著者たちは教育学，政策，政治の特別利益団体との合同会議から多くの利益を享受した。

　この仕事は教育学習研究プログラム（TLRP）を通じて英国経済社会研究会議（ESRC）の支援を受けた。われわれはこの支援を大変感謝している。これが教育学において今後の ESRC 後援事業への序曲であることが証明されることを望んでいる。TLRP には，研究能力構築のための哲学的資源の開発をも支援していただいた。これは www.tlrp.org/capacity で，本書各章の簡略版と共に，無料で利用できる。

　本書に掲載されている章は，寄稿者とより広範な教育研究および政策コミュニティと間の議論に由来しており，進行中の話し合いに寄与するものとわれわれは希望している。この目的のために，彼らは必ずしも詳細な哲学的文献の知識を想定しているわけでないが（ただし，それに向けて指針を提供し，広範な参考文献を示している），教育学の専門家のみならず，より広く教育政策と研究コミュニ

ティの関係者に働きかける方法で書かれている。

　教育哲学ジャーナル（*Journal of Philosophy of Education*）は，現在，哲学と教育研究をテーマに，以下の特別号を出版している。それぞれ単行本として刊行されている。

第35巻，3号　Michael McNamee and David Bridges（編）教育研究の倫理（2002年）

第40巻，2号と4号　David Bridges and Richard Smith（編）教育研究の哲学と方法論（2007年）

第42巻，補足1　David Bridges, Paul Smeyers and Richard Smith（編）エビデンスに基づく教育政策（2009年）

　これらの題材を公の舞台に発表するにあたり，多大なご支援を頂いた編集部とWiley-Blackwellに心より感謝申し上げる。

参考文献

Bridges, D. (2001) Professionalism, Authenticity and Action Research, *Educational Action Research*, 9.3, pp. 451–464.
Donmoyer, R. (1996) Educational Research in an Era of Paradigm Proliferation: What's a Joumal Editor to Do? *Educational Researcher*, 25.2, pp. 19–25.
Eisner, E. (1993) Forms of Understanding and the Future of Educational Research, *Educational Researcher*, 22.7, pp. 5–11.
Elliott, J. (2000) Doing Action Research: Doing Philosophy, *Prospero*, 6, pp. 62–100.
Fraser, H. (2004) Doing Narrative Research: Analysing Personal Stories Line by Line, *Qualitative Social Work*, 3.2, pp. 179–201.
Frogget, L. and Chamberlayne, P. (2004) Narratives of Social Enterprise: From Biography to Policy and Practice Critique, *Qualitative Social Work*, 3.1, pp. 61–77.
Hammersley, M. (2002) *Educational Research, Policy Making and Practice* (London, Paul Chapman).
Matthews, S. (2004) The Responsibilities of Dissent: F. R. Leavis after Scrutiny, *Literature and History*, 13.2, 49–66.
Nussbaum, M. C. (1990) The Science of Measurement, in her: *Love's Knowledge: Essays on Philosophy and Literature* (Oxford, Oxford University Press).
Whitty, G. (2006) Education(al) Research and Education Policy Making: Is Conflict Inevitable? *British Educational Research Journal*, 32.2, pp. 159–176.

第2章 徹底的であることの重要性
教育研究における「何が有効か」についての系統的な蓄積について

アリス・オアンセア，リチャード・プリング

　本章は，英国および北米の双方における教育研究への多大な批判を概観し，評価することで，それがいかに政策論考において良い，あるいは価値があると評価される研究の範囲を狭める方向を示してきたかを明らかにする。特に，このことは明白に，そしてまぎれもなく「何が有効か」を示すと称する研究を優遇し，研究についてのこの見解を，公的な承認を受けた多くのセンターにおいて制度化することを伴った。本章は，そのようなセンターの成果を認めつつも，何が意味のある研究であるかをこのように狭めることの認識論的基盤に疑問を呈し，そうすることで，エビデンスとは何を意味するか，エビデンスの多様な種類やその強み，そして，エビデンスの継続的な改良の中で，エビデンスを探求し，評価する過程を民主化する必要性，そしてエビデンスへの批判を分析する。

2.1　導　入

　経済社会研究会議（ESRC）の教育学習研究プログラム（TLRP）によって我々に課された任務は，教育研究知見の認識論的基盤を精査し，教育研究知見がどの程度政策への信頼性を保証し，公的投資や介入を正当化することができるかを検証することであった。しかしながら，この精査は教育研究知見の認識論的な価値を一面的に評価するものであってはならず，政策立案の道徳的および政治的文脈や，その中で研究に何が期待されているかとも結びつける必要がある。こうした事項を探求するには，次のような課題の設定が妥当であると考えられる。
- 研究に対する批判にはどのようなものがあり，それらはどのようにしてある特定の種類の研究（すなわち「何が有効か」）を優先するにいたってい

るのか。
- 教育研究政策について,「何が有効か」の文脈を支持するのは,どのような前提や知識のモデルか。
- 研究そのもの,また,政策のためのエビデンスとして何が価値があるかについて,より広く捉える必要があるか(より具体的には,どうすればエビデンスに基づく政策の概念を,手段的な有効性という狭い解釈から救済することができるのか)。
- 研究の民主化,そして政策立案への示唆は何か。

本章ではまず最初の2つの質問について触れ,その後後半の2つの質問について検証する。ただし,この検証は暫定的なものであり,必ずしも包括性を有するものではない。

2.2 教育研究に関する批判および「何が有効か」に関する論考の出現

1990年代から2000年代を通じて,(たとえば,実践および政策のためのエビデンス基盤への寄与,コスト・パフォーマンス,競争力のように)様々な分野の研究に対する公衆の合理的な期待を背景として,教育研究は手厳しい批判の対象となってきた。教育研究は公式なアジェンダで重要とされた妥当性,累積性および一貫性,方法論的な厳格性,そして費用対効果の全てが欠如していると指摘された (Oakley, 2003 も参照)。英国においては,教師教育局 (Teacher Training Agency) へのデイビッド・ハーグリーブスの1996年の講義 (Hargreaves, 1996),当時の主席学校監査官であったクリス・ウッドヘッドにより委託されたトゥーレーとダービーの報告 (Tooley & Darby, 1998),そしてヒラージらの報告 (Hillage et al., 1998) が,クリス・ウッドヘッドおよび教育大臣デイビッド・ブランケットの発言 (Blunkett, 2000) とともに,この論考の重要な要因であった。そして,これらの要因に関して,その内容の大部分についての不備,誤解や知力の欠如があるにも関わらず,その有効性は否定できない。これらは,これまでにも教育研究の組織や実施に多数の非常に大きな影響を及ぼしたが,今後さらに多くの影響を及ぼすだろう (Ball, 2001)。他でも指摘されているように (Oancea, 2005),総合すれば,これらの文書は,1990年代およびそれ以降の政策サークルで一般的

2.2 教育研究に関する批判および「何が有効か」に関する論考の出現

であった教育研究の正統性を要約するものであり，累積性，手段と結果の関係の合理性，目的論，および知識の産出と成長の統合への期待をとりまくように構成された。

同じ時期に，英国および米国において，教育研究についての公的な考え方の一部の流れが影響力を得て，研究「コミュニティー」内外からの複数の報告書や介入により明確に示された。

英国においては，社会調査の敵視と近似した政策懐疑論の時代ののち，1997年に労働党が，「政策立案プロセスにおいて，より直接的で手段的な研究の活用を達成することについての新たな楽観主義」とともに台頭した（Powell, 1999, p.23）。労働党の1997年マニフェストは，次のような形で政策形成および実施の目的および結果についての明確な分離とともに，有効性や業績を重視する考え方を承認した。「労働党は時代遅れのイデオロギーの政党ではなく，アイディアおよび理想の政党である。重要なのは何が有効であるかということである。目的は急進的であり，手段は近代的なものとなる」（労働党，1997，筆者強調）。これは少なくとも最初の労働党のマンデートにおいてはマントラとなり，多くの政策文書やトニー・ブレア（たとえば，1996年のラスキン・カレッジでのスピーチでは，教育の成果は「まっとうな研究および何が有効かの普及の助けがあれば」上昇させることができるという信念を述べた（Blair, 1996）。また，1999年1月の教育アクション・ゾーンに関するスピーチでは，「われわれは国家としての青写真は有していない。重要なのは何が有効かということである」と述べた（Blair, 1999））から2000年の教育大臣であったデイビッド・ブランケット（今では有名なESRCへのスピーチ「影響か無関係か」では，「独断的」でイデオロギー主導の政策立案から抜け出す手段として，「何が有効か」の美点を熱心に語り，政府の「独断によってではなく，何が有効でなぜかを理解するためのオープンな姿勢でのアプローチにより導かれる明確な責任」[1]に言及した（Blunkett,

---

[1] 現在の政策体制への批判は，「何が有効か」の美辞麗句と，実際の政策形成および実施のプロセスを明確に区別している。たとえば，Dainton（2006）は2005年のDfESの「より高い学力標準」白書は，教育的なというよりはむしろイデオロギー的な目的にとって「都合のいい」研究を「つまみ食い」しているとまで述べている。Elliott（2001）は，「何が有効か」の論考は，「恣意的な嗜好の変装」として，「芝居がかった」効力しかないと主張している（p.560）。他者は，「何が有効か」の議論を研究コミュニティーへの挑戦と解釈し，この原則を，「半透過性の壁」を有する研究者および活用者の実践のコミュニティーを形成する

2000））にいたるまでの主要人物のスピーチで繰り返し使用された。

多くの人は，これを業績，有効性，透明性および説明責任の新たな強調を通じた労働党の「政府の近代化」の動きの一部とみる（たとえば National Audit Office, 2001, p. 26 参照）。たとえば，（1994 年に行政機関（the Civil Service）について先行して出された報告書である，The Civil Service: Continuity and Change（Cabinet Office & HM Treasury, 1994）とは異なり）1999 年「政府の近代化」白書（Cabinet Office, 1999）は，研究エビデンスおよびエビデンスに基づいた政策に熱心であった。しかし，これは，「裏付けとなる科学」が，具体的にどのように政策助言に変換されるのかについて心配した関連の研究コミュニティーからの不安に迎えられた（Scott, 2003, p. 8）。この熱狂はやがて教育研究のマントラともなるものであった。まもなく，研究「エビデンス」はオープンな概念でなくなり，より規制され，測定され，そして系統的にレビューされるものとなった。

この傾向はたとえば（医療の分野のコクラン共同計画や社会科学および経済の分野のキャンベル共同計画の形成を導いた）医療，看護および教育などの専門職コミュニティーによるエビデンスに基づいた，あるいはエビデンス情報に基づいた実践の支持により，軽率に支援された。政府の取り組みはこの運動の上に構築され，たとえばロンドン大学教育研究所のエビデンスによる政策と実践のための情報連携センター（EPPI センター），エビデンスに基づく政策と実践のための経済社会研究会議（ESRC）英国センター（Economic and Social Science Research Council UK Centre for Evidence-based Policy and Practice）およびそのエビデンス・ネットワーク，ロンドン大学クイーンメアリ・カレッジ（現在はキングス・カレッジ・ロンドンにある），あるいはダラム大学エビデンスに基づく教育ネットワーク（EBE）などのセンターを設立したり，開発したりすることに投資がなされた。これらのセンターおよびプログラムは，多様な方向性を示している。たとえば，EPPI センターは，もともとのロンドン大学教育研究所での評価および研究統合への関心を活かし，知識のコード化および蓄積を引き続き優先する形で，主流の系統

ことで協同的に実践にうつすことを模索した（Webb & Ibarz, 2006, p. 218; Davies et al., 2000 も参照; Thomas & Pring, 2004）。Smeyers and Depaepe（2006）にとっては，課題は「何が比較的単純な因果関係レトリックを通り抜け，教育に関する談義の多くを拘束する行為遂行性（performativity）の図を越えるのか」を検証することである（p. 11）。

的レビューに専念した（Oakley, 2003）。一方，エビデンス・ネットワークは，現実主義の統合の省察，メタ・アナリシス，および政策研究との関連でのエビデンスの役割に集中した（Boaz et al., 2002; Pawson, 2002）。EBE センターはダラム大学でのモニタリングおよび評価に関する研究への長期にわたる関心を活かしつつ，「『エビデンスに基づいた教育』というのは，教育政策および実践は何が有効かに関する最善のエビデンスに導かれたものでなければならないという考え方を示すものである」(Evidence-Based Education ウェブサイト，2007 年 5 月 29 日にアクセス）という，「何が有効か」についての公的な関心により近い方向性を採用した。そして，この目的に向けて，EBE センターでは，エビデンスに基づいた取り組みおよび研究における実験的な技法の活用を促進するだけでなく，エビデンスに基づいた教育ネットワークを通じて，「エビデンスに基づかない政策および実践」に積極的に反対する覚悟をしていた。

　米国においては，再び承認された 2001 年の「落ちこぼれを作らない法」（No Child Left Behind (NCLB) Act）には，教育に関する望ましい基盤として「科学的な裏付けのある研究」への言及が，全体として 100 回以上ある。そして，特に学校教育に関して法第 37 条は，厳格性，体系性，客観性，妥当性，および信頼性という特性を満たしていることが，手法の選択（実証的，実験的および定量的な技法の中でも「ランダム化比較試験（random-assignment experiments）を好む」）により保証され，また，ピア・レビューによってのみでなく，公的に設置された機関やクリアリングハウス[2]により認定されたものを「科学的な裏付けのある研究」として定義した。米国学術研究会議（US National Research Council, NRC）の教育研究のための科学的原則に関する委員会（Committee on Scientific Principles for Education Research）の報告書（Shavelson & Towne, 2002）は，この定義を支持し，そして，教育を取り巻く環境の複雑性や質的な深さを認めつつも，政策側から生じた教育研究への批判に対する対応は，この分野における研究コミュニティー内に科学的な文化を確立することだと論じた。このような文化は，教育を含むすべての科学的な試みが，次の 6 つの原則によって導かれるべきであるとい

---

[2] NCBL の科学的教育研究に関する見解への批判的な解釈について Sternberg（2004）の，「前提は，良い科学は政治的に導かれたものでなければならない」という解釈に関する懸念を参照のこと。

第 2 章 徹底的であることの重要性

う前提から派生するものであろう。その 6 つの原則とは、①実証的に検証可能な重要な問題を提起すること、②研究を関連の理論と結び付けること、③問題を直接的に検証することが可能な手法を用いること、④一貫性があり、明白な一連の理由づけを提供すること、⑤複数の研究を再現し、一般化すること、⑥専門的な吟味や批判を促すため、研究を公開すること、である (Shavelson & Towne, 2002, p.52; NRC 報告についてのさらなる思考や、「何が有効か」に関する運動とのつながり、あるいは乖離点については、Feuer, Towne & Shavelson, 2002 も参照)[3]。この報告書は、米国において大規模な議論を引き起こした（たとえば Educational Researcher, 31.8, 2002; Educational Theory, 55.3, 2005 参照）。特に、すべての研究コミュニティーが最終的には同一の方法論的および認識論的原則を固守しなければならないのではないかとの見方は、危険で研究を無力化するものであり、とりわけ米国科学アカデミー（National Academy of Science）のような「権威ある源」による支持は、原則や手法に関するオープンで批判的な議論の抑制につながると考えられた (Moss, 2005, p.280)。

このような文脈において、「何が有効か」に関する（研究に基づいた）エビデンスの探求および、それに続くこのような知識（内在的に累積的と考えられている）の実践および政策への移行は、徐々に、公的な財政支援を受けた教育研究の中心的な課題となっていった（このことは、米国の文脈においては、米国教育研究センター（National Centre for Education Research, NCER）の 2002－2006 年の教育研究プロジェクトおよびプログラムの企画提案募集（NCER ウェブサイト参照）に描写されている）。「何が有効か」モデルの中で好まれるエビデンスの源や手段は、実験的な技法の介入（特にランダム化比較試験：RCT）、実験的研究および定量的知見の系統的統合（系統的レビュー、メタ・アナリシス）、そして現実的評価（「何が有効か、誰にとって、どのような状況で、そしてなぜか」－ Pawson & Tilley, 2004, 1997）である。これらはそれぞれ正当性があり、研究および研究統合への価値あるアプ

---

3) Erikson と Gutierrez (2002) は、この見方を「科学そのものが科学的方法で置換された」、そして、これは「そのナイーブさと熱意という点において非常に心配である」と嘆いている (p.22)。一方で、Berliner (2002) は、NRC を擁護し、NCLB 法と異なり、報告書はある特定の手法を最も厳格で資金提供に値するものとして支持するというよりは、むしろ「学者のコミュニティーの構築」の支持を強調していると主張する (p.20)。

ローチであり，重要な研究課題を取り上げ，その過程において，政策が必要とする研究知見へのアクセスや，その活用を助ける（政策立案者および実践者の「何が有効か」という質問に答えるにあたっての実験的研究の重要性については Slavin, 2002, 2004 [4]; Taylor Fitz-Gibbon, 2003; Schwandt, 2005 を参照。系統的レビューを知識の産出の方法としてよりも，そのコード化や管理の方法として捉えるものとして Davies, 2000; Gough & Elbourne, 2002, p. 226; Oakley et al., 2002; および Oakley, 2003 参照。また，現実主義的統合への期待については Pawson, 2002 参照）。問題は，ある特定のモデルまたは技法そのものから派生するというよりも，政策に導かれた，技術的な理由に基づくエビデンスのフィルタリングや，このフィルタリングが根拠とする知識の階層性，そして，研究の政策および実践への寄与を，純粋に手段的な役割に狭める基準設定の行為からくるものであるようだ[5]。

1990年代終わりから2000年代の初めには，米国においてWWC情報センター (What Works Clearinghouse) が公的資金により設立され，米国研究機関 (American Institutes for Research, AIR) とキャンベル共同計画とのジョイントベンチャー契約を通じて，米国教育省の教育科学機関 (Institute of Education Sciences) により運営されている[6]。米国におけるWWC情報センターと英国のEPPIセンターのいずれも（後者は大学に付属のものであり，異なる歴史を有するものの），研究を比較し，判断し，系統化する役割を担っている。ただし，その目的を達成する手段において両者は異なる。二つの取り組みに共通するのは，両者が享受する強い政策的および政治的な支援（たとえば米国における「落ちこぼれを作らない法」の

---

4) この章は Slavin (2004) による実験的な取り組みへの支持に対する Olson (2004) の批判への回答である。
5) 研究－政策の関係に関する「何が有効か」あるいは「エンジニアリング」モデルへの批判の多くは，その手段的な前提や直線的な合理性，そしてその適用に際しての（たとえば出版あるいは資金獲得のための研究アジェンダの設定および研究のフィルタリングという意味における）政治的な含意についての懸念を強く表明してきた。たとえば Hammersley, 1997, 2001; Erwards, 2000; Eliott, 2001; Simons, 2003; Hammersley, in Thomas and Pring, 2004; Schwandt, 2005 を参照。このモデルに対するもう一つ共通する非難は，極端な「実証主義」だということである (Hammersley, 2001)。
6) Schoenfled (2006) は，レビューの実施および知見の透明性の両方についてWWCを批判した。彼の論文には *Educational Researcher* の同じ号にあるWWCからの返答が続いた。

第2章 徹底的であることの重要性

事例を参照），医療のモデルに影響を受けた累積的知識の理想，そしてコクランおよびキャンベル共同計画に代表されるエビデンスに基づいた運動へ，の明白な言及である。EPPIセンターの系統的レビューは（手段，戦略，基準等の）明白性，過程の標準化（キーワード，検索，報告），客観性（バイアスのない検索，取り扱い，評価），（範囲，描写の）包括性，（構造化されたナラティブ，要約テーブル，メタ・アナリシスなどの統合に結び付くデータや「エビデンスの重要性」に関する総合的な判断につながる質の評価に関する）蓄積性，（一般的には技術的な問題として取り扱われる）透明性[7]，類型化，そして，活用者の参加（EPPIセンターのウェブサイト参照。また，Oakley, 2003, pp. 23–24）に価値をおく。WWC情報センターは，より明白に（教育的介入の）有効性，因果関係，妥当性，および科学的厳密性に着目する（WWCウェブサイト参照）。二つの取り組みは，米国の取り組みが，特定の手法的基準やエビデンスの階層に照らして測られる，実践および政策において何が有効かに関する「科学的」教育研究の価値を強調するのに対して，英国における取り組みは研究統合，（もともとは「系統的レビュー」と呼ばれていたプロセスにおける）質保証およびエビデンスの測定を好む点でも異なる。

少なくとも，もともとのマニフェスト[8]では，いずれの取り組みも以下のものを優先していたようである。

- 第一に，自然科学および社会科学に共通する科学性の基準を好む，知識についての考え方である。「結局われわれは，個々の科学ごとに専門化した技術や検証の対象の違いを超えて，社会科学，物理学，ライフサイエンスの研究と，科学的な教育研究の間に根本的なレベルで重要な違いがあるということについて，自分たちを納得させることができなかった……こうして委員会は，教育における科学的検証に適用される指針は，他の

---

7) これは，たとえばMacLure（2005）などからの批判を招いた。
8) 特にEPPIモデルはまだ発展段階にあり，初期の批判を反映させる努力がなされたことは記しておく必要がある（たとえば質的研究の位置づけに関するものなど）。Oakley（2001, 2003）は，EPPIスタイルの統合の根源は，2000年代初期の政策からの要請のみにあるわけではなく，より古くからある，ナレッジ・マネジメント，コード化および蓄積の中でのエビデンスに基づいた政策および実践への関心にもあるという事実を強調する。彼女は，系統的レビューの「真の」技術的および概念的な課題を強調するが，EPPIモデルに対する広範な批判（たとえばAtkinson, 2000, Hammersley, 1997）については，「反エビデンス運動」の表明として退ける（Oakley, 2003, pp. 26–31）。

2.2 教育研究に関する批判および「何が有効か」に関する論考の出現

すべての科学的検証に適用されるものと同じものであると結論づけた」(Shavelson & Towne, 2002, pp. 51–52)。

- 第二に，実験的な研究，特にRCT（医療研究に影響された研究の「黄金律」）という形態を最上位に位置づける知識のモードおよび研究技法についての階層。
- 第三に，（客観性への生来の熱望を伴う）存在する知識を定められたものととらえるという意味での（レビューに含まれる研究の）現実性と，あらかじめ定義された実践的な目的およびそれを達成する手段の思考という意味においての（レビューそのものとその活用および研究に期待される一般的な役割に関する）道具主義との組み合わせ（Thomas & Pring, 2004 中の Hodkinson & Smith も参照のこと）。
- 第四に，知識の原動力を，知見の制御可能で系統的な蓄積としてとらえ，実践および研究の内的な論理によって動かされるというよりは，外的な目的の追求により形成されるものとする考え方。
- 第五に，明白な外部基準，測定の正確性および公的な認定を中心とした質の評価に関する技術的な見解と併せて，徹底的であること，厳密性，そして明白性を，研究の質の主要な側面として強調していること（たとえば Educational Underwriters の「証明済み研究」の確認印を参照）[9]。

現在の系統的レビューのモデルの一部は，明確に自らを「何が有効か」の論

---

[9] 質管理と有効性への流れが結果として生み出しうる唖然とするような例として，（株）Education Underwriters は自らを「NCLB マンデートにおいて，教育に関する製品およびサービスは『研究に基づいた』ものでなければならないとされたことに伴い設立され」，教育研究が NCBL「規格に適合」したものであり，したがって，学校において投資する価値があるものであると「証明する」ことを目的とする非営利の米国の組織であると描写する。証明のプロセスは，この組織のウェブサイトにおいて次のように要約されている。「販売者はその研究，研究者の資格証明，およびその他の基本的な情報を提出しなければならない。これらといくつかの基本的な保証を提出することにより，ほとんどの企業は直ちに「EdU 承認待ち」の地位を獲得する。EdU はその後，販売者と緊密に連携し，その製品が完全な「EdU リスト」の地位を獲得するよう保証する」このようにして，この組織は，「すべての製品が有効な研究に裏付けられていることを保証することで，すべての教育者のための監視人の役割を果たす。必要があれば，販売者の教育研究のレビューを実施するために研究者と契約を締結する」(http://www.educationalunderwriters.org/index.htm)。興味をひくものではあるものの，われわれはこれ以上の検証は行っていない。

考と結び付けてはいるものの（たとえば WWC 情報センターのレビューを参照），教育研究において，系統的レビューは，明らかにより長い歴史を有し，現在の政策主導の研究知見の手段的な有効性への流れよりも以前から存在した（たとえば Glass, McGaw & Smith, 1981 の初期の研究を参照）。それゆえ，議論の余地はあるが，系統的レビューは政治的により公平で，容易に入手可能で，実践志向のツールとなりうる可能性を有している。Oliver, Harden and Rees（2005）は，さらに，系統的レビューが，いかに「何が有効か」の論考の限界を「超える」ことを支援しうるかということを示そうとしている。これは，彼らの論ずるところによると，保守的な系統的レビューの見方（データ抽出，質評価およびナラティブ統合，検索の網羅性，および定量的な報告に焦点をあてたもの）を，横断的デザイン統合（データへの没入，複数の異なるタイプのエビデンスを並列して統合したものを併記して常に比較すること，理論的なサンプリング，量的および質的な知見の統合の組み合わせ）に向けて開くことにより可能となる（Nind, 2006; Andrews, 2005; Bennett et al., 2005; Oakley, 2003; Boaz et al., 2002; Evans & Benefield, 2001 も参照）。

　Gough and Elbourne（2002）は，これを研究の系統的統合の「実証主義」的な見方と，「解釈的な」質的統合との「偽の二重性」だと批判し，現実を忠実に反映することを目指すよりも，「ダイナミック」，「批判的」，「生産的」なレビューを行うよう努力すべきだと論じた。彼らは，研究統合が必ずしも実証的なエビデンスの蓄積および量的な集成（メタ・アナリシス）を意味する必要がなく，「メタ民族学」や解釈的な説明の発展につながる可能性があることを認識すると，蓄積の問題は克服できないものではなくなると主張する（pp. 232, 234）。

　しかしながら，現在の研究の主流派および教育政策に導入された系統的レビューの型は，安易に，エビデンスの手段的なフィルタリングや，エビデンスを扱いやすい「質保証された」かたまりに整理するという方向に流されてしまった。「何が有効か」が，研究エビデンスを審査する価値観や基準を定義づける。（政策主導の）手段的に有効な研究エビデンスの累積的な増加への切望が，われわれが本章のタイトルで「『何が有効か』に関する系統的な蓄積」と言及したものである。

2.3　知識の説明および「何が有効か」の限界

　ある意味，本章の最初にのべたような最近の教育研究についての政策に由来する批判は，この論考の中で「とらわれた」ものであり，批判へのきっかけになるとともに，批判へのあらかじめ決められた回答となった（Smeyers & Depaepe, 2006, p.11 も参照）。WWC および EPPI モデルのいずれも，これらの批判と同じ前提および価値観を有していたからこそ，これらの批判への強力な回答となった。彼らが，一般化を政策に関連し，政策に認められた研究の「黄金の」基準であるとして推奨したことは，しかしながら，より明らかな理由（たとえば，前提とされている医療と自然科学との類似性の限界，あるいはエビデンスの階層や実験的技法および量的なエビデンスを過度に優遇する理由への疑問など）や，このモデルがそもそも採用する知識，研究および実践の定義に関する懸念などから，批判にさらされている。以下の批判的なコメントは，ほとんどが限定的な「何が有効か」論考に関するものであり，系統的レビューについては，一部のモデルが共有する類似の前提の範囲内でのみ触れる。

　「何が有効か」の運動（および部分的には系統的レビューのいくつかのモデル）が採用する知識に関する見解は，累積的ではなく，発散的で，目的論的でない知識に関する見解に立つ研究の形態とうまく適応しない。たとえば，「定められた」ものとしてではなく，個人がどのように「受け取った」かとしての知識や，当然のものとして受け止められている概念および枠組みを，同様に閉じられた代替する制度で置き換えることよりも，こうした概念や枠組みを弱体化させることを目的とする研究について，十分に考慮していない。それゆえ，潜在的にはそれ自身において技術的に理にかなってはいるものの，政策および実践のニーズに十分に応えきれず，また，研究事業の多様性や開放性，および研究から産出されるエビデンスの形態に十分に対応できないという点において，限定的なモデルとなっている。Sanderson (2003) は，これを，研究－実践－政策の関係についての有効性中心のモデルの前提となる考え方へのさらなる懸念につなげる。特に，観察された介入と観察された効果との間の強い，直線的な因果関係を示すエビデンスを提供する研究への偏好，研究および研究知見の手段的－合

理的概念化，そして，しばしばある特定の状況の複雑性を見えなくする確実性への熱望に関する懸念である。

「何が有効か」は，研究の手段的な寄与が期待される介入という概念で，実践および政策を捉えている。それゆえ，教育的実践の倫理的および社会的な性質や，その中の実践的な知恵や技術的な合理性との創造的な遭遇を十分に評価していない（Oancea & Furlong, 2007 参照）。Biesta（2007）は，「何が有効か」の運動は，教育的実践の基盤となる実践的な認識論の本質を誤って解釈し，行動のルールに直接的に言い換えられるような，（あらかじめ定められた目的を達成するための）手段に関する探究と捉えている（「料理本」アプローチ）と論ずる。「何が有効か」の論考への実行可能な代替案を構築する試みの中で，彼はアリストテレス，デューイ，およびド・フリースからの識見に基づき，知的な問題解決および開放的な規範的議論に情報を与えるための，仮説および何が可能であるかに関するエビデンスの源として研究を捉える見解を支持する。さらに，単に実践に手段的に寄与するのではなく，研究は文化的および技術的な役割をも果たし，教育の定義，目標および目的に関する開放的で民主的な議論を支援する。

加えて，「何が有効か」の運動は，研究に内在する卓越性よりも，公的な認定を重視する。したがって，研究のみではなく，「質」に関する公的な概念や，実践および政策に埋め込まれたエビデンスの評価もまた手段的に捉えられている（この点は Oancea, 2007 に詳細に記述されている）。技術的および道徳的に中立な専門性に過度に焦点を当てるよりも，Sanderson（2003）は，実践および政策における研究の役割を考えるにあたり，内在的な卓越性（MacIntyre, 1985）や，認識論的，技術的および実践知的な推論のバランス（Toulmin, 2001）に着目すべきだと論ずる。このように考え方を転換することで，研究と，政策および実践との関係にとって重要であるにも関わらず，これまでの公の論議では取上げられて来なかった研究の側面が明らかになる。たとえば，社会的，制度的，および組織的な判断の文脈（Majone, 1989）およびそれに伴う対話や議論に基づいたコミュニケーションの過程，ある特定の文脈において何が適当かについて，道徳的－政治的なものも含む判断を行うにあたっての，（階層，計算，および因果関係の論理ではなく）義務と必要性の規範的な順序（March & Olsen, 1989; Schwandt, 2000），実践の不確実性および多元性，そして権力を有する者が恩恵をこうむり

2.3 知識の説明および「何が有効か」の限界

がちとなる，あらかじめ定められた基準への形式的な抗議に替わるような，自由で開放的な規範的議論の必要性などである。これらがすべて考慮されれば，「教員への質問は『何が有効か』ではなく，むしろ，より広く，『この子どもたちにとって，この状況で何が最適か』ということになる」とサンダーソンは論ずる (Sanderson, 2003, p.341)。

最後になるが，軽んじてはならないのが「何が有効か」の運動を特徴づけるよい教育研究についての定義が，「教育的に価値がある」かもしれないものを排除する（あるいは，少なくとも重視しない）という懸念である。Biesta (2007) からすると，「何が有効か」に焦点をあてた実践についての定義や評価は，教育的価値および倫理を無視し（あるいは傍流の位置づけに追いやり），有効性，事実的な判断および手段的な知識に不当な重きを置く。Elliott (2001) は，教育研究の「エンジニアリング・モデル」(すなわち，エビデンスに基づいた実践の手段的なモデル) をベンジャミン・ブルームの研究から派生したアウトカムに基づいた教育の概念（本書の第5章により詳細に記述）と結び付ける。このように，このモデルの中心となる前提は，アウトプットの産出の有効性や効率性，最終成果物と達成手段との間の不確かな関係，および質の基準として，最終成果物をあらかじめ特定することに関するものである (p.560)。彼はこれを MacIntyre (1985) および Stenhouse (1975) から示唆を得た教育研究の倫理的な側面と対比し，実践および研究の教育的価値や専門的な判断を裏付ける内部的卓越性の要請を強調する。

上記のコメントを総合すると，「何が有効か」に関する承認を受けたエビデンスの系統的な累積は，最近の教育研究への批判に対する効果的な反応であり（また，政策の支持を獲得しやすいものであり），また，貧弱な研究実践の一部の事例を除外する効果的な方法ではあったものの，同時に教育研究の主要な原理の一部に反するような，知識についての狭い前提に基づいた論議を進めるものである。これ以降本章で示すように，この論議は最終的には教育研究およびそれをいかにして実践および政策において「機能」するようにできるかについての精彩を欠く見解を促進するものである。

2.4　研究およびエビデンス

　このように，特定の研究の形態を優遇するということに関して，より一般的に研究の本質について省察し，第一に，多様な研究課題に関連する様々な種類のエビデンスについて，第二に，一般化された課題に対して一般化された研究に基づいた解決策を導くことにより生じる限界について認識することが重要である。

　疑いもなく，研究については多くの定義が存在するが，われわれの目的からすると，（以下に述べる意味における）エビデンスの系統的な収集，あるいは実に，（哲学の研究のように）特定の質問に回答するために，そのエビデンスがどのような概念的枠みの中で収集されたかについての系統的な分析，と描写することができるのではないか。そういう意味では，研究は，部分的には「研究ではないものが何か」という形で理解できるかもしれない。実証されていない意見の表現または展開，ある疑問に対する直観的な回答，無計画な，あるいはコーディネートされていないデータ収集，理論的根拠のないデータの選択などがこれにあたる。しかし，この描写は，研究が実施されうる多くの方法，つまり，「系統的」と考えられるであろう多様な探究の方法に触れていない。このように，研究を，特定の系統的な調査の様式に限定しないことについては，それらしい論拠がある。

　しかしながら，これについて4つの点においてただちに反論が考えられる。

　第一に，何が「エビデンス」として意味があるかは全く明白ではない。しばしば「エビデンス」は「観察可能なデータ」，すなわち「調べようとして」得られた観察結果が，その後，何らかの非常に一般的な説明的枠組みの中で整理されたものとして解釈される。そして，まさに，これまで論じてきたように，このような研究が，政策に情報を提供するものの大半を占めているように見える。しかしながら，（法学研究のように）「以前の判断」，（歴史研究のように）「記録」，（哲学研究のように）批判的な吟味を生き延びた議論，（ナラティブ研究のように）個人的な物語，（民族学研究のように）暗黙の社会的な規則・規範の特定，および専門的な判断が，なぜエビデンスに含まれるべきではないかについての理

2.4 研究およびエビデンス

由はない。何がエビデンスとして（そして研究として）意味があるものかは，課題の本質により異なり，その課題は，論理的に多様な種類がある。したがって，ある特定の介入が，望まれた効果を発揮したことについてのエビデンスとは何かを明確にすることが必要であり，これは知識の基盤や本質について重要な問題を提起する。

　第二に，一方，何が研究可能な課題として認められるのかということが必ずしも明確ではない。研究の前に，しばしば戸惑いの段階があり，これは開始の時点では非常に漠然としたものであろう。その戸惑いは，個人的なレベルのもの（たとえば，この学習者のグループにどうしたら浸透の概念をうまく伝えることができるだろうかという戸惑い）であるかもしれないし，政策レベルのもの（たとえば，なぜ学力標準がこんなに低く見えるのだろうかという戸惑い）であるかもしれない。研究を実施するにあたり，苦労の半分はこの戸惑い（たとえば，これまでのある概念についての教え方が効果的でないとか，学力標準が思ったより低いといったような感覚）を明白にし，そして，その戸惑いを，その事例について何がエビデンスとして意味があるかを知るのに十分な程度に特定された質問に置き換えるところにある。「低い学力標準」についての戸惑いはよい例となる。政治的な意見や教育についてのメディアの報道は，(a) 学力標準が本来あるべきものよりも低いこと，および (b) 特定の介入（たとえばリテラシー戦略）がその改善につながること，を全く疑わない。しかし，「学力標準」が何を意味するかについて，事前に概念的な整理をしっかりと行う必要がある。まず，学力標準の測定のために政治的に採択されたパフォーマンス指標の構成要素を明確にすることで，各人が念頭においていることを正確に理解した上で，学力標準が低かったという意見に対する支持あるいは反対を示すエビデンスとして価値があるものは何かを判断しなければならない。しかしながら，そのこと自身が，「実証可能性」についての伝統的な議論につながる。すなわち，課題の意味について，その意味が論理的に，質問への回答を可能にするエビデンスの種類と結び付いているかという問題である。

　第三に，その戸惑いおよび戸惑いを克服しようとする試みのいずれもが，人々（研究者および政策立案者）が多様な方法で課題をとらえるという問題に直面する。特に，ある状況のある特定の要素が，その人の有する価値観によって，強調さ

第2章 徹底的であることの重要性

れたり，されなかったりするという多様性の問題である。たとえば，再度学力標準についての問題を取り上げる。「標準」とは，ある活動の本質および目的に論理的に関連した良い成績の水準を意味する。しばしば暗黙の，そして認知されていない多様な価値観は，活動の目的の理解に影響を与え，したがって，何が標準として適当と考えるかにも影響を与える。たとえば，14歳から19歳のイングランドおよびウェールズの教育訓練についてのヌッフィールド・レビュー (the Nuffield Review of 14-19 Education and Training for England and Wales)[10]は，「今日，この時代に教育を受けた19歳として何が重要か」という質問からスタートした。この質問への回答には，適当な学力標準，およびその標準に照らして学力が上昇しているのか下降しているのかを判断する際のエビデンスの種類についての多様なとらえ方が含まれる (Hayward et al., 2006)。リテラシーのレベルは，学習者が本を読むかどうかと無関係に，単にリテラシーについて「満足のいく」成績をおさめる学習者が増えたからといって，上昇していると言えるのだろうか。現実を概念化し，評価する様々な方法が競合するということは，その現実の「社会的構築」，われわれの知識の言明の客観性，および一般的になりつつある知識や「知識の産出」の系統化に関する社会学的批判について，絶えることのない問題を提起する。政策が研究の成果を十分に評価しないのは，疑われることのない，しかし，疑う余地のある政策課題の概念化の仕方やデータのとらえ方に原因があるのかもしれない。哲学的な精神が欠如しているのである。

　第四に，これらのすべての問題と密接に関連して，物事がいかにして現在の姿に到達したかということを説明することの本質である。なぜなら，説明することの必要性が研究の裏にある原動力だからである。物事を変えたいと思えば（そして，たとえばリテラシーの授業のように何らかの「介入」を導入したいと思えば），まず最初に，なぜ現在の状況が生じているのか，そして，望ましいとされる変化が，今直面している問題の克服にどのように結び付くと考えられるのかという

---

10) ヌッフィールド・レビューは，イングランドおよびウェールズの教育訓練のすべての側面に関する6年間の第三者レビューであり，2009年に最終報告が予定されている（訳注：2009年6月にRoutledgeより刊行）。レビューの際に参照した幅広いエビデンスが3つの年次報告とともにウェブサイト http://www.nuffield14-19review.org に掲載されている（訳注：2012年4月9日現在，このURLは存在せず，http://www.nuffieldfoundation.org/14-19review にこれらの情報が最終報告の概要とともに掲載されている）。

ことを説明する必要がある。しかし，多数の論理的に異なる質問や，それに関連する異なる種類のエビデンスがあるように，説明にも多くの種類がある。この点を十分に認識しないことが，しばしば説明に関する一つの支配的なモデルを導き，結果として，教育研究の多くの質を低下させる。

　これ以降，これら四つのポイントをさらに詳細に説明し，知識について哲学的な理論づけを行うことの本質および妥当性についての特徴的な問題を明確にする。

2.4.1　エビデンス

　「エビデンス (evidence)」に関してまず第一に述べておかなければならないのは，「証拠 (proof)」と混同してはならないということである。これは，政治家が，確実性や自らの政策についての強固な基盤を求める過程で，あまりにもしばしば起こす過ちである。政策を採択するにあたり，政治家はある特定の介入が有効であることを示すようなエビデンスを求める。しかし，純粋論理学および数学を除いては，厳密な意味で証明できるものはほとんどない。複数の理由から，人がすることの結果について，常に予測不能な部分が存在するのである。第一に物質的な世界においてさえ，将来は常に過去と同じとは限らない。第二に，一方で，人の世界においては，予測はより一層不安定なものである。人によって状況のとらえ方はそれぞれであろうし，それゆえ，介入の解釈および介入への反応もそれぞれである。そのため，人間の行動について一般的な説明を提供することは不可能であると論ずる人もいる。われわれからすれば，これは誤った示唆であるが，いくつかの事例において，エビデンスの強制力を少し弱める理由ではある。あらゆる結論は，もっと暫定的，例外に対して開放的，そして，さらなる経験を前提として，改良に対して開放的でなければならない。

　エビデンスは，自信の度合いにより，弱くも強くもありうる。統計的な確率，類似した状況，歴史的な前例，社会的規範，あるいは人の動機の理解など，多様な思考から導かれる多様な理由により説得力を持ちうるであろう。相反するエビデンスは比較し，熟考しなければならない。さらに，われわれはしばしば人生において，それ自体は弱いものではあるが，選びうる他の行動についてのエビデンスよりは強い様々なエビデンスに基づいて行動することを求められる。

第2章 徹底的であることの重要性

新しいクラスを担当する教員は，以前のクラスから少しずつ収集したエビデンスや，文書などで読んだこと，他の教員と議論したことなどのエビデンスに従って行動するが，あらゆる側面において，自分のクラスが他のものと同じであると確信することは決してできない。つまり，以前のエビデンスから導かれた結論は，暫定的であり，新しい状況の中で試されることが必要であるということである。まさに，Stenhouse (1975) は，カリキュラムについて，ある側面においては他のクラスと類似であるが，他の側面においては大きく異なるクラスにおいて試されるべき仮説であると言及した。もし研究が教育方法に情報を提供するためのものであるとするなら，多様なエビデンスが，教員の見解（あるいは「仮説」）を方向づけなければならない。

まったく同じことが政策形成にもいえる。ヌッフィールド・レビューは，政府への提言を行うために17歳から18歳の相対的に低い出席率を解釈しようと試みている。ここで難しいのは，妥当な説明をするにあたり，グループが同質ではないということである。それゆえ，どのような一般化も，ある特定の事例については無用のものとなり，また，暫定的な結論でさえも，さらなる実験の実施という観点からのみでなく，変化する「参加」および「学習」のとらえ方によっても見直される必要があるということを分かりつつ，異なる種類のエビデンス（経済的状況，社会的階層，地域の文化，低い期待値，同僚からのプレッシャー，メディアの影響，家族の望み）を探し求める必要がある。まさに，エビデンスが求められる政府の政策は，「見習い」に関するレビューの研究に描写されるように，言葉あるいはそれらの言葉に付随する意味において，常に変化している。

しかしながら，ヌッフィールド・レビューが直面した困難はより深いものであった。14歳から19歳の教育訓練をレビューするにあたり，質問として形成されるべき戸惑いは生じる。なぜこんなにも多くの若者が，自分たちに与えられた教育の機会を拒否するのか，教育システムはどのようにして競争的で分裂的なものになるのか，どのような資質，態度，スキルおよび理解が育成されるべきなのかなどである。しかし，このような，よい研究者の特徴とも言える戸惑いは，時として政策立案者にとってはなじみのないものである。政策立案者は，達成すべき結末（達成目標という形で言い換えられる）について確信しており，それを達成する手段について戸惑いを有し，そのために研究者を必要とするの

である。それゆえ，しばしばエビデンスは，政党のマニフェストに公式に記述された政策的な前提により「ろ過して取り除かれる」。たとえば評価あるいは教育的な選抜に関する政策を追求するためのアジェンダは，矛盾するエビデンスとは独立して設定される。

したがって，政策の形成およびある特定の実践の遂行においても，研究を，絶対的な自信をもって先に進む強固な基盤を提供するものとして見ることはできない。同時に，これは研究知識というものは存在せず，すべての説明は社会的構築以外のなにものでもなく，個人の特定の立場による相対的なものであり，大きく異なる社会的構築に対して開放的であるということを意味するものではない。これから議論するように，決定的な証明の欠如や，エビデンスに照らして自身の結論を継続的にさらに改良する余地があることは，ある主張についてそれが真実となる条件が存在せず，したがって，達した結論が誤りとはなりえないということを含意するものではない。自らの見解の改良は，個人が知っているかどうかとは無関係の現実を前提にしており，改良を余儀なくする。

2.4.2　質問——重要性および「検証」

A. J. Ayer (1946) は，ある言明の重要性はその検証のモードによって決まると論じ，まさにそれは論理実証主義の特徴的な印として見られている。しかし，検証の形態はたった二つしか存在せず，それゆえ，重要な言明はたった二種しか存在しないと考えられていた。それは，矛盾の原理に照らして真実である純粋に論理的で数学的な言明と，描写された観察に照らして最終的には検証することができる実証的言明である。その他すべての言明は意味がなく，(O'Connor, 1956 が論じたように) 教育に関するほとんどの言明，特に教育研究に関するものがここに含まれる。エイヤー，オコナーらの考え方は，これまで言及した批判にあらわれているように，あいまいさなく実施できるような観察に関する言明に論理的に単純化できる，一般的な言明のモデルが普及しているように見える教育研究に，いまだに影をおとしている。

教育研究コミュニティーは，それゆえ，一方に，教育研究の科学を作りたいと考え，ある事象の原因，そして「何が有効と考えられるか」を仮定し，たとえば「効果的な学校」や「よい教員」について，論破されないような観察に基

第2章 徹底的であることの重要性

づいた一般化を試みる人々と，逆に，そのような狭い概念化を否定し，人間は，純粋物理的な事象と異なり，そのような実証主義の枠組みでは理解したり説明したりすることはできないと指摘する人々とに分離している。これは，量的研究と質的研究との間の対立に結び付く。前者は特定の政策についてのエビデンスを求める政府の賞賛をうけ，後者は一般的には実践者からは受容されるが，一般化された問題に対する一般化した回答を求める人々からは見下される。

　この対立はとても無用である（Pring, 2000 参照）。ここでの過ちは，エイヤーの定義の主要なポイントを否定すると同時に，彼の「検証」の狭いとらえ方にある。どのような主張をするにせよ，どのような議題に意見を述べるにせよ，われわれは，われわれ自身，あるいは反対の立場に立つ者が間違う可能性を暗に認めている。もし，ある主張について，反論や比較考察が考え得ないのだとすれば，そのような主張をすることには意味がない。つまり，ある言明をすることは，暗にそのような言明とある特定の種類のエビデンスとの間の論理的なつながりを前提にしている。たとえば，「小規模なクラスは学習の質を高める」というのは，特定の観察やパフォーマンス評価の方法が，この言明が真実であるというために妥当なエビデンスであるということを仮定している。そしてそれは，ある程度の不確実性を維持することと矛盾しない。なぜなら，追加的なエビデンスにより，その言明は取り下げられたり，改良されたりするかも知れないし，ある特定のクラスのサイズ，特定の学習者のタイプ，または特定のクラスでの教授法に限定されるかもしれないからである。エビデンスの系統的な探求は，それゆえ，どのような質問が聞かれ，その質問がどのような論議の中で出てきたものなのかということに依拠する。なぜなら，異なる種類の論議のなかでは，エビデンスと評価との関係は異なるものとなり，また，評価がなされる確信の度合いも違ってくる。したがって，すべての研究において，どのような質問が問われ，それがどのような論議の中で問われているのか，そして，確信の度合いは異なるが，その質問に回答するにはどのような種類のエビデンスが妥当かということを明確にすることが必要である。

2.4.3 価値観および現実についての競合する考え方

　既に言及したが，一つの反論は，研究が現実についてある特定の捉え方の中で行われることから，そこから得られる結論は必然的にその考え方と相関的なものであり，また，競合する考え方があるというものである。ある行動は，一人の人からみると「逸脱している」と考えられるかもしれないが，他の人は「創造的」あるいは「冒険的」と捉えるかもしれない。何らかの形の教育および訓練に参加し続けることができないことは，逸脱行動としても解釈されうるし，あるいは退屈なカリキュラムへの反応や個人の経済的な期待に照らした合理的な行動とも解釈されうる。世界は，多様な方法により描写することができ，ある特定の方法が他のものより優遇されるべきではないと論ずることすらできるだろう。評価についての相違（たとえば，メアリーは知的であるとか，ジョンは生意気である）は，さらなる観察によっては解消されないかもしれない。なぜなら，「知性」や「生意気な態度」についての理解が異なるからである。そして，その理解についての差は，恐らく社会的な背景，性別，あるいは民族性を反映している。まさに，管理についての支配的な用語——インプットおよびアウトプット，パフォーマンス指標および監査，カリキュラムの提供およびその対象，経済的な利得や付加価値に関する用語——を使用することにより，教育の描写，そして，結果として，その目的や目的を達成するための手段のとらえ方が異なってくる。これらの用語は，学習および動機づけの複雑な世界を表現する際に，同様の用語を用いていない研究を排斥する。

　しばしば，ある状況のとらえ方の違いは，人々が有し，人々が行う評価に浸透する価値観の違いによって生じる。教育するということは，教育を受ける人が何らかの価値があると考えられている物事を学習することを可能にし，その人をある程度よい方向に変えることである。「教育」というのは，そういう意味において評価的な用語である。しかしながら，その価値が何であるかについての統一的な合意は皆無である。人々は，教育を受けた人とは何かについて異なる考えを有する。それは，たとえばNewman (2001/1852) によれば「知的卓越性」であり，Dewey (1916, 1936) によればより広いコミュニティーへの知的で活動的な寄与者であり，RSA[11] 1980マニフェストによれば実用的な能力を発

11）　（訳注）Royal Society for the encouragement of Arts

第2章 徹底的であることの重要性

揮する人である。教育の目標についての討議の本質は道徳的なものであり,「教育」という旗印のもとで促進する価値があると考えられる資質および美徳,能力および理解に関するものである。このような価値観は,学力標準,成功した学習,個人的な学業成績,教育の目的などに付随する意味にも広く影響する。

それゆえ,われわれが住む世界を描写的そして評価的に人々がとらえるであろう,あるいは実際にとらえる方法の多様性の結果として,教育的場面について,公式に認められた説明とは異なる説明に結びつく価値観を否定する危険性がある。世界を描写する際にある特定の方法が支配的になるのは,一部の人々が試験や類似の規制の仕組みを通じて,何が知識として重要であるかを定義づける権限を有していることによる。これまで述べたような,世界についての異なる理解や,その世界の中での多様な物事の評価を調和させることは,本質的に哲学的な事柄であり,用いられる概念やなされた評価の客観性についての妥当性や一貫性についての問題を提起する。

しかし,しばしば指摘されるように,人々や,彼らが住む社会に関する説明については特段の難しさが伴う。なぜなら,純粋に物質的な存在と異なり,人は,状況を解釈し,それゆえ,その解釈の結果として,現実においてもそれらの状況が異なるものとなるからである。たとえば,社会的な関係には,その関係について人が有する理解と独立して存在するという意味における客観性はない。結婚という事実は,「結婚している」ということを定める社会的な規則から独立しているものではなく,また,社会的な規則は社会間で異なるものであり,かつ,同じ社会の中であっても進化していくものである。違う人が物理的な現実について異なる解釈をするだけではなく,社会的な現実がそれらの解釈により生み出されるのである。これは,学習者がどのように現実をとらえるかに影響を与え,学習者が住む現実を大きく形作る社会的伝統の中で学習者がどのように行動するかについて,言うまでもなく関心を有する教育研究の本質に,非常に明白に重大な影響を与える。

このことは,認識された教育的課題に対応するにあたり,どの程度の一般化ができるかを制約する。なぜ教育および訓練への参加率が相対的に低いかを理解するには,(のちに政府が正しい因果的介入を実施することができるように原因因子を無理に特定するというように,)全ての若者について一般化することが必要なの

ではなく，若者が何が可能で，望ましく，対処可能で労力をかける価値があると考えるかに影響を及ぼす多様な社会的規範を，コミュニティーごとに理解することが必要である。

このことは，中央の政策に情報を提供しうる，一般的な結論を提示することを一切断念し，研究の本質と政策との関連における研究の役割について絶望するべきだという意味ではない。ピーター・ウィンチが，その重要な著書『社会科学の理念』（"The Idea of a Social Science" Winch, 1958）で論じたように，社会や社会的なグループ間の差異は，認識可能な人間の生活形態（たとえば，基本的な欲求を満たす，子どもを育てる，安全と最低限の健康状態を確保する，人間関係を形成する，などの共通の必要性）や，認識可能な人間の動機および傾向（愛情および認知されることの必要性，誠実性および正直さの美徳，嫉妬および復讐の不徳）の中で理解されうる[12]。共通する人間性の前提に基づき，自らの社会とは全く異なる社会に入り込み，理解することは論理的に可能である。

しかしながら，物理的な世界と人間の世界との間の違いは，教育研究の可能性，限界，そして教育研究へのアプローチを理解する上で重要であり，このことは，種類が異なる質問に対する種類が異なる説明に反映されており，したがって，これらの説明を提供するにあたり引き合いに出されるエビデンスの種類にも反映されている。

2.4.4　説明の多様性

本章の最初で説明したように，教育研究に関する主な批判の一つに，教育研究が，政策立案者が「有効な」教育を実施するための介入に着手できるような，系統的な検証の結果としての累積的なエビデンスに基づいた教育的プロセスおよびアウトカムについての一般的な言明を産出していないということがある。

これは過去を見ると，完全なる真実ではないようにみえる。フィリップ・バーノンによる1950年代のIQテストについての研究は，11歳児への指導および試験により，その人のIQのスコアが15ポイントも変わることがありうることを示し，知性は固定され，検知可能なものであるという前提にたった11歳での選抜の実施の基盤を弱体化させた。その後，選抜はほとんどの地域教育当局に

12）　ウィンチについての少し異なる解釈については，Smeyers, 2006 を参照。

より廃止された。ハルゼー，フロウド，アンダーソンの「政治算術」は，1960年代に社会的階層と教育的達成の密接な関係を示し，「教育優先地域」(Education Priority Zones) の創設についてのエビデンスを提供した。より最近では，「シュア・スタート」への投資は，子どもの社会的および教育的な発展についての早期の介入の有効性についての系統的なデータの収集に生起したものである。全ての，というにはほど遠いが，一部の大規模な研究では，ある特定の介入を受けた人とそうでない人との間での比較ができるように，統制群と実験群の両方を設けていた。若者間の違いを強調するあまり，一般論について多数の例外が存在することを容認しつつも，若者間での一般化を可能にするある程度の共通性を前提とする研究を却下してしまう危険性がある。

しかしながら，このような統計的な一般化は，あまりにも頻繁に，因果関係を示す説明として取り扱われる。たとえば，貧困または社会的階層と教育的達成，あるいはあるリーダーシップの形態と「効果的な学校」との関係について，貧困が低い達成度の原因であったり，リーダーシップが効果的であることの原因であったりするかのように説明される。しかしながら，これは人間の活動についての，多数の異なる説明を無視するものである。それゆえ，異なる種類の質問に論理的に関連し，エビデンスとは何を意味するかを形成する多様な説明についての青写真を描くことが有用であろう[13]。

2.4.5　因果的説明

「何が有効か」に関する完全に試された一般的な仮説を通じた知識の蓄積を求め，しばしば大規模な比較群と統制群を通じて実施されるような研究モデルの支配は，実験群において成功した介入がその有効性の原因であろうという因果関係的な見方に基づいている。この基盤となる見方の本質およびそれに対する批判的な反応は，本書へのポール・スメイヤーの寄稿により詳細に述べられている。行動変容に関する多様な理論およびそれに関する研究はこれをよく描写している。確かに，このような研究は軽率に拒絶されるべきものではない。われわれの行動について，因果関係に関する話が適切であると考えられる側面もあるが，同時に，人間であるということについての側面のうち，そういった意

---

13)　この点についての詳細は Pring（2004）参照。

2.4 研究およびエビデンス

味での因果的説明の力を制約するような側面もあるようにみえる。

一方，そのような制約を認知することによって，大規模で量的な説明の価値に目をつぶるべきではない。ヌッフィールド・レビューは，見習いの開始および完了，Aレベルの特定科目への受講または非受講，教育，雇用または訓練のいずれにも参加していない若者（NEET）の数などの統計的なデータを収集することに大きな関心を寄せてきた。しかしながら，そうして集められたデータは「因果的説明」を提供したというよりは，全く異なる種類の説明を要するような戸惑いのセットを引き起こした。

2.4.6　人間行動の説明

彼あるいは彼女がなぜそのように行動するかを問うことは，なぜ電気が消えたか，あるいはなぜその人がインフルエンザにかかったのかを問うこととは論理的に大きく異なる。意図および動機において全く異なる説明が要求される。まばたきとウインクの間には雲泥の差があるのである。「ニート・グループ」にいる人々がなぜそこにいるのかを理解するためには，その意図，つまり，ドロップ・アウトしたことについての彼らの理由に言及する必要がある。そして，その理由は，継続的な失敗の経験から逃れるため，ある特定の関心を追うため，家族を支えるためなど，ニート間で大きく異なるだろう。このような意図の差異は，あまりにも頻繁に，ある特定の介入を要するような特定の原因があることを前提とした一般的な政策的介入において無視されている。

しかし，意図は何もないところから生じるわけではない。その意図は，たとえば正直になったり不正直になったり，自立したり依存したりするといったような，ある特定の方法で行動するという特定の構えから生起するであろう。そして，それらは，それが家族からくるものであろうと，より広い社会的なグループからくるものであろうと，社会的な期待に関するある特定の風潮の中で創られると考えられる。

一方で，他者がその人の意図を解釈することができなければ，意図的に行動する意味はほとんどない。私は，注意をひくため，あるいはさよならを意味して，あるいは革命の合図として意図的に手を挙げる。手を挙げることの意味は，私の意図のみではなく，その意図が何であるかを理解するための社会的なルー

ルとも論理的に関連している。他者が，私が何をしているのかの意味を知らないのに，革命についての合図を送っても意味はない。したがって，人々を理解する上で不可欠の要素は，ある特定の行動に意味を持たせたり，その行動を解釈する前提となる規則および規範を理解することである。もちろん，たとえばより広い社会，家族，交流のある若者のグループなど，ある人が所属する多様な社会的グループを定義づけるこのような社会的な規則には，様々な重複の度合いがある。若者の行動および意思決定についての説明をする際には，若者が他者の行動を解釈し，反対に他者に理解されることを期待する前提となる社会的規則に言及する必要がある。たとえば，ある特定の介入を奨励するような，学業不振や学校中退についての一般的な説明は，若者が状況を多様な方法で様々に解釈することや，その介入が全く考慮することのない意図を有していることを踏まえていなかったり，若者の社会的現実を定義づける多様な社会的規則を無視した結果，役に立たないことは十分にありうる。

2.5　研究および政治的枠組みの民主化

研究は，妥当なエビデンスに照らして系統的に回答を探求することである。妥当性は，質問の本質および，歴史的，対人的，科学的，比較的など，それが該当する論考の種類によって一部決定される。しかし，上記の分析から，どれだけ系統的であっても，いかなるエビデンスの探求も，到達した結論について確実性の根拠を提供しえないことは明確である。不確実性と共存し，追加的なエビデンス，受領したエビデンスのさらなる再概念化，およびエビデンスの解釈についてのさらなる批判に対してオープンであることが必要である。知識の位置づけは常に暫定的である。その知識が適用される世界そのものが，物理的にも社会的にも予測不能な方法で変化している。これは，特に社会的な世界にあてはまる。なぜなら，それぞれが他者と交流するにつれ，経験に付与される意味が進化することは不可避だからである。

知識の暫定的な性質と，その知識を試す際に，批判，特にその役割ゆえに知識の創出者である教員や学習者からの批判的な評価に対して開放的であることの必要性を踏まえると，参加者自身がその試験，批判および再生産に寄与する

2.5 研究および政治的枠組みの民主化

ことができれば,知識はより正確になる可能性が高い。換言すると,知識基盤の非常に一時的な性質こそは,そう遠くない過去に知識の民主化として言及されたものを必要とする。そして,知識の民主化は教育研究者の哲学にとってのみ重要だったのではなく (Simons, 1995 参照),政策立案者自身にとっても重要であった。事実上,1964 年に創設された学校評議会 (Schools Council) の立役者であり,プリセプター・カレッジでの「教育と変化」の講義で述べられたデレク・モレルの言葉を思い出してみよう (Morell, 1966)。問題 (いうなればもともとの戸惑い) は,特にどのような形の人生が価値のあるものであるかについて社会でほとんど合意が形成されていない時に,予測不能な将来に若者を備えさせることに関するものであった。学校評議会の設立について省察しながら,公務員であったモレルは,永続的に変化する状態にふさわしい教育的アプローチを開発するにあたり,可能な限り問題解決のプロセスを民主化する必要性について語る。そして,次のように続ける。

> われわれは共同して,可能な限り,エビデンスに裏付けされない意見ではなく,客観的なデータに基づき,変化の特徴を定義づけなければならない。われわれは,変化に対応するための研究および開発への財政支援を共同して行なう必要がある。われわれは共同して,そのような研究知見を審査および測定の技術の双方を用いて評価しなければならない。……われわれは,自由と秩序は,もはや教育の目標および手法に関する幅広く本質的に静的な合意を暗黙のうちに受け入れることでは調和できないことを,協同して理解する必要がある (Morell, 1966, pp. 12–13)。

教育研究が政策および専門職の実践にとって妥当なものとなるためには,すべての人が知識の暫定的な性質を認知することが必要である。そして,その暫定的な知識の見直しの過程では多様なエビデンスを考察し,バランスをとる必要があり,その多様な源は,介入についての広域的な報告,個人の解釈を形成する社会規範の理解,ある状況の特性を包含する判断を行う教員の経験,そして教室での交流についての独自の解釈によって,ある出来事について教員や政策立案者とはだいぶ異なる特有の意味を付与する学習者の声にあるということを

認める必要がある．合理的な政策および実践は，この多様なエビデンスの源や，論理的に異なる種類の説明を熟考することによって，そして，この熟考が民主化されている文脈によってのみ生起される．民主化とは，ここでは，多様な研究およびエビデンスに耳が傾けられ，そして，結論は一時的で暫定的なものとしてさらなる対話や批判を歓迎する状況の両方を意味する．この点は，本書へのエリオットとラケスの寄稿（第5章）でより詳細に述べられている．

2.6 結　語

本章の冒頭で概観したような教育研究への批判は，真剣に向き合う必要のあるものであった．これらの批判は，教育研究の大部分が，示されたエビデンスと結論の明確な関係，サンプルの抽出についての説明，その知見から便益を受けそうな人々へのアクセスのしやすさ，政策立案者や教員が回答を必要とする課題への対応（その回答が暫定的なものとならざるを得なかったとしても）などの多くの基準を満たしていないことを指摘した．しかし，これらの批判に応じて，しばしば何が研究として価値があるかについて，公式に認められた窮乏化が生じてきた．それは，「何が有効か」についての狭い解釈である．その「窮乏化」は，手法の不十分さや不適切さというよりは，むしろ，本章でふれてきたより深い哲学的な問題によるものである．それは本質的には知識の性質に関するものである．つまり，個人間の関係，部分的知識，自立的な意思決定，個人の嗜好への文化的な影響，保有される価値観や，ある特定のコミュニティーにおいて当然と考えられている枠組みを通じた事実のスクリーニングが存在する複雑な社会的世界において，知ったり理解したりすることは何を意味するのかという問題である．

こうした認識論的な思慮は「エビデンス」の概念や，人々が確実な，すぐれた，支持的な，あるいは貧弱なエビデンスを区別する多様な方法に反映されている．本章では，政策および実践の開発にあたり確定的であるエビデンスはほとんどないと論じる．われわれは不確実性と共存し，入手可能な最善のエビデンスに基づいて行動し，常に批判，改訂，そして，追加的なエビデンスに照らしたさらなる改良にオープンでなければならない．つまり，あらゆるレベルの

政策立案において，意思決定のプロセスを民主化しなければならない。

参考文献

Andrews, R. (2005) The Place for Systematic Reviews in Education Research, *British Journal of Educational Studies*, 53.4, pp. 399–416.
Atkinson, E. (2000) In Defence of Ideas, or Why 'What Works' is Not Enough, *British Journal of Sociology of Education*, 21.3, pp. 317–330.
Ayer, A. J. (1946) *Language, Truth and Logic* (London, Penguin).
Ball, S. (2001) 'You've Been NERFed!' Dumbing Down the Academy: National Educational Research Forum: 'A National Strategy - Consultation Paper': A Brief and Bilious Response, *Journal of Education Policy*, 16.3, pp. 265–268.
Bennett, J., Lubben. F., Hogarth. S. and Campbell, B. (2005) Systematic Reviews of Research in Science Education: Rigour or Rigidity?, *International Journal of Science Education*, 27.4, pp. 387–406.
Berliner, D. C. (2002) Educational Research: The Hardest Science of All, *Educational Researcher*, 31.8, pp. 18–20.
Biesta, G. (2007) Why 'What Works' Won't Work: Evidence-Based Practice and the Democratic Deficit in Educational Research. *Educational Theory*, 57.1, pp. 1–22.
Blair, T. (1996) Speech given at Ruskin College, Oxford, December 16th 1996. Available at: http://www.leeds.ac.uk/educol/documents/000000084.htm [accessed 28 May 2007].
Blair, T. (1999) Speech by the Prime Minister Tony Blair about Education Action Zones, 15 January 1999. Available at: http://www.number-10.gov.uk/output/Page1172.asp [accessed 28 May 2007].
Blunkett, D. (2000) Influence or Irrelevance: Can Social Science Improve Government? *Research Intelligence*, 71, pp. 12–21 .
Boaz, A., Ashby, D. and Young, K. (2002) *Systematic Reviews: What Have They Got to Offer Evidence-Based Policy and Practice?* (Working Paper 2, ESRC UK Centre for Evidence-Based Policy and Practice, Queen Mary College, University of London, February 2002) .
Cabinet Office and HM Treasury (1994) *The Civil Service: Continuity and Change* (London, The Stationery Office).
Cabinet Office (1999) *Modernizing Government.* Cm 4130(London, The Stationery Office).
Dainton, S. (2006) What Works: Real Research or a Cherry Picker's Paradise? *Forum*, 48.1, pp. 23–31.
Davies, H. T. O., Nutley, S. M. and Smith, P. C. (eds)(2000) *What Works? Evidence-Based Policy and Practice in Public Services* (Cambridge, Polity Press).
Davies, P. (2000) The Relevance of Systematic Reviews to Educational Policy and Practice, *Oxford Review of Education*, 26.3-4, pp. 365–378.
Dewey, J. (1916) *Democracy and Education* (New York, The Free Press).
Dewey, J. (1936) *Experience and Education* (New York, Macmillan).
Edwards, T. (2000) All the Evidence Shows ...: Reasonable Expectations of Educational Research, *Oxford Review of Education*, 26.3-4, pp.299–312.
Elliott, J. (2001) Making Evidence-Based Practice Educational, *British Educational Research Journal*, 27.5, pp. 555–574.
Erikson, F. and Gutierrez, K. (2002) Culture, Rigor, and Science in Educational Research, *Educational Researcher*, 31.8, pp. 21–24.
Evans, J. and Benefield, P. (2001) Systematic Reviews of Educational Research: Does the Medical Model Fit? *British Journal of Educational Studies*, 27.5, pp. 527–542.

第 2 章　徹底的であることの重要性

Feuer, M. J., Towne, L. and Shavelson, R. J. (2002) Scientlfic Culture and Education Research, *Educational Researcher*, 31.8, pp. 21–24.

Fitz-Gibbon, C. T. (2003) Milestones En Route to Evidence-Based Policies, *Research Papers in Education*, 18.4, pp. 313–329.

Glass, G. V., McGaw, B. and Smith, M. L. (1981) *Meta-analysis in Social Research* (Newbury Park, CA, Sage Publications).

Gough, D. and Elbourne, D. (2002) Systematic Research Synthesis to Inform Policy, Practice and Democratic Debate, *Social Policy & Society*, 1.3, pp. 225–236.

Halsey, A., Floud, C. A. and Anderson, J. (eds) (1961) *Education, Economy and Society* (London, Collier-Macmillan).

Hammersley, M. (1997) Educational Research and Teaching: A Response to Daviid Hargreaves' TTA Lecture, *British Educational Research Journal*, 23.2. pp. 141–162.

Hammersley, M . (2001) On 'Systematic' Reviews of Research Literatures: A 'Narrative' Response to Evans and Benefield, *British Journal of Educational Studies*, 27.5, pp. 543–554.

Hargreaves, D. H. (1996) *Teaching as a Research Based Profession: Possibilities and Prospects* (London, Teacher Training Agency).

Hayward, G., Hodgson, A., Johnson, J., Oancea, A., Pring, R., Spours, K., Wilde, S. and Wright, S. (2006) *The Nuffield Review of 14-19 Education and Training, England and Wales Third Annual Report 2005-06* (Oxford, Oxford University Department of Educational Studies).

Hillage, J., Pearson, R., Anderson, A, and Tamkin, P. (1998) *Excellence in Research on Schools* (London, Department for Education and Employment).

Labour Party (1997) Labour Party Manifesto. Available at: http://www.bbc.co.uk/election97/background/parties/manlab/9labmanconst.html

MacIntyre, A. (1985) *After Virtue. A Study in Moral Theory*, 2nd edn. (London, Duckworth).

MacLure, M. (2005) Clarity Bordering on Stupidity: Wheres the Quality in Systematic Review? *Journal of Education Policy*, 20.4, pp. 393–416.

Majone, G. (1989) *Evidence, Argument and Persuasion in the Policy Process* (New Haven, CT, Yale University Press).

March, J. G. and Olsen, J. P. (1989) *Rediscovering Institutions. The Organisational Basis of Politics* (New York, The Free Press).

Morrell, D. (1966) *Education and Change*. The Annual Joseph Payne Memorial Lectures, 1965-6 (London, College of Preceptors).

Moss, P. A. (2005) Understanding the Other/Understanding Ourselves: Toward a Constructive Dialogue about 'Principles' in Educational Research, *Educational Theory*, 55.3, pp. 263–283.

National Audit Office (2001) *Modern Policy-Making: Ensuring Policies Deliver Value for Money* (London, NAO).

Newman, J. H. (2001) [1852] *The Idea of a University Defined and Illustrated* (London, Routledge/Thoemmes).

Nind, M. (2006) Conducting Systematic Review in Education: A Reflexive Narrative, *London Review of Education*, 4.2, pp. 183–195.

No Child Left Behind Act (Elementary and Secondary Education Act), US, 2001 (reauthorized Jan 8 2002). Available at: http://www.ed.gov/policy/elsec/1eg/esea02/index.html

Oakley, A. (2001) Making Evidence-Based Practice Educational: A Rejoinder to John Elliott, *British Educational Research Journal*, 27.5, pp. 575–576.

Oakley, A. (2003). Research Evidence, Knowledge Management and Educational Practice: Early Lessons from a Systematic Approach, *London Review of Education*, 1.1, pp. 21–33.

Oakley, A., Harlen, W. and Andrews, R. (2002) Systematic Reviews in Education: Myth, Rumour and Reality (BERA Conference, Exeter, September).

O'Connor, D. J. (1956) *An Introduction to the Philosophy of Education* (London, Routledge and Kegan Paul).

Oancea, A. (2005) Criticisms of Educational Research: Key Topics and Levels of Analysis, *British Educational Research Journal*, 31.2, pp. 157–183.

Oancea, A. (2007) From Procrustes to Proteus: Trends and Practices in the Assessment of Education Research, *International Journal of Research & Method in Education*, 30.3, pp. 243–269.

Oancea, A. and Furlong, J. (2007) Expressions of Excellence and the Assessment of Applied and Practice-Based Research, in: J. Furlong and A. Oancea (eds) *Assessing Quality in Applied and Practice-Based Research in Education* (London, Routledge).

Oliver, S., Harden, A. and Rees, R. (2005) An Emerging Framework for Including Different Types of Evidence in Systematic Reviews for Public Policy, *Evaluation*, 11.4, pp. 428–446.

Olson, D. R. (2004) The Triumph of Hope Over Experience in the Search for 'What Works': A Response to Slavin, *Educational Researcher*, 33.1, pp. 24–26.

Pawson, R. (2002) Evidence-based Policy: The Promise of Realist Synthesis, *Evaluation*, 8, pp. 340–358.

Pawson, R. and Tilley, N. (1997) *Realistic Evaluation* (London, Sage Publications).

Powell, M. (ed) (1999) *New Labour, New Welfare State? The 'Third Way' in British Social Policy* (Bristol, The Policy Press).

Pring, R. (2000) The 'False Dualism' of Educational Research, *Journal of Philosophy of Education*, 34.2, pp. 247–260.

Pring, R. (2004) *Philosophy of Educational Research*, 2nd edn. (London, Continuum).

Royal Society for the Encouragement of Arts, Manufactures and Commerce (RSA) (1980) Education for Capability Manifesto, *RSA Journal*, March.

Sanderson, I. (2003) Is it 'What Works' that Matters? Evaluation and Evidence-Based Policy-making, *Research Papers in Education*, 18.4, pp. 331–345.

Schoenfeld, A. H. (2006) What Doesn't Work: The Challenge and Failure of the What Works Clearinghouse to Conduct Meaningful Reviews of Studies of Mathematics Curricula, *Educational Researcher*, 35.2, pp. 13–21.

Schwandt, T. A. (2000) Further Diagnostic Thoughts on What Ails Evaluation Practice, *American Journal of Evaluation*, 21, pp. 225–229.

Schwandt, T. A. (2005) A Diagnostic Reading of Scientifically Based Research for Education, *Educational Theory*, 55.3, pp. 285–305.

Scott, A. (2003) *A Review of the Links Between Research and Policy* (Sussex, SPRU and The Knowledge Bridge). Available at: http://www.sussex.ac.uk/spru/documents/post_longer_e-report_on_science_in_policy.pdf [acccssed 1 June 2006].

Shavelson, R. J. and Towne, L. (eds)(2002) *Scientific Research in Education* (Committee on Scientific Principles for Education Research report) (Washington, DC, National Academy Press).

Simons, H. (1995) The Politics and Ethics of Educational Research in England: Contemporary Issues. *British Educational Research Journal*, 21.4, pp. 435–449.

Simons, H. (2003) Evidence-Based Practice: Panacea or Over Promise? *Research Papers in Education*, 18.4, pp. 303–311.

Slavin, R. E. (2002) Evidence-Based Education Policies: Transforming Educational Practice and Research, *Educational Researcher*, 31.7, pp. 15–21.

Slavin, R. E. (2004) Education Research Can and Must Address 'What Works' Questions, *Educational Researcher*, 33.1, pp. 27–28.

Smeyers, P. (2006) What it Makes Sense To Say: Education, Philosophy and Peter Winch on Social Science, *Journal of Philosophy of Education*, 40.4, pp. 463–485.

Smeyers, P. and Depaepe, M. (eds) (2006) *Educational Research: Why 'What Works' Doesn't Work* (Dordrecht, Springer).

第 2 章　徹底的であることの重要性

Stenhouse, L. (1975) *An Introduction to Curriculum Research and Development* (London, Heinemann).
Sternberg, R. J. (2004) Good Intentions, Bad Results: A Dozen Reasons Why the No Child Left Behind Act is Failing our Schools, *Education Week*, 27 October. Available at: http://www.edweek.org/ew/articles/2004/10/27/09sternberg.h24.html
Thomas, G. and Pring, R. (eds) (2004) *Evidence-Based Practice in Education* (Maidenhead and New York, Open University Press).
Tooley, J. and Darby, D. (1998) *Educational Research: A Critique* (London, Office for Standards in Education).
Toulmin, S. (2001) *Return to Reason* (Cambridge, MA, Harvard University Press).
Webb, S. and Ibarz, T. (2006) Reflecting on 'What Works' in Education Research–Policy/Practice Relationships, *Journal of Vocational Education and Training*, 58.2, pp. 205–222.
Winch, P. (1958) *The Idea of a Social Science* (London, Routledge and Kegan Paul).

WEBSITES

Campbell Collaboration http://www.campbellcollaboration.org/[accessed 5 November 2006].
Campbell Collaboration (2006) Approved reviews, Education. Online at http://www.campbellcollaboration.org/frontend.asp#Education [accessed 5 Nov 2006] and Education Coordinating Group Systematic Review Checklist, at http://www.campbellcollaboration.org/ECG/ECGReview_checklist.asp [accessed 5 Nov 2006].
Campbell Collaboration (2006) Campbell Colloborartion Guidelines for Systematic Reviews. Online at http://www.campbellcollaboration.org/guidelines.asp [accessed 5 November 2006].
Cochrane Collaboration www.cochrane.org [accessed 30 June 2007].
Educational Underwriters Inc http://www.educationalunderwriters.org/index.htm [accessed 30 June 2007].
EPPI-Centre http://eppi.ioe.ac.uk/[accessed 30 June 2007].
EPPI-Centre (2006) Systematic reviews: Methods. Online at http://eppi.ioe.ac.uk/cms/Default.aspx?tabid=89 [accessed 3 October 2006].
Evidence-Based Education website, University of Durham Curriculum, Evaluation and Management Centre http://www.cemcentre.org/RenderPage.asp?LinkID=30310000 [accessed 30 June 2007] .
Evidence Network, King's College, London http://evidencenetwork.org/Mission.html [accessed 30 June 2007].
Institute for Education Sciences, USA http://www.ed.gov/about/offices/list/ies/index.html [accessed 30 June 2007].
National Centre for Education Research, USA http://ies.ed.gov/ncer [accessed 30 June 2007].
What Works Clearinghouse, USA http://www.w-w-c.org/[accessed 5 November 2006], now changed to http://ies.ed.gov/ncee/wwc/[accessed 6 January 2008].
What Works Clearinghouse (2003) What Works Clearinghouse Literature Search Strategy Handbook. May 29, 2003. Online at http://www.campbellcollaboration.org/ECG/documents/Policy%20Documents/What%20Works%20Clearinghouse%20Literature%20Search%20Handbook,pdf. http://www.w-w-c.org/[accessed 5 November 2006].
What Works Clearinghouse (2006) The WWC Evidence Standards. Online at http://www.w-w-c.org/reviewprocess/standards.html [accessed 5 November 2006].
What Works Clearinghouse (2006) The WWC Intervention Rating Scheme. Online at http://www.w-w-c.org/reviewprocess/rating_scheme.pdf [accessed 5 November 2006] .
What Works Clearinghouse (2006) The WWC Reports. Online at http://www.w-w-c.org/Products/BrowseByLatestReports.asp?ReportType=All [accessed 5 November 2006].
What Works Clearinghouse (2006) The WWC Review Process. Online at http://www.w-w-c.org/reviewprocess/review.html [accessed 5 November 2006].
What Works Clearinghouse website http://www.w-w-c.org/[accessed 5 November 2006].

第3章 教育研究および政策

デビッド・ブリッジ，マイケル・ワット

　本章では，教育政策に情報を与えることができる，または情報を与えるべきである，一種の知識について主に取り上げる。そして，これを認識論的な問題として扱うことにする。本章ではその問題を，政策立案者が通常，実際にどの様な知識をどの様な形で考慮に入れるのかという，非常に広範囲に調査される問題とは区別する。本章では，政策の論理的・修辞的特徴および政策決定の構成要素について検討し，政策には，研究によって通常示されるものよりはるかに広範囲の情報が必要になるということを主張する。研究課題や委任された任務は大幅に拡張しなければならないことになるか，もしくは研究からは得られない情報または見解によってこのギャップを埋めることになる。経験的な種類の研究と政策の間のギャップの1つは，規範的なギャップである。本章の最後の節では，教育政策の必然的に規範的な特徴を指摘している。もちろん，政策に情報を与える様々な価値を経験的に調査することはできるが，この種の調査からは，我々が何をすべきかを知ることができない。政策に根拠を与えるこれらの規範的問題および経験的問題に取り組む際には，研究や学問に特定の役割があり，多少合理的で批判的な議論が行われる。

3.1　研究と政策の関係を調査する際に認識論的な考察をすることに意味はあるか？

　本書の各章の大半は，特定の形式の教育研究（ケーススタディ，大規模な集団調査，特定の地域に関する話（語り）など）が政策にどの様に貢献するのか，またはそもそも貢献するのかどうかについて考察している。

第3章 教育研究および政策

　しかし，このより具体的な作業の準備として，研究と政策の関係について，より一般的な事柄があると言えるかどうかを問うことが重要なことのように思われる。

　我々が特に調べたいのは，適切な「認識論的」考察という形で何か言えることがあるのかどうかということである。つまり，教育政策に情報を与えることができる，または情報を与えるべきである知識の種類に関すること，および教育研究団体が生み出す多種多様な知識から教育政策を引き出される，もしくは引き出されない方法などである。この問題を明確化するにあたっては，我々が「関心の対象としていない」他の問題と区別するという方法が役に立つかもしれない。このことは，それらの問題がそれ自体として重要な問題である場合にも当てはまる。

　第一に，もちろん我々は，必要と考えられる研究成果を研究者達が出していないことに対する政策立案現場からの不満や（Hargreaves, 1996, 1997; Hillage et al., 1998; Tooley & Darby, 1998）[1]，政策立案者達が研究による知見を適切に考慮に入れるのを怠っていることに対する教育研究者からの不満があることを，承知している。こうした懸念があるのは，英国に限ったことではない。フランス（Prost, 2001）やオーストラリア（McGaw et al., 1992）でも，上述したことと同様な報告がなされている。米国では，教育研究の質と実際的な価値の両面に対してかなりの継続的な攻撃が行われている（Coalition for Evidence-Based Practice, 2002）。Levin（2004）は，米国教育省（www.w-w-c.org/about.html）と密接に結びついていると彼が評しているWebサイトを参照して，分かりやすい言葉で次のように述べている。「我が国が学校を改善できないのは，1つには教育研究が不十分で欠陥があることが原因である。厳密な研究は存在しても，確かな証拠に基づいてその研究が行われ，教育実践者や政策立案者など意思決定を進めるためにその研究成果を必要としている人達の手に渡ることはほとんどない」(p.3)。

---

1) 同様な不平不満は，広範な社会科学研究に対しても言われている。たとえば，英国社会科学委員会の2003年の報告を参照。この中では，「政府，地方政府，商業，ボランティア部門およびメディアにおける社会科学研究の利用に関する重要な問題」について語られており，「実践者の緊密な関与に対する学者の注目は，社会科学研究の多くのユーザーにとって大きな失望の原因となっている」（Commission on the Social Science, 2003）と述べられている。

3.1 研究と政策の関係を調査する際に認識論的な考察をすることに意味はあるか？

当時の英国の教育大臣，デビッド・ブランケットは，2000年に教育研究者達に批判と機会を両方与えている。このとき，彼は次のように述べている (Blunkett, 2000)。「過度の社会科学研究は内側ばかりに目を向けるようになってしまい，知識を累積的に積み上げるのに役立つというよりもむしろ，あまりにもばらばらで，まとまりのないものになってしまう」。さらに「研究の論点が，あまりに供給者側だけの論理で作られていて，政策立案者，教育実践者，および一般の人達にとって重要な懸念事項に焦点を当てたものではなくなっている」。しかし，彼は続けて次のように主張している。「我々は，基本的な仮説と学説に果敢に取り組む研究者を必要としている……学者達がこの課題に取り組まないで，他に誰がやるというのだ。我々は，その重要性を認識する必要がある」。

こうした不平不満は，研究の質とその実際的な価値という点に重点を置きがちである。しかし，質に関する考え方は，ともかく研究と見なせるものに対する（視野の狭い）期待感と混同されることが多い（これは，第2章で議論されている「何がうまく機能するか」の運動に見られるものと同じである）。また「実際的な価値」の基準が，何が，いつ，どこで，誰にとって実際的な価値があると「適切に」見なすことができるのかということに関する答えではなく，質問ばかりになってしまっている (Bridges, 2003, pp. 120-122)。つまり，議論は起こるが，どの様な研究が本当に政策にとって実際的な価値があり（または実際的な価値があると見なされるべきであり），その発展に貢献するのかという問題には満足のいく答えが得られていない。

第二に，政策立案者が政策決定に情報（根拠）を与えるために，実際にどの様な情報源を利用しているのかを調査した研究や，彼らがアイデアを求めるに際して，主に委託研究や，信頼性のある専門家や，シンクタンクを頼っており，しかも教育を含む社会的な問題に関する学術的研究は，政策立案者が利用するリソースのリストの一番下にあり，メディア，有権者，および消費者よりも低い位置にあることを示唆する，興味深く重要な研究が数多くある（たとえば，Edwards, Sebba & Rickinson, 2006）。教育研究と労働党の新しい政策の関係に関する Whitty (2006) の報告内容は，これらの見解を裏付けるものとなっており，「実際には，政策はあらゆる種類の検討項目をもとに決められており，その検討項目の中でも，教育研究の知見は，場合によっては非常に低い位置に置かれる可能性があ

第3章　教育研究および政策

る」(p.168)。これらは，研究が政策において果たす役割に関連する興味深い知見であるが，「政策の策定において研究が果たす役割が，このように小さくてよいのだろうか？」という疑問には答えておらず未解決のままである。

　第三に，一部の経験的研究によって示されているような例に当てはまることかもしれないが，研究がより良い形で政策につながるのは，その研究を政策立案者に何の修正も加えずに与えた場合や，その研究を専門的な用語を用いずに説明した場合や，その研究をA4用紙1枚にまとめることができた場合や，その研究がたまたま大臣が適切であると判断した方向に沿っていた場合，そしてあなたが大臣の側近のグループ内の適切な人を知っていたりその人と懇意になった場合などが考えられる (Edwards, Sebba & Rickinson, 2006)。これらは興味深い知見であり，どんな研究が伝えるに値するのかがわかったときには，研究を伝える方法に関するこのアドバイスに留意すればよい。しかし，研究を伝える方法がわかっても，何を伝えるかについては，我々はまだ何もわかっていない。

　最後に，より基本的なことであるが，もちろん我々は，政策，政治，および権力の間に緊密な連携があることを承知している。また，一方では権力の独特な配分と構造の機能として，他方ではこれらの構造のバランスを維持したり変えたりする方法として，政策決定を解釈する必要性があることも承知している。これらは，政治学や政策社会学の分野においては，関心の高い重要な問題となっている。「研究の寄与は常に，広範囲な社会的・政治的過程を経てそれらに付随するあらゆる制限事項と共にもたらされるのであり」(Levin, 2004, p.1)，次に起こることが何もないことは，これらの検討事項を重要でないとして除外することを意図している，ということを我々は認識している。

　しかし，これらは，ここで我々が関心を持っている問題ではない。Hammersley (2002) は，研究と政策の関係に関する議論で生じる欲求不満の一部は，おそらく次のようないくつかの異なる問題を明確に区別できないことに起因すると述べている。それらの問題とは，「研究が「実際に」果たした役割に関わる事実に基づく問題，研究が果たす「可能性がある」役割に関わる理論的な問題，および研究が果たす「べきである」役割に関わる価値の問題」である (p.1)。我々は，「実際のところどうすれば，政策立案者が政策を策定する際に研究内容に注目するように仕向けることができるのか？」という問題にはあまり関心がなく，む

3.1 研究と政策の関係を調査する際に認識論的な考察をすることに意味はあるか？

しろ「どの様な位置を合法的に占めることできるのか？」または「政策策定の際に研究がどの様な位置を占める「べき」なのか？」という問題により関心がある。ここで，道徳的責任の問題を認識論に結びつける「～べき」という表現は，「信念の倫理学」に関する哲学的な著作の伝統に由来するものであり，このタイトルを持つ次のウィリアム・クリフォードのエッセイの抜粋に示されている。

> 信念，我々の意思の決定を促し，生命の凝縮された全エネルギーを調和のとれた動きにまとめ上げるその神聖なる能力は我々のものであり，我々自身のためのものではなく，人類のためのものである。信念は，長い経験と待ちかまえている苦労によって確立された真理，そして自由で恐れを知らない探究心の旺盛な光の中に立ち上がった真理の上で，正しく使われる。こうして，信念の助けをかりて，人々はひとつにまとまり，共通行動が強化されその方向性が与えられる（Clifford, 1879, pp. 182–183；James, 1937；McCarthy, 1986）。

この議論は，特に，我々が抱いている信念が他人の幸福に影響を及ぼす場合に，これらの信念が事実に基づくものであることを保証することは（クリフォードの言葉では，それらの根拠は「自由で恐れを知らない探究心の旺盛な光の中に」立ち上がっている，という言い方をしているが，我々には他の要件があるかもしれない），単なる，功利主義的な特性の機能的要件または事実に反しない信念を主張するための「認識論的な」条件ではない。それは「道徳的な」義務なのである。それは，我々の行動に対する道徳的責任，そしてそれと同時に，我々の行動の根底にある判断の質に対する道徳的責任をとるという問題なのである。このような義務は，私的な場においては当てはまるが，国家的な，またはその他の政策決定に関わる場においては，必ず特別の意味を持っている。このような場では，不注意で，または不適切に発言された思いつきの意見や誤った判断の影響が，良くも悪くも広範囲に及んでしまうのである。

公正な立場で言うならば，「エビデンスに基づく実践」の動きは，我々がここで言おうとしているものと全く同じ原則によって動機付けされてきた，ということを認識しておくべきである。ほとんど明らかなように，これは，思いつきや，先入観，すり込まれた習慣とおそらく対立するものとして，「エビデンス」

第3章 教育研究および政策

に基づく実践（および政策）を要求している。第二に，この運動は，そのエビデンスが厳密な，または質の高い研究から引き出されたものであることを必要としている。我々は，これらの最初の2つの原則には異論がない。しかし残念なことに，いくつかのモデルでは（第2章を参照），これらの原則を二重盲検比較試験法に準拠した研究と完全に重なり合うものと見なしている。本書への他の寄稿論文では，我々がこのプログラムに従ってその結論に達することはできないことを，非常に明示的に示している。「エビデンス」という用語の使い方でさえも，この文脈では，我々が共有できない，経験主義的または多分実証主義的な一連の仮定があることを示唆している。少なくとも，我々は，このような「証拠」が（たとえ必要なものであるにせよ）教育政策の決定にとって十分なものであると認めることはできない。政策の形成において考慮すべきである研究のようなものの回りに限定的な境界線を引いた人達が，信念の倫理学によって我々に挑戦することを要求し，彼らに修正することを要求するという誤った判断をしている，ということが本書の議論の一部となっている。

しかし，我々がエビデンスに基づく実践運動と共有しているものは，政策と実践の形成において他の事項以上に考慮すべきである検討事項がいくつかある，という信念である。どうすればこの区別をつけることができるようになるのだろうか？　政策の形成において存在すべきでないと我々が合意できる，検討事項の比較的簡単な実例がいくつかあるかもしれない。たとえ，我々がこれを書いているとき，誰かが急にこれらのことにも挑戦するようになることをすぐに想像できるとしても，である。我々は，以下の事実をベースにした教育政策については，何か問題があると感じる可能性があると提案する。

(a) この政策が導入された場合に，政策立案者が大きな関心を持っているビジネスに利益をもたらすという事実

(b) 政策立案者が，制度のいくつかの欠陥にまつわる噂を聞きつけたという事実

(c) 政策立案者の子どもが，現在の政策の示威運動と思われるものに苛立ちながら，学校から帰宅したという事実

(d) 他のいくつかの国でこの政策を導入したという事実。パブまたはクラブにいる友達の何人かが，この政策方針を進めるようにせき立てたという

3.1 研究と政策の関係を調査する際に認識論的な考察をすることに意味はあるか？

事実
(e) 上司が，政策立案者に，新聞のトップ記事を飾るような何らかのアイデアを 24 時間以内に考え出すことを強制したという事実

　これらの政策のベースとなるものが不適切であると思われる場合には，その理由を考えてみる価値がある。というのは，倫理的な検討事項と認識論的な検討事項がごちゃ混ぜになっているように思えるからである。この基準に基づく行動の道徳的不適切性をどうにかすべきであるとする異論があるように思える。たとえば，金銭的あるいはその他の個人的な利害が危機に瀕している場合。場合によっては，決定を促したエビデンス（たとえば，噂話，単一の根拠のないレポート，パブでの会話）の不十分なまたは信頼できない特性に関わる懸念が生じる可能性がある。ただし，これらの証拠のいずれかが，合法的に何らかのさらなる調査を促す場合もある。特定の他の国のやり方をまねした場合には，その論拠の不十分さをどうにかすべきであるという懸念が生じる可能性がある。このため，非常に異なる社会文化的および歴史的な環境を考慮に入れた何らかの再確認が必要となるだろう。最後の例では，決定が無分別であると合理的に判断する可能性がある。我々は，特定の例について倫理的または認識論的な正当性に関する議論ないしは別の方法での議論を行うことができるだろう。しかし，少なくともこのような議論の明瞭さは，政策形成における適切な根拠と不適切な根拠を区別するために例示された種類のものについて，倫理的原理と認識論的原理の両方の点からうまく処理することの可能性と合理性を指し示している。

　これを認めることはできるが，この区別があまり明確でない難しいケースが存在することを認識することもできる。まず，倫理的に受け入れられない検討事項のカテゴリーを調べる場合には，以下の検討事項が政策形成における受け入れ可能な根拠を与えるかどうかについて，我々はより難しい議論を行うことができるだろう。
(a) この政策を支持することによって，国会または地方議会の議員は，次の選挙でその議席を失うことが事実上確実となる。
(b) フォーカスグループ（調査対象者集団）や世論調査に基づくエビデンスによって，この政策が，大衆の支持を得られることを示唆している。
(c) この政策が，党の主導権争いにおける大臣の地位を強化する。

第3章　教育研究および政策

　ここで我々は，倫理的責任をはぎ取った「本物の政治」について調べようとしているのだろうか，それとも，民主的な政治制度の筋の通ったまっとうな働きと，民主的な市民権がその制度に適切に影響を及ぼすしくみについて調べようとしているのだろうか？　たとえば，政策の策定において，特定の決定事項の人気／不人気を，どの程度まで考慮することが正しいのであろうか？　Levin (2004) は次のように述べている。

　　世間の目にさらされている組織（政府はもちろんのこと，それ以外の多くの大規模組織）は，その内部の関係者の意見や見方だけでなく，より大きな政治的潮流にも必然的に敏感にならざるを得ない。政界のルールの1つは，真実であることが，一般の人々が真実であると信じていること程重要ではない，ということである。政府は，政府が最善策であると信じているものと世間に受け入れられると信じているものの間で板ばさみになる立場にあると考えられる。世間の受け入れ具合が生き残る鍵となるような世界においては，どの様な関心が支配的になるか予測しやすい。政府が動く必要性を感じ，それが可能になるのは，世間の信念が変化した場合だけである (p.6)。

　我々は，世間の利益となる明確な証拠がある事柄に対してはっきりした態度をとろうとしないリーダーを小心者と非難する一方で，世間の意見を重んじないリーダーを独裁者と非難する場合がある。証拠が指し示していること，あるいは道徳的に要求されていることについての世間の意見を説得し，正しい行動方針になるように誠実に努力するに当たっては，おそらくこのような「リーダーシップ」の役割が存在する。我々は，一方にある，どんな政策が要求されようとも政治的に生き残ろうという欲望と結びついた一種の一途な「政治的便宜主義」と，もう一方にある，研究やその他の証拠によって指し示された政策が最上のものであることを受け入れてもらうために世間（あるいは世間の特定の小集団，先生や親など）をどの程度まで説得するかという全くまっとうな気遣いとを区別するだろう。後者は，我々には，政策決定において筋の通った部分があるように思える（結局，政治とは「可能性を模索する技術」である）。前者は，政治的な出世第一主義者に対する分かりやすい偏見であるが，個人的野心の審議機能を持

3.1 研究と政策の関係を調査する際に認識論的な考察をすることに意味はあるか？

つ政治的プロセスの腐敗に向けた遥かなる一歩である。言い換えると，政治的審議というものは，あれではなくこれをするための理由，証拠，および論拠を考慮する余裕をある程度残しておくべきなのであって，単に，あれまたはこれを何人の人が必要としているかを探り出すだけのことではないのである。たとえそれが考慮する必要があることの一部であるにしても，である。

我々は，政策に対する根拠を拒絶する場合がいくつかあることを既に示した。たとえば，内容が乏しく信頼性に欠ける場合，それらを採用する目的が不十分である場合，十分に考え抜かれていない場合（つまりこれを実施した場合の結果がどうなるのか？　コストはどれくらいかかるのか？　代替案は何か？），あまり実際的な価値がない場合などである。つまり，私達は，認識論的特性の検討事項を基準にして拒絶するのである。

この場合もやはり，我々は，どの証拠が十分であるか，何を実際的な価値があると適切に見なすことができるのか，特定の一連の情報のうちの何が本当の障害なのか，または政策においてイデオロギー的な検討事項が合法的にどんな役割を果たすことができるのかについての決定が，常に簡単に行われると言い張りたいのではない。我々が持ち続けたいものは，何によって政策形成を論じるべきなのかを決定する際に，このようないくつかの決定を我々は行う，行うことができる，そして行うべきであるという信念，また少なくとも一部は，これらが認識論的検討事項に基づいているという信念である。この代替案は，「エビデンス」，「研究」，および「論拠（argument）」という言葉に修辞学的機能が残っている可能性のある戦いの場において，対立する利害団体（その中でも，多分研究団体）という観点でのみ政策策定を見る，一種の還元主義である。しかし，この戦いの場においては，これらの言葉でさえも，かつては論理的に筋の通った考察とのつながりを通じて持っていたかもしれない正当性を失ってしまっている。

そこで，政策形成の領域に問題がないわけではないが，入手可能なエビデンス，そしてそのエビデンスの周りに打ち立てられた論拠を考慮した上で我々がまっとうに考えたり実行したりできることについて，会話を交わすことができる，と仮定することにする。我々の懸念は，政策決定のロジックと，これらの会話，エビデンスおよびこの論拠との関係の理解に関するものであり，そして

特に懸念されるのは，このような会話が学術的研究として最も厳密な形を取る場合である。

3.2 「政策」とは何か？

第一に，政策は，教育制度のあらゆるレベルにおいて，他の公共サービスと同様に機能するということに注目したい。つまり，我々は，国家や地方政府の政策について全くまっとうに話し合うことができる。英国産業連盟，英国国教会，英国大学協会，全英教職員組合のような特定の公共機関や利害団体の政策，そして，特定の学校やその運営組織の政策についても同様である。「政策研究は，公共機関や教室の中だけでなく，地方の教育団体や政府機関内でも行うことができる」(Ozga, 2000, p.2)。特定の1人の教師に関する政策のことを話すのは少し変に思えるかもしれないが，それは単に政策の最も一般的な適用が，集団行動の状況においてなされるからに過ぎない。

この最後の見解は，研究と政策形成の関係という点で重要である。我々が冒頭の節で言及した不平不満は，研究が様々な状況にわたって最大限の一般化可能性を持たなければならない，国家的な政策立案のような大規模な状況に対して，研究を適用する際の障害や困難さに最もよく関係している。これに比べて遥かに局所的な（たとえば，学校レベルなど）政策立案に研究を適用する際の問題点は，かなり異なったものになる。個別の学校レベルで行われた小規模な研究調査の方が，普通であれば国家的な政策決定に情報を与えることを期待されるような大規模な研究調査よりも，局所的な学校レベルの政策により適切に情報を与える可能性がある。しかし，小規模な局所的研究調査については，国家レベルでの大規模な指示命令に関して，何らかの不安や信頼性のなさが明らかになる恐れもある。同様に重要なことであるが，Ozga (2002) が示唆するように，この方法による局所レベルでの政策に対する関与は，広く情報を持つ積極的な市民の創出を通じて，「教育における民主的プロジェクトに寄与する」(p.2)。これらは本書の第5章および第6章で詳しく論じられている問題である。

第二に，「政策」の状況がどうなっており，その状況をどこでどのように観察したらよいか，を問うことには価値がある。高等教育への関与の拡大，全児

童のための保育施設の拡充，特別なニーズのある子どもの普通クラスへの編入に関連する政策など，政策の例を取り上げる場合には，政策を，比較的体系的で持続性のある一連の意図，または Kogan (1975) が定義したように「規範的な意図に関する声明」(p.55) と見なすことができると考えられる。McLaughlin (2000) は，教育政策を「教育施設または教育慣行の維持または変更を目的とした行動に関する詳細な指示命令」(p.442) と評したときと同じ要素で捉えている。この意味で，政策は人間の営為に密接に関連している。ただし，政策は，政党，地方自治体，慈善団体，学校コミュニティなど，集団的に機能する人間の営為とも考えられる。人が意図しようとしていることは，他の形態の場合と同様に，通常は，人が言うことおよび人が行うことの中に示される。そして，他の形態の人間の営為と同様に，人が言うことによって示される意図と人が行うことによって示される意図との間にずれが生じるのは，決してまれなことではない。本章では，話を簡単にするために，人が言うこと，つまり様々な種類の明示的な声明の中に示される政策の例を重点的に検討することにする。

3.3　政策声明の論理的および修辞学的な評価

　政策策定にはそれぞれ，様々な論理的，修辞学的，機能的な評価が存在する[2]。たとえば，以下のように政策声明の機能を区別することができる。

1.　集団的な意図の表明および努力目標または強い願望の提示
　「我が国の政府は，高等教育への進学のチャンスを，民族性，性別，あるいは社会的背景に関する様々な意見とは関係なく，その恩恵を受けることができるすべての人にまで拡張します」
　「この学校は，子どもたちの教育のパートナーとして親を関与させることに積極的に取り組みます」

2.　修辞的なスローガンの制定

---

[2]　Terence H. McLaughlin (1999) は，彼が政策の議論における様々な「言葉」について書いたとき，我々がここで採用しているものとは異なる一連の区別を行った。彼はこれを大ざっぱに，当局，専門家，研究，一般と分類した (pp.37–38)。我々の区別はこれらを超越しており，これらの各状況において様々なやり方で行うことができる。

第 3 章　教育研究および政策

「落ちこぼれる子どもを無くします」
「私達は私達の教師達を教育する必要があります」
「境界なき教育」

3. 他の人が従う必要があるルールの提示または他の人が実行する必要がある行動
「読み方の音声学的教授法を，キーステージ 1 のすべての学校で採用します」
「初期教員訓練の少なくとも 60％は，学校で行われるべきです」

4. 実現する必要がある成果の指示（方法については示さないが）
「2015 年までに普遍的初等教育を実現」
「2010 年までに高等教育への 50％の参加を実現」
「少なくとも 5 科目の GCSE[3] 合格に対して 90％を実現」

　この文脈で重要なことは，これらの様々な政策の機能から，そのエビデンスを基にして様々な要求が作られているということである。1 つ目の声明は，基本的に特性として規範的なものであり，たとえば卒業生の大規模な労働力の経済的重要性に関する研究が，その根底にあり，パートナーとしての親の関与の価値を示す研究が，2 つ目の声明の背後にあるように思われるが，実際にはいずれも研究の支援（あるいは，少なくとも経験的な研究）を必要としていない。なぜなら，これらは両方とも本質的に，特定の物事について価値や重要性があると断言するものだからである。実際には，このような規範的な判断が明示的にも黙示的にもすべての政策形成の中心にあり，この特徴が，経験的研究によって政策にどの程度まで情報を与えることができるのかという問題と，このようにして考え出された政策の合理的な策定に役立つ可能性のある一種の調査についての問題を提起するのである。

　同様に，たとえば，どの様な経験的証拠によって，「落ちこぼれる子どもを無くします」という言説が裏付けられるのか，あるいはひっくり返されるのか（初歩的な概念的検討を少し加えるだけで，その無意味さが明らかになるかもしれないが）を

---

3) General Certificate of Secondary Education，一般中等教育修了試験。

3.3 政策声明の論理的および修辞学的な評価

知ることは難しい。これらは本質的には，正しい真の値を持たない奨励の言葉なのであり，従ってエビデンスに基づく精密な調査には向いていない。

3つ目の例は規範の形をとっており，これもやはり厳密には真の値を持たない。ただし，それぞれのケースで，どのようにして「なぜ」を問うことができるのか（また問うべきなのか）を知ることは簡単である。確かに，特に，（これらの例では，読み方の音声学的教授法を使用して）生み出される利益が示されたこの種の政策声明は，証拠によって裏付けられると期待できるだろう。ただし，11歳児のリテラシースコアを10％向上させるという政策に関する合意に必要とされるのは，すべてが非現実的な願望というわけではないという証拠がおそらくある政治的決定レベル程度のものにすぎないだろう。もしその実現に特定の慣行の普遍的な採用を要求する場合には，非常に異なるレベルおよび種類のエビデンスが必要とされるだろう。

4つ目の例は，実現すべき目的または目標として表現されているのだが，前と同じように，目標自体の正しさについての研究に関して，かなり範囲を制限したものとなっている（もちろん，その現実性についてある種の経験的調査をする場合も考えられる）。ただし，最も良い形で実現する方法についての研究を伴う。たとえば，英国の高等教育への参加の拡大に関する目標に直面して，HEFCE（イングランド高等教育助成会議）は，研究と評価のパッケージを伴った大規模なプログラム構想（AimHigher）を立ち上げた。これは，高等教育への従来と異なるメンバーの参加に影響を与えるのは，どの様な介入なのかを探り出すことを目的としている。

簡潔に言えば，「政策」の表現形式には様々なものがあって，その中には，その大部分または全てが価値に関する表現となっているものと，ある種の経験的調査（完全にこれに依存するというわけではないが）を伴う可能性がある表現がある。本章の第6節「研究と政策の規範的基準」では，これらの政策決定のいくつかの要素について詳細に調べることにするが，その前にまず，政策決定のプロセスについて簡単に説明しよう。

第3章 教育研究および政策

3.4 政策決定のプロセス

政策決定の実際のプロセスに焦点を当てて，人の政策決定方法に関する特定の量の経験的研究を，このような政策決定が「従うべきである」論理的な（おそらく合理的な）経路に関する指示命令のレベルに結びつけた，非常に重要な文献が存在する（たとえば，Simon, 1960 の対照アプローチ，Lindblom, 1959, 1968, 1979; Finch, 1986; Stewart Howe, 1986 を参照）。これらのプロセスの範囲は多岐にわたる。たとえば，政策は「ミッション」の声明を通して表現されると仮定するモデルがある。この「ミッション」は目的に変換され，そこからさらにアクションと成果にも変換される。これは，大学を含む公共サービス機関ではほとんど「絶対必要」になっているモデルである。また，政策を，一連の状況的なおよび現在行われている特定の慣行において認識された問題から生じたものと見なす，より実用的なアプローチもある（たとえば，Pratt, 1999, 2000 を参照）[4]。これは，政策形成の「合理主義者」モデルと「漸進主義者」モデルの観点から表現されることがあり（Lindblom, 1968），これらのモデルは，研究ベースの知識がプロセスに供給されるという点で，その方法に関して明らかに異なる意味合いを持っている。しかしこれは，異なる知識を実際に必要とするということを必ずしも意味するわけではない。

政策決定に関わる判断の性質と，このような判断へ適切に情報を与える知識の性質という異なる概念の関係については，ここでこれから議論しようとすることよりも言うべきことが多くある。我々は，この議論の目的のために，推奨された手順についての記述または指示命令としての，意思決定の実際の「プロセス」の問題を無視することを提案する。これは，どのプロセスが採用されたとしても，（特定の段階で[5]）規範的な方向性および実験的証拠の両方に対して同

---

4) 「政策が解決しようとしている問題から開始する，仮説をテストするときに政策をテストする，別の問題および別の解決策を考案する，および結果の調査によって，意図するかしないかに関係なく，政策決定と政策分析に対する現実主義者のアプローチは，改善の希望を与える可能性がある」（Pratt, 2000, p. 146）。
5) たとえば，Furlong and White (2001) は次のような三段階モデルを示している (i) 政策計画：問題を議題に載せ，政策立案者が現在および将来の情報要件を認識するのを支援し，

様な要件が存在するということを理由にしている。あらゆる場合において，政策策定とは本質的に，行うべきことを決定する[6]ということである。このような決定をどのように行おうと，推奨される順序がどんなものであろうと，認識論的要件は不変にするということを，我々は提案する。たとえ今後，これらの要件の内容について議論することは避けられないとしても，である。意思決定の方法は，決定の認識論的要件から得られるのであって，その逆ではない。従って，状況の理解（特定の状況の理解）が合理的な意思決定の要件である場合には，我々はこのような理解を生み出しうる意思決定のアプローチを見つける必要がある。「信頼できる科学的証拠」が要件である場合には，そのような証拠を組み込むことができるアプローチを見つける必要がある。これが，政策決定自体の構成要素に関する議論の方向であり，この理由のために，我々は認識論的要件に焦点を当てることができ，そしてこれは意思決定プロセスの検討に取り掛かる前に行う。

3.5 政策決定の構成要素

　我々は，政策決定自体の構成要素を調べる必要がある。その理由は，教育研究者達の，政策決定過程での彼らの研究の取り上げられ方に関する失望感の一部が，このような決定で，そしてまったく合理的に，考慮される事柄を研究者達が過小評価した結果だからである。また，政策委員達の，彼らが研究者達から得た情報に関する失望感の一部は，研究が政策の確かな基礎を与える場合であっても，研究者達が調査を必要とする（そして委託プロセスの一部である必要がある）検討事項の範囲を，彼らが過小評価しているからである。英国教育研究会議

既に分かったことをレビューする。(ii) 政策展開：新規構想の試験的実施。専門化された政策手段の開発および専門化されたカリキュラム資料の開発。(iii) 評価：何がうまく機能し，何が機能しなかったのか，および将来の計画につながる過去の経験を見つけ出す。
6）　我々は決定に関する言葉を使用しているが，政策が必ずしも個々の方針に関する意思決定に基づいて進まないことを認識している。我々は，この件に対する漸進主義者的なアプローチに共感する。Finch（1986）が次のように説明している。「複数の代替案の中から選択をする明確に定義された関係者によって行われる特定の「決定」はほとんど存在しないことを，漸進主義者的モデルは強調している」。むしろ，「変更は，一連の小規模決定を通して累積的に行われる」(p.150)。

第 3 章 教育研究および政策

(British Educational Research Association, BERA) で明らかとなった教育研究者達に対する警告の1つは，次の通りである。「政策がしばしば対立する多くの利害や圧力によって形作られており，「最も確かな」エビデンスでさえもその形作りの一部にすぎない，ということを研究者達は認識する必要がある。政策は必ず最も厳密に行われた研究から読み取られる，ということは期待できない。なぜなら，今日の世界における政治的な検討事項は，常に強力なものだからである」(BERA, 2002, p.9)。もちろん我々は，この警告を認識している。しかし，研究の不十分さの問題は，単に，政治的な検討事項を綿密に考慮に入れることを怠ったというだけのことではない。確かにこれらを怠ることはあるにしてもである。問題はしばしば，単純に，すべきことを決定しなければならない誰かが，必要としているすべての情報にまでは手が届いていない，という研究状況にある。

たとえば，子ども達が外国語を学ぶ際には，従来の拡張された時間割によるコースよりも，学校の通常の時間割以外に集中プログラムを設けた方がはるかに効率的であることを説得力のある形で示した研究報告を，政府の大臣が受け取ったとする。また，提出された系統的研究レビュー (systematic research reviews) は，この結論を支持しているものとする。これは，言語の教授法をこの種のシステムに変えるための政府政策の十分な基準となるだろうか？

明らかにそうではないのである。その結論に達する前に考慮に入れることが必要となる（我々が妥当だと思う）多くの検討事項の中には，次のようなものがある[7]。

- このような変更にかかる追加のコストはどれくらいになるのか，費用対効果についてどの様な分析がなされているのか？　同程度以上の費用対効果を実現するためにあまり複雑でない他の方法はないのか？
- 教師達がこのような新しいアプローチに対応できるように，どの様な設備が必要になるのか？　教師達からどの様な反発があるか，こうした反発に対処するためにかかる政治的コストはどれくらいになるのか？

---

7) Saunders (2004) は，政策決定プロセスの内容についてもっと「中身の濃い説明」を要求している。このような経験的な調査を歓迎する一方で，我々は，ここで検討事項の種類を提案するにあたって何かしら異なることを試みている。この検討事項はある程度詳しく調べる必要があるものであり，あるいはよく考えられた政策決定に適したものである。

3.5 政策決定の構成要素

- このような変更のための教師達の訓練要件はどの様なものになるか？このためのコストはどれくらいかかり，導入するのにどれくらいの時間がかかるか？
- このような変更で設備を利用することによって，どの様なことが起こると予想されるか？また，何かが起こった場合のコストはどうなるのか？
- 親の関わり合い方はどうなるのか，特に仕事を持っている親はどうなるのか？どのようにすればこのような変更を親が受け入れてくれるのか？このような変更を前に進める際の政治的なコストと利益はどの様なものになるのか？[8]
- このアプローチによって利益を受ける可能性のある科目は，言語学だけなのか？そうでない場合，この方法で言語学を扱い，他の科目を扱わない論拠は何なのか？
- 研究では2つの代替案を比較している。検討すべき選択肢は他にあるのか？

元の研究で取り組んだ問題は，この例では，「組織体制をあれこれ変えることによって生徒達は外国語をより良く学べるようになるだろうか？」という比較的実際的な問題である。上述のポイントは，政策に十分な根拠を与えるには研究の範囲を（従来教育研究が行ってきたものより）もっと広げる必要があるということ，「または」政策決定に適切な根拠を与えるには不十分であること，の「いずれか」を示している。当然のことながら，こうした環境において，政策に責任のある人は，研究が指し示している方向とは異なる見方をするだろう。教育研究および政策に関する著述の多くは，この研究と政策の間のギャップを嘆いている。我々がここで言っていることから分かるのは，政策に「論理的に」情報を与える「べきである」理解力は，従来教育研究が扱ってきたものよりも遥かに広い範囲の一連の検討事項に適切に依存しているということである。従来の

---

[8] 「政界のルールの1つは，真実であることが，ほとんどの人が真実であると信じていること程重要ではない，ということである。政府は，最善策であると信じるものと世間に受け入れられると信じるものの間で板ばさみになる立場にあると考えられる。世間の受け入れ具合が生き残る鍵となるような世界においては，どの様な関心が支配的になるか予測しやすい。政府が提議の必要性を感じたりそれが可能になったりするのは，世間の信念が変化した場合だけである」(Levin, 2004, p.6)。

第3章 教育研究および政策

教育研究には，たとえば，特定の政策に対する政治的支援または政治的コストのレベルの扱い方が含まれる。政治家がこのような検討事項を活用しているという事実は，必ずしも政治的な頑固さに関わることなのではなく，政治的な判断に情報を与えるために必要となる，論理的，そして認識論的な検討事項の適切な理解に関わることである。

教育的な政策決定の構成要素に関するこの種の分析に対する教育研究者および教育委員達の反応として，次の3つが考えられる。

1. 彼らが得る情報として考えられるのは，これらの構成要素の多くは教育研究の範囲外にあり，教育研究はこのような政策決定に限定的にしか寄与できないというものである。政策立案者は，教育研究の成果を，フォーカスグループのセッションや世論調査を行う団体などから与えられた他の情報源に結びつける必要がある。
2. 彼らがとる見解として考えられるのは，教育研究および研究者は教育に関わる政策決定のあらゆる要素に関与できる必要があり，さらにたとえば，世論の評価や特定の政策を進める際の政治的なコストと利益は，教育政策研究者の必要な能力の一部であるべきであるというものである。
3. 彼らがとる見解として考えられるのは，教育に関わる政策決定の要素に関するこの種の分析は，非常に狭い範囲を専門にしている教育研究者達が，複数の専門分野にわたるチームの中で，たとえば政治学者や世論調査を行う人やコスト計算の専門家達と共同作業する必要性を示しているというものである。

これらの反応はそれぞれ，我々にとっては可能性として考えられるものであり，分かりやすい話である。どれが最良であるかは，一つには，我々の分析において，政策決定に関わる様々な作業を実行するのに最もふさわしいと考えられるのは誰か，ということにかかっている。しかしながら，研究の証拠から政策に移る際の問題がそれで決着するわけではない。研究団体が上述したすべての要件を予想しており，必要な要件をすべて集めたと仮定してみよう。この場合，我々または政策立案者は，何をすべきかに関する見解をこの証拠から確信を持って引き出すことができるだろうか？

3.5 政策決定の構成要素

　Hammersley（2002）は，これらの環境においてさえも，研究が提供できるものに対する制限が数多くあることを指摘している。これらの制限はここでは特に当てはまる。なぜなら，実践に関して研究の「認識論的な」機能に関連しているからである。彼の警告は，詳細に検討するに値するが，この文脈においては，主要なポイントだけをいくつか挙げておこう（また我々は，それらを多少整理し直すことも行った）。

　第一に，研究者自身が，彼らの研究結果には特有の誤りやすさが存在していることを認識しているということである。自然科学や「さらに有力な」社会科学ベースの知識は，暫定的に詳しい調査を保留することによってしか受け入れることができない。不確かさと訂正可能性および人的ミスの可能性に関する要素は常に存在する。これらは，全く異なる次元の知識ではなく，普段の考え方につながる知識を活用している。

　政策審議には学術的研究と共に「常識」というものが存在し，特定の環境においては，学術的研究よりも常識に従うことの方に全く正当な理由が存在する場合もある。これは，必要なエビデンスのレベルとそれに基づく行動に関するリスクとの関係を扱う第二の点を補強することにもなる。これは，ハマースレイが「受容性の閾値（限界値）」と呼ぶものである。要するに，研究が，我々が比較的小さいリスクで簡単に始められる行動方針を示しており，かつもし事態がうまく進まないときにはすぐに方針を覆すことができる場合に我々が必要とするエビデンスのレベルは，その推奨された方針によって我々の政治的および財政的資金がすべて使い切られる予定であり，かつその方針で行くということがもう後戻りできないことを意味している場合に我々が必要とするレベルを下回るだろう。「2つのグループ（研究者と実践者）が有効な知識として扱うものの間に不整合があり，しかも正当な理由があるということはしばしば起こる」(Hammersley, 2002, p.43, 強調は彼自身によるもの)。

　第三に（これは上記の我々の例によって示されているが），特定の研究調査が単一の問題点に焦点が絞られる傾向があるのに対して，実践者（および「さらに有力な」政策立案者）は，意思決定の際により広範囲な検討事項を考慮に入れる必要がある。（たとえば，様々な政策決定の相互関係と一貫性を調べることが望まれることがある）。「実践者の視点の範囲は，通常，研究者が焦点を当てている検討事項の

67

範囲よりも広くカバーしており，その多くは，特定の場合における最適な行動方法を決定する際に考慮される必要がある……研究者は実践者に代わりの視点を与えることができないし，研究のみに基づいて彼らの問題に対して既製のソリューションを推奨することもできない」(Hammersley, 2002, p. 44)。

第四に，「研究によって生み出される知識は通常，特性的には一般的なものであり，実践者達が活動している特定の状況に関して，その知識から結論を推論することが問題なのである」(ibid.)。もちろん，まさに，(とりわけ) この考察こそが，より広い理論的な研究文献または実践者自身のプロフェッショナルな信念から引き出された仮説を特定の教室内で検証するという実践的研究の発展につながるのである。

第五に，政策や実践に関する研究の特定の要素の意味や重要性は，明確なものではない。

　　あらゆる研究報告は，事実に基づく言葉を使っても，多かれ少なかれ合理的な解釈を受けやすく，通常は様々な人達によって様々な形で解釈される。読者が研究レポートの意味を構築し，多様な方法でそうすることができる感覚があることを認識するために，意味の「散種」に関してデリダ主義者の極論にまで行く必要はない（Hammersley, 2002, p. 46)。

我々がより完全に議論したい研究の不十分さの問題について，ハマースレイが行った最後の主張がある。彼は，経験的な研究によって示すことができることと，何をすべきかの決定を要求される場合に必要になること，つまり彼の言葉で言えば，「研究が示す事実に基づく知識からの，価値に関する結論の相対的な独立」の間の規範的なギャップと呼べるものに，適切に注目している (Hammersley, 2002, p. 45)。我々はこの主張を簡単に認めるが，ハマースレイがここで寄与に関して，より広範囲で考えられた研究はこのギャップを埋めることに寄与できると認めている以上に多くの言うべきことがあると感じている。我々は，この問題を次の項でより詳細に調べることにする。

3.6 研究と政策の規範的基準

　教育には，研究が果たしうる役割に影響を与える特性がいくつかある。それは特定の価値観を担った活動であり，社会に対する我々のより広範な願望と密接に結び付いている（Levin, 2004, p.2）。

　教育とは，少なくとも部分的には，社会がそれ自体に対して持っている目的全体，およびこれらの目的を実際にどのように実現するかということに関するものである。このため，中立的な専門的実習にはなり得ないが，良い社会およびどうすれば価値のある人生になるかということに関する考え方に結びついた，深く倫理的，政治的および文化的なものである（Winch & Gingell, 2004, 序文）。

規範的な考察は，教育的な選択肢，および教育政策とは切り離すことができない。つまり，政策の声明は，たとえただの激励の言葉にすぎないとしても，断固として，それ自体の中で（一般的にまたは特定の状況において）望まれる目的のようなもの，あるいは望まれる目的を果たす可能性があるアクションのたぐいに関するものである。このことについては誰も謝罪する必要はない。これが政策というものなのである。これらの価値が，政策の声明の中で様々な役割を果たす可能性がある。以下に例を挙げる。
- 特定の道徳的また社会的な原則の絶対的な推奨として表現されることがある。
「私達の教育政策は，すべての子どもは16歳まで人種，性別，社会階級または地理的条件に関係なく質の高い教育が受けられるという原則に基づいています」
「私達は，コミュニティの道徳的・宗教的信念に従って子ども達を育てるという親の不可侵の権利を認めます」
- ある程度具体的な教育原則として表現されることがある。
「私達は，生徒達の批判的で独立した思考を促すように努めます」

第 3 章　教育研究および政策

- たとえば，明示的にも黙示的にもこのような原則を促進するものと見なされる指導の実践において，あまり明示的でない形で表現されることがある。

  「私達は，教室における教育と学習の主要な形態として指示よりも議論を採用します。」

  「私達は，信仰学校の維持と発展を支援します。」

  「私達は，少数民族のコミュニティ出身の子ども達が高度な教育をある程度体験できるように作られたサマースクールを提供します」

- ほぼ完全に隠されることがある。

  「すべての子ども達に毎年全国テストを受けさせます」(この場合，このような提案は，たとえば，親に対する説明責任へのコミットメントや，あるいは最も能力の低い者の成績を上げたり，能力の性別差を少なくするための方法であるという信念などに結びついている)

  「私達は，すべての学校で読み方を教えるための標準的なテキストとして"Peter and Jane"を復活させます」(この場合，伝統的な家族の価値を復活させようという願望に結びついている)

　ここで最初に主張する点は，すべての教育的な提案および政策には，特定の規範的な（イデオロギー的と言う人もいるかもしれない）枠組みまたは基礎があるということである。Kogan (1975) は，政策を「価値の権威による配分」に関する事柄として記述している (p.55)。Ball (1990) は，「政策とは，価値の運用に関する声明」と指摘している (p.3)。この規範的な枠組みは，一体誰がこの政策を推進するのかという意図の中に見つかる可能性がある。また，政策の観測可能な結果の評価の中にある可能性がある。また，様々な利害関係者が示す政策に対する解釈の中に見つかる可能性がある。つまり，「規範的な枠組み」は，自由に解釈，構築，再構築ができる。

　問題の一部は，政治家と政策立案者がこのような規範の採用を，明示的に行う場合であっても，かなり粗雑に行う傾向があるということである。時には，イデオロギー的な信念を表明することを期待して，かなりスローガン的なやり方で規範を採用することもある（「国家権力を撃退せよ」，「落ちこぼれる子どもを無くします」）。しかし，場合によっては，教育的政策を，それらが純粋に実用的な

ものである場合に，単純に「何がうまく機能するか」に関係する「常識」として提示しようとすることもある。サンダースが説明しているように，「エビデンスベースの教育の表向きの長所の1つは，所定の立場について，イデオロギー的な束縛を受けないということである」(Saunders, 2004, p.3)。しかし，この要求に答えることができる研究があるだろうか？　サンダースはさらに，「何がうまく機能するか」に関する論説の中では，「価値の位置付けがまるで手品のように視界から消え去ってしまう」ことを示している (p.8)。それに対して，研究者達は，政策の規範的な仮定を，暴露，批判，解釈，再解釈，構築および再構築しようという抑えがたい衝動を持っている。何がうまく機能すると見なすことができるかを問い，何がうまく機能するか（だけ）は問わない。ウィッティが主張しているように，本当に大切なことは，研究に基づいた言明は，「広く行き渡っている仮定を問題にする研究によって特徴付けられるべきであり，そして，そもそもある活動が価値のある努力であるのかどうか，およびまさに学校教育というものを社会的に構成するのは一体何なのか，というような問題を考察するものである」(Whitty, 2006, p.162) ということである。

　しかしながら，問題はさらに複雑なものとなっている。政治家や政策立案者が，価値の規範的な枠組みの範囲内で全く合法的に彼らの仕事に取り組むのと同じように，多くの研究者は，必然的に同じことをすると認識するだろう。最低限，これらには，彼らの研究への様々な種類の参加者および研究チーム内の仲間達に対する倫理的な義務が含まれる可能性がある。それらは，研究活動の「必須要件」である真実性，誠実性，再帰性，重要性に関する一種の原則までにも拡張される。もっと強い言い方をすると，研究者が，倫理的，社会的，または政治的な明示的コミットメントを受け入れる場合には，研究者は，まさにその研究活動を通して，社会的正義や女性の権限拡張などのために働く義務が自身にあると考える場合がある。こうした研究活動が目指すものは，たとえば，従来の政治的プロセスにおいては聞かれなかった人達に意見を発表する機会を与えること，研究者が入ろうとしている組織構造や政治構造の中の人間関係を明らかにすること，政策立案者が統轄する権力構造に正当性を加えるのではなくそれに挑戦すること，「権力者に真実を言う」ことなどである (Griffiths, 1998; Tierney, 1994; Gitlin & Russell, 1994)。教育政策に関するイデオロギー的な議論は，レビ

ンが「教育研究に関する意見の相違の多くは、実際には教育政策の内容に関する違いである」(Levin, 2004, p.2) と述べるほど,教育研究の特性に関するイデオロギー的な議論と深く関わりあっている。

教育研究団体は,研究の関与に対する実際的または潜在的な規範的次元および政治的次元の扱い方をどのように考えるかという点で,かなりはっきり分断されるかもしれない。一部には,規範的および政治的な関与は研究には不適切であると主張する人もいる。これは,経験的調査を適切に区分けする分岐点となる。研究と政策に関するBERA (2003) シンポジウムでは,研究者が越えるときには多少危険にさらされる程「微妙な境界線」であると述べられている。マンは「研究が権力擁護に回ったときが,重要な境界線を越えたことになる」と説明しており,彼女は「望ましい状態について議論する」研究者達に強くくぎを刺している (Munn, 2005, p.24)。しかしながら他方には,このような関与を,教育研究にとって適切で避けることのできない特徴であると見なす人もいる(研究者がそれを無視しようとする場合と,研究者が意識的に特定の政治的スタンスを選択しようとする場合は,同じ程度の意味合いを持っている)。オズガが,政策研究と政治的介入の間の非常に密接な関係についての議論の中で,教育政策研究を,「見当違いの誤った不当な教育政策に対して,権威を持って話すことができる能力を一緒に育成してきた,教師と学者の研究団体による政策に関する情報に基づく独立した議論」として定義している (Ozga, 2000, p.1; 彼女の「社会正義に関する教育研究」と題した重要な著書にある Griffiths, 1998 も参照)。

どちらの立場に立つにしろ,教育研究は,それが政治における問題であったとしても,規範的な問題に結びつけて議論する必要がある。研究,規範性および政治の間の関係に関する分析には,たとえそれが比較的根拠の弱い分析であったとしても,このような考察から好ましくない箇所を削除して何とか無難な研究にしてしまったものよりは,規範的な問題に関わる研究者と政策立案者の間のやりとりに対する認識論的要件が見つかるように思われる。「何がうまく機能するかということは,考察と議論に関する事柄なのであって,単なるデータに関する事柄なのではない。何がうまく機能するかということは,単なる経験的な声明ではなく価値に関する声明である」(Morrison, 2001, p.77)。

研究者の多くは,これらの規範的な考察を,研究を通して自由に記述また表

3.6 研究と政策の規範的基準

現される事柄として扱い，研究の助けを借りて政策立案者が解決するような事柄としては決して扱わない。マンは，「我々は政策研究において，価値に関する問題に加えて……「なぜ」という問題および「何が」という問題に関与する必要がある」(Munn, 2005, p.23) として，このような関与に対する彼女のアプローチは，やはり，基本的な価値に関する仮定の理解に焦点を当てた本質的に記述的なものであり，(暫定的な条件を除き) 結果的に何かを推奨できるようなものではないことを示唆している。教育政策研究の世界は，調査に社会学的な視点を持ち込む人達に牛耳られてしまっている。「価値の権威による配分」が政策の中心にあるという見解は，ただちに，誰の価値なのか？ 誰の利益をどのように促進するのか？ という問題を招きやすい。そしてこれらの問題が，プランティが「政策の概念における権力と支配力の中心的役割」(Prunty, 1985, p.136) と呼んだものに注意を向けさせることになる。これ以上何かを言って，この視点の重要性を小さいものとみなすつもりはない。しかしながら，経験的・分析的な社会学的研究は，我々が何を「すべきか」を教えてくれない。批判的社会学はこの方向を指し示しているかもしれないが，宣言または仮定された規範的な立場がある場合に限られる。たとえば，ボールは彼の「政策の社会学」(Ball, 1990) の中で，彼の規範的な立場を宣言するのに四苦八苦しており，これが，経験的データと共に，政策の指示命令に近いものに対する基準を与えている (少なくとも批判から予想される結果によっている)。

　もちろん，教育政策の規範的な要素を，あらゆる種類の記述的および分析的な処理の対象にすることはできる。ただし，この場合もやはり，それらはすべて，次のような規定につながる可能性のあるものまでには達しない。

歴史的分析：長年にわたってこれらの政策がどのように進展してきたか？

政治的分析：どの様な政治的利益にかなうのか？ それらはどの様な権力構造を通して維持されるのか？

論説分析：使用されている言葉の分析を通じて基本的な規範的枠組みに関して何が明らかにされるのか？

現象論的調査：生活に影響を受ける人達が，これらの価値または他の価値をどのように経験するのか？

民俗学的調査：育成されたコミュニティの観察によってこれらの価値に関し

第3章　教育研究および政策

て何を明らかにできるのか（これらのコミュニティの儀式，象徴，行動様式，実践を用いる？）

　これらはすべて可能である。ただし，ある政策が「正しい」政策かどうかを疑問に思う可能性がある限り，この研究が，核心となる規範的な問題に実際に取り組むことはない。ハマースレイは，当然のことながら，研究によって示されると彼が言っている事実に基づく知識からの「価値に関する結論の相対的な独立」を強調しており，またこのことから，研究は，何をすべきかに関する実践的な問題の解決策に向けて何を与えることができるかに厳しく制限される，と推論している。我々は，研究を経験的な証拠のみを示すものと見なしている限りは，それが事実であることを認める。しかしながら，Davis (1999) が指摘しているように，一旦，調査の焦点が「うまく機能する方法」から「道徳的または教育的に擁護できる原則」に移ると，「これらの原則は経験的証拠に訴えることはなくなり，代わりに，倫理学，政治学，および教育哲学に特有の論法に頼ることになるだろう」(p. 400)。その結果として，これらの規律を教育研究のポートフォリオ（成果集合体）の範囲内で受け入れる場合には，より制限された経験的調査によって示されるものに対してさらなる可能性が開かれる，ということになる。

　プリングは，ヌッフィールド・レビューがこれらの明白に規範的な問題に取り組んでいるやり方について述べながら，広範な意見に根ざしているがその意見を批判のプロセスにさらす一連の過程を，次のように表現している。

　　したがって，レビューを形作るために教育の目的全体の理解を追求する際には，そのレビューには，要求に基づく判断，見解または幅広く検討された意見が含まれる。これらの見解の質は重要ではない。それらが存在し実践を形作っている場合には，真剣に検討するに値する……重要なのは開始点（多くのソースを元に得られた判断，見解または意見）ではなく，これらの開始点から前に進むときに経る批判のプロセスなのだ。このような見解を明確に述べ，批判的な精査にさらし，このような批判を考慮して書き直し，エビデンスによってその正当性を疑う必要がある (Pring, 2006, p. 10)。

3.6 研究と政策の規範的基準

　このような批判は，どの様な形態をとるだろうか？　結論においては，少なくとも以下のような，教育政策における価値と規範の扱いに対する可能性を示す意義はあるだろう。第一に，明示的または少なくとも分かりやすい形で実際に表現された特定の政策の根底には，規範的な原則があるのだろうか？　という質問が考えられる。たとえば，英国国定カリキュラムに対する White (2007) の批判の一部は，そのカリキュラムが拠り所にした教育の価値または目的の説明を怠ったことに対して向けられた。

　第二に，それらはいかなる意味においても正当化されるだろうか？　という質問が考えられる。それらには，人間性，社会的善，または人間の繁栄に関する見方におそらく関連している首尾一貫した論理的根拠があるのだろうか？　この場合もやはり，White (2007) の小冊子 "Impact" が登場する。これは，まさに哲学が教育政策に対して行いうる貢献を示すことを目的としたシリーズの1つであり，特定の基本的価値と教育政策の間に，道理に基づいた関係を構築する論理的根拠が生み出される過程を示したものとなっている。ただし，なぜこれらの価値に合意すべきなのかについては，最終的に示せていない。

　第三に，認識された規範的原則に内的に矛盾がなく首尾一貫しているかどうか，これらの原則間において対立し合う性質は何か，そして様々な「切実な要求項目」間の対立はどの様なもので，どのように解決できるのか，という質問が考えられる。

　第四に，認識された規範的原則が，推奨されるアクションまたは同じ政策の枠組みの下で取られるアクションと整合性がとれているかどうか，という質問が考えられる。これらの質問は，完全に理解するには十分な条件ではないが，教育政策の合理性に必要な条件と見なすことができるものを示していることは，ほぼ間違いない。つまり，政策がこれらの重要なテストに合格できなければ，ほぼ間違いなく準備不足ということである。ただし，テストに合格できた政策であっても，その基準によって正しい政策であることが保証されるわけではない。しかしながら，このような基準は，従来の経験的・批判的貢献と共に，研究団体が政策の議論に貢献できる哲学的・倫理的な特性に関する研究の一部を指し示している。的確な判断と健全な信念は，適切な証拠によってのみ裏付けられるのではない。それらは，根拠のある理由および Phillips (2007) が「合理的

な論拠」と呼ぶものに対する注意も必要としている。これについては，経験的な証拠[9]だけでなく教育政策の中心にある規範性に関わる対象範囲が存在する。

3.7 まとめと結論

本章が一部をなしている広範なプロジェクトである本書の目的は，教育政策の認識論的基礎が何であるか，つまり，どの様な種類の研究が，教育に関する政策決定に情報を与えることができるのか，また情報を与えるべきであるのか，について調査することであった。本章では最初に一般的な形でこの問題に取り組んでいる。最初の方のいくつかの考察で苦労して力説したことは，我々の問題は，教育政策論争の場の数多くの仲間達が以前に取り組んだ，どの様な種類の情報が誰によって示され，政策立案者達が実際にどの様な形で注目するのかに関する問題ではなく，どの様な種類の知識が政策に情報を与えることができるのか，また情報を与えるべきであるのかに関する問題である，ということであった。次なる問題は，哲学者が言いそうなことであるが，政策立案者達が注目すべきことを，政策立案者達にいかにして気付かせるかということである。これが多少思い上がりのように思われる場合，それは，政策に情報を与えることができると認識するものにおいて，二重盲検比較試験以外のものはすべて考慮の対象から除外するということはあまりにも制限的である，と考える誰かによって言われていることでしかない。

我々は，特に政策の声明の中に明快に述べられている，政策の特性，および，政策形成のプロセスは，わずかな時間での明快な決定という形を必ずしもとらないことは認識しているが，適切にそしておそらく必然的に政策決定の一部に

---

9) Winch and Gingell（2004）の著書「哲学と教育政策: 批判的紹介」は，数ある現代政治の問題点に関するこの種の議論の良い例を示している。ただし，我々は，このような議論が哲学者の独占物であるとは考えていない。たとえば，Witty（2002）の「教育政策の理解」も参照。これは，社会学的な研究調査結果にかなり頼っているが，経験的証拠のレポートには全く限定されていない。McLaughlin（2000）は次のことを示唆した。「哲学の謙虚さは，教育政策に対する貢献が部分的なものであるという認識と，その貢献は「内省的で批判的な他のリソース」と「環境と実践の偶然性」とのやりとりにおいて発揮される必要があるという容認の，両方にまで拡張されなければならない」（p.443）。

なっている様々な検討事項を調べることによって，この問題に取り組んだ。この考察は両方とも，このような活動またはプロセスに全く合法的に関係する検討事項の幅を指摘し，これらの検討事項のすべてまたはほとんどが原則的に研究可能であると思われる場合でも，実際にこれを広く拡張した研究概要はほとんどないことを示した。我々は，特にハマースレイの分析から，政策に貢献できる研究内容の制限に関する認識論的特性についての留保事項をいくつか引き出した。

最後に，我々は，直接的または間接的に政策形成の一部であると提案した規範性の構成要素に焦点を当てた。我々は，教育研究団体自体の内に，この見解に対して多少様々な反応があることを指摘したが，研究者には，単にこの規範性の影響を記述する場合だけでなく，分析，批判，および「合理的な論拠」を通してそれに関与する場合にも果たすべき役割があることを示そうとした。

我々は，この考察が少なくとも，教育政策に情報を与えることができるもの，および情報を与えるべきであるものに関する議論に対する認識論的な検討の妥当性を，一般的な形で示していることを願っている。本書の他の章では，特定の形態の教育調査の観点からこの関係を調べている。

参考文献

Ball, S. (1990) *Politics and Policy Making in Education* (London. Routledge).
Blunkett, D. (2000) Influence or Irrelevance? Can Social Science Improve Government? Presentation at ESRC seminar, February (London, DfES).
Bridges, D. (2003) *Fiction Written Under Oath? Essays in Philosophy and Educational Research* (Dordecht and London, Kluwer).
British Educational Research Association (2002) Education Policy and Research Across the UK: A report of a BERA Colloquium held at University of Brimingham, 7th and 8th November, Nottingham, BERA.
Clifford, W. (1879) The Ethics of Belief, in: *Lectures and Essays*, Vol. 2 (London, Macmillan).
Coalition for Evidence-Based Policy (2002) *Bringing Evidence Driven Progress to Education: Report for the US Department of Education*, November 2002, www.excelgov.org
Commission on the Social Sciences (2003) Great Expectations: the Social Sciences in Britain. Chaired by David Rhind. Available at http://www.acss.org.uk/docs/GtExpectations.pdf
Davis, A. (1999) Prescribing Teaching Methods, *Journal of Philosophy of Education*, 33.3, pp. 387–402
Edwards, A., Sebba, J. and Rickinson, M. (2006) Working with Users: Some Implications for Educational Research, *British Educational Research Journal*, 33.5, pp. 647–661.
Finch, R. (1986) *Research and Policy: The Uses of Qualitative Methods on Educational and Social Research* (Lewes, Falmer Press).

第 3 章　教育研究および政策

Furlong, J. and White, P. (2001) *Educational Research Capacity in. Wales: A Review* (Cardiff, Cardiff University School of Social Sciences).
Gitlin, A. and Russell, R. (1994) Alternative Methodologies and the Research Context, in: A. Gitlin (ed.) *Power and Method: Political Activism and Educational Research* (New York, Routledge).
Griffiths, M. (1998) *Educational Research for Social Justice: Getting Off the Fence* (Buckingham, Open University Press).
Hammersley, M. (2002) *Educational Research, Policymaking and Practice* (London, Paul Chapman).
Hargreaves, D. (1996) *Teaching as a Research Based Profession: Possibilities and Prospects* (London, Teacher Training Agency).
Hargreaves, D. (1997) In Defence of Evidence-Based Teaching, *British Educational Research Journal*, 23.4, pp. 405–419.
Hillage, J., Pearson, R., Anderson, A. and Tamkin, P. (1998) *Excellence in Research on Schools* (London, DfEE).
James, W. (1937) *The Will to Believe and Other Essays* (London, Longman Green).
Kogan, M. (1975) *Educational Policy Making* (London, Allen and Unwin).
Levin, B. (2004) Making Research Matter More, *Education Policy Analysis Archives*, 12.56, pp. 1–20.
Lindblom, C. (1959) The Science of Muddling Through, *Public Administration Quartely*, XIX, pp. 79–88.
Lindblom, C. (1968) *The Policy Making Process* (Englewood Cliffs, NJ, Prentice Hall).
Lindblom, C. (1979) Still Muddling, Not Yet Through, *Public Administration Review*, 39, pp. 517–526.
McCarthy, G. D. (1986) *The Ethics of Belief Debate* (Atlanta, GA, Scholar Press).
McGaw, B., Boud, D., Poole, M., Warry, S. and McKechnie, P. (1992) *Educational Research in Australia: Report of the Review Panel of Research in Education* (Canberra, Australian Government Publishing Service).
McLaughlin, T. H. (1999) A Response to Professor Bridges, in: D. Carr (ed.) *Values in the Curriculum* (Aberdeen, Gordon Cook Foundation).
McLaughlin, T. H. (2000) Philosophy and Educational Policy: Possibilities, Tensions and Tasks, *Journal of Educational Policy*, 15.4, pp. 441–457.
Morrison, K. (2001) Randomised Controlled Trials for Evidence-Based Education: Some Problems in Judging 'What Works', *Evaluation and Research in Education*, 15.2, pp. 69–83.
Munn, P. (2005) Researching Policy and Policy Research, *Scottish Educational Review*, 37.1, pp. 17–28.
Ozga, J. (2000) *Policy Research in Educational Settings: Contested Terrain* (Buckingham, Open University Press).
Phillips, D. C. (2007) The Contested Nature of Empirical Research (and Why Philosophy of Education Offers Little Help), in: D. Bridges and R. D. Smith (eds) *Philosophy, Methodology and Educational Research* (Oxford, Blackwell), pp. 311–332.
Pratt, J. (1999) Testing Policy, in: J. Swann and J. Pratt (eds) *Improving Education: Realist Approaches To Method And Research* (London, Cassell).
Pratt, J. (2000) Research and Policy: A Realist Approach, *Prospero*, 6.3 & 4, pp. 139–149.
Pring, R. (2006) Reclaiming Philosophy for Educational Research: 'Educational Review' Annual Lecture. 11th October 2006, Birmingham (unpublished mimeo).
Prost, A. (2001) *Pour un programme stratégique de recherche en éducation* (Paris, Ministère de l'Education Nationale).
Prunty, J. (1985) Signposts for a Critical Educational Policy Analysis, *Australian Journal of Education*, 29.2, pp. 133–140.

参考文献

Saunders, L. (2004) Grounding the Democratic Imagination: Developing the Relationship Between Research and Policy in Education. Professorial Lecture at the Institute of Education, University of London, 24 March 2004 (London, Institute of Education, University of London).

Simon, H. A. (1960) *The New Science of Management Decision* (Englewood Cliffs, NJ, Prentice Hall).

Stewart Howe, W. (1986) *Corporate Strategy* (Basingstoke, Macmillan).

Tierney, W. G. (1994) On Method and Hope, in: A. Gitlin (ed) *Power and Method: Political Activism and Educational Research* (New York, Routledge).

Tooley, J. and Darby, D. (1998) *Educational Research: A Critique–a Survey of Published Educational Research* (London, OFSTED).

White, J. P. (2007) *What Schools Are For and Why*, IMPACT Pamphlet No. 14 (London, Philosophy of Education Society of Great Britain).

Whitty, G. (2002) *Making Sense of Educational Policy* (London, Paul Chapman).

Whitty, G. (2006) Education(al) Research and Education Policy Making: Is Conflict Inevitable?, *British Educational Research Journal*, 32.2, pp. 159–176.

Winch, C. and Gingell, J. (2004) *Philosophy and Educational Policy: A Critical Introduction* (London, Routledge).

第4章 大規模母集団研究の認識論的基盤と教育への利用

ポール・スメイヤー

　本章は，我々が暮らしている現実を理解するための要因を探すことができるという主張を重視するため，主として「自然界」に焦点を当てる。たとえ我々が多くの教育研究者にとっての主要な要因，すなわち先例を求めるプログラムを完全に支持したとしても，これは彼らが一般的に処理しようとする問題を解決することにはらないという議論を展開する。そこでランダム化実地試験（randomised field trial）という方法を使う教育研究を使用する際に生じる，文脈付けという問題を実証する。このような種類の研究では，因果関係という理論的枠組みとその実験室アプローチは，現実状況の緊急要件を組み入れるために修正される。これらの研究も，政策立案者やより一般的には教育実践者のために，単純明快な結論を導き出すという立場にないという主張が実証される。最後に，大規模母集団研究から期待できること，そしてまた認識論的基盤とは何かを示して終わりの言葉とする。

4.1　はじめに

　自らの暮らしている世界を理解したいという要求は，人間の条件の基本的部分である。この理解には，様々な形の表現（概念，象徴，芸術品，儀式），感覚と感情，および人間の活動において（目的，目標，より根本的な説明に関する）過去および現在の行動の意味を理解すること，そして大事なことを言い忘れていたが，自然現象の理解が含まれる。たとえば，物質界の場合，統一様式の説明と機械的な種類の説明を区別したいと思う人がいるかもしれない。前者は，包括的原則（たとえば，生物学では，選択，突然変異，形質の遺伝力）に関して，いかに現象

第 4 章　大規模母集団研究の認識論的基盤と教育への利用

が総合的スキーム（枠組み）に適合するかを説明し，後者は物事がどのように機能するかという問題に答える（時にそれらが構成内容の説明として理解される）。ここで人が探し求めているのは因果関係である。人は社会を理解することに関して，それが全般的にどのように機能するのか，人々は何をなし何故そうするのか，彼らは「誰であるか」ということに関心を抱く。「理解すること」とは，ここでは人が考え付いたことが考慮されるように，それらがどのようなものであるかを関係者が知ることを指す。しかしながら，多くの場合，「因果関係」の概念は，我々自身や他者について，また環境について考えること，さらには我々が生活している宇宙全体について考えることにさえ浸透しているようである。よって，因果説明は物理的システムおよび有機体の知的理解にとって，またこれらの文脈における実質的審議が関係する場合も，極めて重要であるように思われる。因果説明は科学技術の利用（望ましくない効果を避けつつ特定の効果を達成しようとする場合）において，そして毎日の実際の計画や関係において関わりをもつ。物理学者や技術者のみならず社会科学者も，啓蒙主義以来，特定のアウトカムを巧みに操ることができるようにするため，原因を見つけ出すことに専念している。心理学者と教育研究者がこの一般的傾向の例外でないことは明らかである。ここでも，多くの人にとって，出来事を説明することは先立つ事項，すなわち，原因を明らかにすることである。

　教育研究課題は，理論的，実際的，または両方が組み合わさった問題，トピックまたは事柄であるとよく言われる。しかしながら，多くの場合，研究の出発点は当事者にとって満足のいかない特定の教育現実に基づいている。言い換えれば，理論的関心は，人が直面する教育実態のようなものを処理することにとってあまり重要ではない。その例として，言語学習，特定の社会集団の高等教育への参加，教育方針の実践といったもののみならず，小学校での暴力，教師の燃え尽き症候群，親の権利拡大などが挙げられる。一般的に，教育研究は，計量的手法および質的手法と呼ばれる，社会科学の経験的伝統に根ざしており，それゆえに理論的，概念的または方法論的エッセイや，研究の伝統および慣行の批評，人間に根ざす研究（たとえば，歴史，哲学，文学的分析，芸術に基づく探求）などの学問とは区別される。20世紀初頭以降，主力の教育研究は確かに実験的性質であった。質的研究は次第にますます重要になってきているが，計量的手法

4.1 はじめに

は依然として非常に多く使用されている。計量的研究では，一般的に変数の分布（多種多様な特徴をもつものがいくつあるか），および普遍的法則を組み入れ演繹的・法則的な種類となりうる説明（A1），または統計を採用した帰納的特徴をもちうる説明（A2）を探す。計量的研究は，一連の独自の法則に基づいて包含されることにより，議論（承諾のルールに支配される前提と結論をもつ論理的構造）に関して，あるいは事象の発生に関連する条件の提示として，またこれらの条件を前提とした場合に考えられる事象の蓋然性の表明として，説明を行うことができる。社会科学という文脈において普遍的法則を見つけ出すことが可能であるかどうかについて，多くの著者が疑念を呈している。しかし，たとえより穏健なアプローチ，すなわち蓋然性に従って事象を計測できると主張するアプローチを支持する人がいるとしても，ほとんどの学者は理論的洞察の文脈付けが必要であることを認めるであろう。これは排他的に因果関係が支配するスタンスに比べ，科学ができることの中でより穏健なバージョンとなる。「現実」に対処するための適切な枠組みとしての決定論または非決定論の問題はさておき，A2の説明がより記述的性格をもつことは明白であるが，時に（さらに多くの研究の後に）現実の「真の」因果構造の発見を待つ擬似因果関係の枠組みで使われることがある。

　このことは教育領域での大規模母集団研究でも同じである。自分が今現在していることを明確にするよう迫られる多くの教師は，それを記述的に解釈しようとする。つまり彼らは多数の変数に関して，政策問題に関連すると考えられる特別な教育現象を分類している。小学校ではどのくらいいじめ事例が報告されているか。そのいじめは一般的にある特別な児童の間で起きているのか。または特定の集団（たとえば男子または女子）で，あるいは特定の集団同士で起きているのか，など。しかし，多くの人の心の背後には一般的に，観察された現象からの一般化に対する関心だけでなく，より深い「因果関係」に対する関心もある。特定の問題を回避するため，またはそれに影響を与えるため，またはそれに基づいて行動するために，一つまたはそれ以上の変数を操作できると考えられる。言い換えれば，記述の背後に因果関係のモデルが浮かび上がる。そこで，情報に基づいた特定の問題の発生頻度についての確かな，そしてできる限り詳細な推定が，教育の文脈において極めて重要であることは言うまでもない。

第4章 大規模母集団研究の認識論的基盤と教育への利用

これはたとえば問題がどれほど関連するか決定する際の一つの要素になる場合があるため，政策はこれを考慮に入れる必要がある。しかしながら，これらのいわゆる記述的研究が一般的な因果関係の枠組みで使われる，すなわち，目的と手段の（時にもっぱら技術的な）論理的根拠として使われる場合，一歩前進である。だが，残念ながら，それはあまり一般的でない。

　人に関する説明の領域で「原因」ということばを使うことには一連の批判がある。だが，これは人間が因果関係一般から除外されることを否定するものではない。たとえば，身体機能が物理・生化学の法則とプロセスに支配されることを真剣に否定する者は誰もいない。それでもなお，我々の行動そのものがこれらの種類のプロセスに関して，部分的にあるいは網羅的に理解することができると提案されれば，一般的に人文科学者や哲学者は抗議する。ウィトゲンシュタイン，ウィンチ，テイラーに加え，ディルタイ，ガダマー，リクールなど，大陸系や分析系の伝統をもつ人間行動の哲学者は，それとは反対に，人間がその生活に意味を与えるのだと主張した。そこで，因果関係の説明はそれでもなお重要性をもつか否か，またどんな意味で，どの文脈で意味をもつかを問う義務が生じる。もし人間行動の因果関係による説明を支持すると，倫理の消失という脅威が姿を現し，我々を「自由と尊厳を超えて」生きるよう誘惑するというのは本当だろうか。これらの問題は教育文献のアングロサクソン原理というよりむしろ，認識論的文脈で議論されてきたが，それでもなお教育や教育問題と大いに関連する。ここでは，主として，上記で言及した人間行動の哲学者の批判に依拠しないことにする。彼らは因果関係的説明に批判的である。私は違う路線を取ろうと思う。政府や政策立案者に対して，教育研究は彼らが探している答えを提供できていない。さらに悪いことに，多くの研究は専門的慣行を強化できない。決定的なことに，ここで開発されたポジションについて，教育研究，特にいわゆる定性的な種類の研究も，それ自体の特異性を大いに楽しむに過ぎない無数の桁違いのケーススタディへ細分化されていると批判されている。政策立案者は教育の科学を捜し求めているが，その一方でそのような強い願望は研究が実現できることについての誤った信念に基づくものであると言われている。

　したがって，本章では，我々が暮らしている現実を理解するために原因を探

すことができるという主張を真摯に受けとめるよう努め，主として自然界に焦点を当てていくことにする。たとえ多くの教育研究者にとって主要な要因である先例を探すプログラムを全面的に支持したとしても，これは彼らが一般的に対処しようとする問題をまだ解決してくれないと私は考える。そこで，ランダム化実地試験という方法論を使用する教育研究の例を使用するにあたっての文脈付けの問題を実証しようと思う。こうした種類の研究では，因果関係のパラダイムとその実験室アプローチは，現実の生活状況における緊急の要件を組み入れるために修正される。だが，これらの研究も政策立案者やより一般的には教育実践者のための単刀直入な結論を導きだす立場にないと言われるだろう。最後に，大規模母集団研究に期待できること，そしてその認識論的基盤がどういう結果になるのかを示唆する言葉で締めくくることにしたい。

4.2 計量的研究の前提の分析とそれに対するいくつかの反論

4.2.1 必要条件と十分条件，決定論と非決定論

　系列的に，ビリヤードボールを例として使うヒュームの因果関係に関する洞察からスタートしたいという人がいるかもしれない。演繹的論理学は，なぜ2番のボールは1番のボールに突かれた後に動くのかを説明する答えを出すことはできないため，ヒュームは次に経験的調査に取り掛かった。彼はその観察に基づいて，因果関係が存在すると考えられる状況では，効果に対する原因の一時的な優先順位が存在すると結論した。さらに，効果に対する原因の時空的接近があり，そして最後に，原因が発生するあらゆる場合に，効果が生じる。つまり，持続的共起が存在する。彼の意見によると，原因と結果の間には物理的関係が存在しないため（つまり，関係は我々自身の心の外には存在しないため），原因と結果の関係は一般的慣行に見出すことができる。ヒュームは形式的推論でも物質界においても，原因と結果との間に必要な関係を見つけることができなかったため，彼の貴重な経験は，（実際にこれこそが彼のやりたかったことであるが）力や必要な関係の超自然的概念を導入しない条件で，因果関係の概念を詳細に説明できるかどうか，できるとすればどのようにかという疑問に答えている。

　因果関係の哲学的議論が取る形態は一般的に次の通りである。関係 R が存在

する2つの事実（またはタイプ）CとE，あるいは2つの事象（またはタイプ）CとEがある。事実または事象，さらには個別の事実または事象，あるいはそれらのグループに言及するために，CとEを考慮すべきかどうかという問題が提起される。時に必要または十分な条件，または両者を組み合わせた条件に関して，関係の理論構造が論じられる。いくつかの条件の相互作用を仮定すると，特定の出来事を理解するための複雑なスキームが得られる。たとえば，原因が条件として定義される次の例を考えてみよう。納屋が燃え落ちたとする。火災は喫煙者の不注意や，近くで発生した森林火災の残り火が納屋に降ってきたこと，落雷，またはまだ乾いていない干草の発酵が原因だったかもしれない。これらはどれも必要条件ではないが，どれも十分条件である可能性がある。さらに，追加要素（たとえば，タバコ事故の場合，何らかの可燃物の上に落ち，かつ気づかれないという条件）がなければ，火災は発生しないだろう。しかしながら，これらのその他条件は火災を発生させるのに十分ではない。それぞれが，不必要だが十分である条件（INUS-条件）の，不十分だが余分でない（必要な）部分である条件である。火のついたタバコが落ちることはその一つの例である。そのような明確な例は，因果関係についてのポイントを明確にする上で役立つ。社会科学の例が関係する場合は常に「意味（meaning）」の問題が伴うため，その文脈から類似ケースを挙げることは容易でない。そこで，我々は自然現象の領域でもう少し話を進めていくことにする。

　「因果関係」とそれに伴う哲学的問題について概略した後，一般レベルへの動きとして，科学的説明における因果関係の関連性へと議論を進めていく。より洗練された実験的・数学的技術の開発に成功したことで，ニュートンの法則は新たな現象へと適用が拡大された。19世紀の決定論的世界観は，20世紀の科学によっていくつかの点（たとえば，遺伝のメカニズムが化学用語で説明される分子生物学）で，確認され拡大された。このようにして，科学者は脳内細胞で起こる化学変化に関する学習の説明まで，そして心理学の領域における感覚や感情の化学的理解まで，あともう一歩のところだと気づいた。決定論者にとって，必ずしもすべてのケースで予測を完璧にすることはできないという事実は，自然が正確な決定を欠いているからでなく，人間の無知やその他の制限がもたらす結果である。つまり，明らかに，予測の正確さは決定論が原則的に真実である

4.2 計量的研究の前提の分析とそれに対するいくつかの反論

か否かとは関係がない。しかしながら，別の枠組み，すなわち，非決定論の枠組みがある。相対性理論の課題は，単に量子力学が表面上非決定的であるということではなく，もっともらしい制約条件の下で量子論のいかなる決定的完成も可能でないという点である。この点から見て，決定論をアプリオリな（先験的な）原則として受け入れることは得策ではないように思われる—そしてもちろん，量子力学の真偽は物理的事実の問題である。このことに関して，ウィトゲンシュタインの主張ではないが，我々の生活形式の外に踏み出すこと，すなわち，我々のコンセプトが結局風変わりな社会的解釈となることを認めることは，あまり意味がないだろう。理論的または経験的考察に基づいて，または相対性理論に基づいてあらゆることの原因を探す可能性についての懸念は，包括的な枠組みへの合理的な選択として我々を非決定論へと動かした。このことは科学的説明の理解にとってどんな意味があるのだろうか。

4.2.2　統計的説明と機能的説明，因果関係プロセスと擬似プロセス

もちろん，説明には様々な種類がある。良く知られているのは，事象より先に得られる特定の条件，すなわち初期条件が参照され，一般法則が発動される説明である。この点を少し明確にさせていただきたい。説明対象である事象の発生は理論的にそのような前提，すなわち，初期条件と法則に従うと考えられる。例外なく適用できる普遍的法則を組み入れる演繹的説明と，大部分または多くのケースに有効である統計法則を採用する帰納的説明を区別することができる。Hempel (1965) によれば，科学的説明は，自然の一つまたはそれ以上の法則に基づく説明対象の演繹的小前提または帰納的小前提で成立する。これは演繹的・法則的モデル (D-N) と呼ばれる。しかしながら，彼にとって，帰納的・統計的説明は基本的に知識状態に対して相対的に扱われる——彼は（知識状態に関連すると考えられるあらゆる知識が利用可能である）最大特異性の要件という形をとるエビデンス全体の要件を提言した。もし法則のような，統計前提が真に同質の基準クラスを伴うような帰納的－統計的説明があったなら，単に特定の知識状態に関連する帰納的－統計的説明だけでなく，絶対的な (simpliciter) 帰納的－統計的説明が得られたであろう。しかし，ヘンペルによれば，絶対的な帰納的－統計的説明は存在しないため，完全無欠の帰納的－統計的説明が彼の説

第4章　大規模母集団研究の認識論的基盤と教育への利用

明に入る余地はない。この種の説明とラプラスの決定論構築との間には特筆すべき類似性がある。この密接な関係を考慮すると，因果関係で決定される事象は説明することができ，説明することができる事象は因果関係で決定されると結論したくなる。そしてここから，人の行為と決断は，それが説明できる場合は決定されると言えるまであともう一歩である。そして，人の行動と選択を説明することは，それらが自由であり得ないことを示すことであるという結論につながる。なお，その場合道徳的責任は消滅する。しかしながら，多くの場合，我々は説明を構築できるだけの十分な証拠を持っていないこと，そして原則的に前もって考慮できなかったはずの条件，すなわち，我々のD-N構築を危うくする新たな条件が出現しないと断言することはできないということに留意しなければならない。言い換えれば，基準クラスのさらなる関連部分が追加的知識に基づいて必要になるかもしれないということを排除できない。この問題は枠組みの問題として知られている。これについて語るもう一つの方法は，法則は等しい（または他の条件が同じ）条件すべてに適用されるが，所定の位置にあるべきものすべてと欠けているべきものすべてを詳しく説明することは不可能だということである。重要な結論は，特定の事象を説明するための必要かつ十分な原因を詳しく説明することは不可能であるため，これが決定論的世界観に対する対抗手段であるという点である。確かに，絶対的確実性をもって正確な結果を予測することは不可能である。このことは同様に，予測は科学的理論をテストするための確かな基準とならないし，真実を立証する基準ともならないことを示す。しかしながら，このように言うことは，この文脈において予測は無意味であると言うこととは違う。この問題についてはまた後ほど触れるが，さらにもっと厄介な問題がある。

4.2.3　推論的概念は法則に基づく小前提の特徴を著しく間違って解釈するという事実に苦慮する

　ヘンペルによれば，もし決定論が真実であったなら，あらゆる未来事象がD-N的な説明に適していることになるだろう。しかし，過去の事象は我々に問題を突きつける。つまり，説明は基本的に推論であるが，推論には全く存在しない非対称性が必要とされる。説明は何かが実際に起こったという経験的証拠に基

4.2 計量的研究の前提の分析とそれに対するいくつかの反論

づく十分条件を必要とする。一方，推論は将来のものに言及する。将来にあるものを推論することは決定論を前提にするだけでなく，関係するものすべてが考慮されているという事実にも依拠する——これは理論的には決して信頼できないことである。確かに，（帰納的か演繹的かにかかわらず）推論では，関連性のある証拠は前提として言及されなければならない。この要求事項は演繹的推論では自動的に満たされる。説明ではさらに，被説明項 (explanadum) に関連する検討事項のみを説明項 (explanans) に含めることが必要となるようである。指摘したように，推論によって示される時間的非対称性 (temporal asymmetry) は，説明で提示されるものと真逆である。推論と説明は反対の時間的方向性をもつ。このことを示すもう一つの方法は，未来は違うかもしれないという事実を指し示すことである。もちろん，未来が常に（または必然的に）違うならば，未来を予測する研究は意味をなさない。だが，推論的概念はこの意味で未来が違わないことを必要とするため，決して満たすことのできない要求に依拠する。ついでに言えば，決定論の仮定を断念すれば，非対称性はなお一層顕著になる。すべての事実の欠如および/または推論の非対称性の結果としての予測が不可能なことから，説明は基本的に議論であるという事実についての疑念が生じることがある——ただし，法則に基づく小前提は違う形態をとる可能性があるため，これは法則の概念を放棄しなければならないということを意味するものではない。

　原子や素粒子界からの例が，2つのいわゆる相補的要素を知るうえでの，合同精度 (joint precision) には限界があることを示しているのは興味深いことである。つまり，素粒子の位置および運動量の値を確定しようとすると，避けがたい不確実性が存在する。エネルギーと時間についても同様である。高い精度で電子の位置を確定すると，運動量を正確に確定できなくなり，逆もまた同じである[1]。ここで説明を提供することは別のことである。つまり，説明対象の事象

---

1) より正確に言うと，光子（フォトン）が電子にぶつかるとき，その電子が進むであろう方向は決めることはできない。そこには，全ての可能な方向を超えた確率論的な分布が存在するのである。さらには，この衝突において，変化するであろう，その光子の頻度の総量は決められない。全ての可能な量の上の確率論的な分布が存在するのである。エネルギーと運動量保存の法則から，電子の方向と光子の頻度における変化の間には完全な相関が存在する。しかしながら，それらのペアは，決められない。ちなみに，そのことは，測定についての我々の装置に関する問題に関連するのと同様に，この文脈では重要なことである。本物の光子の

について関連する全条件を集め，当該条件の存在下で対象事象の蓋然性に言及するということになる。説明はこの場合議論（前提と受容の規則が適用される結論を伴う理論構造）ではなく，むしろ事象の発生に関連する条件の提示であり，当該条件に基づく事象の蓋然性の程度の表明である。明らかに，持続的相互関係—真の統計的関連性の関係—は何らかの因果関係を強く示すが，統計上の相関関係と真の因果関係とを混同してはならない。これは兆候と原因を合成することになってしまう。

2種類の事象，AとBとの間に正の相関が認められる場合，我々は統計的に関連する共通原因Cを探す。統計的関連性の関係は，Cが因果的にAと関連し，Cが因果的にBと関連するという2つの因果プロセスに関して説明されなければならない。これは統計的説明が因果関係に基づくといわれる問題の心臓部である。そこで問題となるのは，なぜ最初にあったAとBの関連性よりも，CとAの関連性やCとBの関連性のほうを選ぶべきであるかという点である。答えは，C対AおよびC対Bから空間的・時間的に継続する因果関係を追跡できるということである（AとBの関係はそのような直接の継続的因果関係によって説明できない）。因果的説明は，ヒュームによれば，問題をもたらすということを思い出していただきたい。それでもなお，彼の批判は修正する必要がある。確かに，ヒュームは因果関係の重要な側面，すなわち，因果プロセスは情報を伝達できるという点を見落としたようである[2]。このことを適切に理解すると，因果プロセスと擬似因果プロセスを区別することが可能になる。この区別は，いかなる信号も光より速く進むことができない（情報を伝達することができない）とするアインシュタインの特殊相対性理論から明らかになった。いわゆる因果伝達の「at-at」理論はヒュームの批判を修正するための試みである。マークの伝達（mark transmission）についての基本命題は以下のように述べることができる。「B点およびAとBとの間のプロセスの全段階で追加介入なしにそれが発生した時かつその時に限り，A点での単一介入によってプロセスへ導入されたマー

発見から結果として生じるクリックは，偽のカウントから結果として生じるクリックとは，全く区別がつかないのである。そして，ついには，もちろん，この特別の出来事の周囲の状況が，特別な必要性や十分な原因の存在を確立するに十分な詳細に特徴付けられるという推定につながる（この例は，Salmon, 1998 において協議されている）。

2) 前の通り，その発達は，Salmon (cf. Salmon, 1998) の立場に主に基づいている。

クは，B 点へ伝達される」(Salmon, 1998, p. 197)。

よって，ゼノンの有名な矢のパラドックスは次の通り解くことができる。A から B へ動くことは，ちょうど介入の瞬間に介入ポイントを占有することである。これは対応する瞬間に特定のポイントにあることで成立する。矢が A 点から B 点へ到達するかについては問題がない（高速で中間点を進むことはない）。矢は対応する瞬間にそれらの地点のあいだのポイントにある。また連続体では次のポイントはないため，矢があるポイントから次のポイントへどのように到達するかについても問題はない。「マークの伝達」は影響の伝播についての概念の基盤案である。マークを伝達する能力は因果プロセスの基準である。つまり，擬似因果プロセスも持続的構造を呈する可能性はあるが，この構造はプロセスそのものによってではなく，他の媒体によって伝達される。したがって基盤は，因果プロセスがヒュームの秘密パワーのいずれにも訴えることなく，結果的に相互作用から生じる構造において修正（マーク）を伝達する能力である[3]。

---

3) この後の例は，このことを示しているかもしれない。旋回するスポットライトについて考えてほしい。それは，円形の部屋の中心において開始され，壁へ光を投げかける。そのスポットライトから壁に移動する光線は，原因のプロセスである。つまり，その壁の周りに移動する光は，偽プロセスを続ける。前のプロセスは，光速で起こる。一方，後の「プロセス」は，任意の速さで進むことができ，それは，部屋のサイズと光源のローテーションの割合に依存する。光の速さは，偽プロセスの速さには規制を受けないのである。光源から壁に移動する光のビームが，原因のプロセスであるという事実は，単純な実験によって明らかにできる。もし赤色のフィルターがその源の近くのビームに入っていくなら，壁のスポットの色は，赤であろう。この「マーク」は，そのビームに沿って送られる。そのようなマークの送付がいかにメッセージを送ることに使用されるかということは明らかである。

> 大地であれば赤である。そして，海であれば青である。
> そして，私が反対側の海岸にいるなら，
> その警告に乗り，広げるための用意をするだろう。
> 全てのミドルセックスの村と農場に向けて。

どのような情報であっても，壁に向けて，移動するスポットを送るということはできない，ということは明白な事実である，ということを，私は信じる。もし，あなたが，部屋の一方の側の壁の近くに立っているとするならば，そして，誰か別の人が，対角線上の反対の側に位置しているとするならば，通過する光が他の人に伝えるだろうどんな情報に対しても（たとえば，「英国人が来ています！」というような情報），光は何もすることはできない。赤色のフィル

第 4 章　大規模母集団研究の認識論的基盤と教育への利用

　相互作用の結果が伝達されるかどうかは，原則的に実験によって容易に解決できる問題である（よって，プロセスにおいて結果として生じた修正が，プロセスの他の段階で維持されるかどうかが調査される）。我々が，世界を構築する事象や事実を適合させるパターンであり，かつ説明したいと考えるパターンは統計的関係と因果関係である。因果プロセスは構造を広め，因果的影響を伝達するメカニズムであり，そのため重要な役割を果たす。これは「at-at」理論と共に，原因と結果との関係の性格についてのヒュームの疑問に答えるものである。したがって，因果プロセスは蓋然的因果関係または統計的因果関係とは別に存在すると結論づけることができる。非決定論的設定では，必要な原因は少なくともある程度の説明力をもつようだが，十分な原因はそうでないように見える。我々は因果関係の概念に従い，物理的プロセスとそれらをもたらす相互作用を提示することによって事実（一般事実または特定の事実）を説明するが，そのようなメカニズムが説明力を持つには決定論的である必要はない。つまり，単純化できないほど統計的である場合もあるのである。よって，特定事象の科学的説明は一般法則や先行条件によって厳格に決定されることはない。

　この因果プロセスおよび統計的説明の異なる図式に対して，最後に，別の種類の説明を追加しなければならない。つまり，機能的説明（functional explanation）である。その例証として，生物学から次のような例が挙げられる。米国南西部の暑い地域に生息するジャックラビットは，並外れて大きな耳をもつ。その耳は効果的な冷却メカニズムを構成する。もちろん，この機能を発揮できるように多くの工夫がなされている。従って，そのような動物は極端な気温に適応できるようにする何らかのメカニズムをもつだろうということを演繹的に（または少なくとも高い演繹的確率で）示すことができるが，ジャックラビットは大きな放射耳を発達させたに違いないということにはならない（たぶん発達させるだろうということにもならない）。従って，（この機能を発揮する何らかのメカニズムをなぜ持っているのかを説明することとは対照的に）この特別な冷却装置を説明するには異なる種類の説明が必要となる。その説明は「機能的」と呼ばれるものである。

ターを介在させることで，あなたの周辺においてスポットを赤色にするかもしれない。しかし，その「マーク」は，その移動するスポットとして保持されることはないだろう（Salmon, 1998, pp. 194–195 を参照）。

4.2 計量的研究の前提の分析とそれに対するいくつかの反論

　こうした種類の説明の多くは，社会学者，人類学者およびその他の社会科学者の研究において見られる。この場合も先と同様に，機能的説明は常に正当ではない，または良くても不完全であると言われるかもしれない。しかし，機能的説明がなぜ論理的領域から排除されなければならないのかは明確でない。機能的説明は，必然的に目的論的要素または擬人化要素に訴えることなく（一般的にこの立場に対して示される批判），科学的説明の一般に容認された考え方（演繹的確実性または高い機能的蓋然性）が明らかにできない特殊な種類の説明を提供する。このアプローチでは，十分条件が常に求められるヘンペルモデルの問題は克服される（機能的説明は必要条件を提供する）。そのような説明の認識的価値は，区画区分に対する確率分布によって提供される情報の増幅率で測定される。同様に，統計関連性モデルの場合，重視されるのは関連情報の量である。つまり，同モデルは初期基準クラスの（最大）同一区分に対する確率分布で構成される。よって，基本的な包括的原則を使う統一様式の説明は，物事がいかに機能するかという機械的種類の説明と平行して提供することができる。両者は特定の問題について互換性がある。これらの種類の説明は理解しやすいことに関する問題に焦点を当てるため，人間科学で使われる理解や記述と似ている。

　自然現象の科学的説明に関する魅力的な幻想や無駄話についてはこれくらいにしておく。優れた（superior）科学的説明に対する理論的枠組みの要求に関する考察に続いて，何が起こるだろうか——議論の「規範」はこのように最前面へ出すことができるのだろうか。明らかに，物質界における決定論の理論的枠組みは打ち砕かれた。一部の人々にとって，事象を説明することは単にその原因を明らかにすることである。連続，時間の優先順位および持続的共起を越える何かに関するこの可能性についてのヒュームの疑念は，一方でいわゆる「at-at」理論によって，また一方でマークを伝達する能力に関して，擬似因果プロセスと真の因果プロセスを区別することによって軽減された。ヒュームとは対照的に，自然現象の世界には実質因果関係（real causality）があるとする議論が展開された。しかし，自然の基本的非決定性（fundamental indeterminacy of nature）については，異なる領域には異なる種類の説明を使う必要がある。常に説明対象となる事象を生み出す，必要であるが十分でない原因が存在する例がいくつかある。他の場所では，十分な原因はあるが，なければ説明対象となる事象が発

生し得ない必要な原因がない場合がある。このことは，一方において推論と説明の両方が優先的時間方向（preferred temporal direction）をもつという事実を参照することによって，また多くの場合，説明を構築するのに十分な事実を持っていないという事実に言及することによって明確にされた。このように科学的説明を不可能または不鮮明にすることなく，統計的説明と機能的説明を行う余地が存在する。一般的結論は，非決定論が電子および素粒子界の特徴であるなら（すなわち因果的非決定性――（非）決定論の真実または虚偽が物理的事実に関する問題であるなら），またそれが理論的根拠または推論に基づいた根拠で排除できなければ，決定論を理解のその他領域のための特に優れたパラダイム（または唯一のパラダイム）として使う理由がない――さらに，人間行為についての日常概念が示すこととも異なっている。つまり，これは自由を指し，標準状態で我々が為すことに対する責任を受け入れる[4]。この問題が処理されてきた一つの方法は，いわゆるランダム化比較試験（RCT）を使う方法である。因果関係モデルの多くの前提はなおこの文脈において関連するが，人が教育慣行で何が役立つかについて現実的な図式に関心を持つ場合，RCTは危うくなった文脈上の必要を少なくとも受け入れると考えられる。もはやこれは「実験室」条件についてではなく，媒介変数（または条件）の複雑なネットワークに，かなりの程度まで正面から取り組むことができるというさらなる期待がある。

4.3　ランダム化比較試験（RCT）の一例：学級あたりの児童数の研究

　学級あたりの児童数と，とりわけ，教師－生徒の比率は広く議論されてきた。確かに，保護者や教師，その他の人々の間に，生徒は少人数学級で最も効果的に学ぶことができるという信念が広がっている。Mortimore and Blatchford (1993)によれば，このことは，私立学校を選択する際に言及される主要な理由の一つであるという事実に反映されている。学級の大きさは学校環境が子ども

---

[4]　「パラダイム」の概念は，ここでは，テクニカルではなく，一般的な感覚として使用する。人はまた，特別な原理の範囲の中におけるパラダイム的アプローチのための限界（あるいはフレームワークの決定）を用意する確かな世界観における，支配的な信頼について話すかもしれない。

4.3 ランダム化比較試験（RCT）の一例：学級あたりの児童数の研究

の学習や行動に影響を与える最も重要な手段の一つであるため，多くの人々が少人数学級に多くを期待するのは無理からぬことである。だが，なかには抵抗を感じ，そのような措置にかかる費用は，それが生徒の学習のために生み出す利益という観点から正当化されないと主張する人もいる (Slavin, 1990; Tomlinson, 1990)。この問題については大いに議論を呼ぶところであるが，生徒数削減を支持するために上手く設計された研究から導き出されたエビデンスが豊富にないとする批評家もいる。研究の大部分は断片的であり，本格的な方法論的精査を切り抜けることができないだろうし，少なくとも学級あたりの児童数に関する一般的結論を実証できるほど十分でない。英国に関しては，一定の学級児童数が生徒の成績に与える影響に関して確たるエビデンスがほとんど，あるいは全くないまま，学級あたりの児童数と生徒の平均成績との間の一般的な相関関係や関連性しか報告されていない，と Mortimore and Blatchford (1993) が主張している。こうした研究の結果は被験者を明らかにしないため（たとえば，成績の低い生徒は少人数学級に集められることがある），解釈するのが難しいことが広く認識されている。さらに，この問題についてはメタ分析（研究の統合と研究の評価の実施）の事例が存在することを，気づかないままに済ましてはならない。しかし，たとえこのメタ分析を考慮したとしても，どんな結論が導き出されるかは明確でない。このテーマについてさらに多くの研究が実施されている北アメリカでは，状況がいくぶん異なる。ただし，この場合もやはり解釈は異なる。学級あたりの児童数と成績との間に明確かつ強力な関係が存在すると主張する人もいる (Glass, Smith & Finley, 1982)。また，最適な学級あたりの児童数は児童の年齢や指導教科などの要素から切り離して規定することができるという考えを批判する人もいる (Robinson & Wittebols, 1986)。結論として，1966–2005 年の期間について文献検索（ERIC）をかけると，（リポート，雑誌記事などへの）参考文献が 456 件でてくるが，多くの学者たちが主張しているように，学級あたりの児童数が生徒の学習に与える影響について確かなエビデンスが存在することは明白とは言えない。

学級あたりの児童数に関して，網羅的なアプローチゆえに多くの著者が言及する事例が一つある。それはテネシーで行われた，学級あたりの児童数に関する研究，STAR プロジェクト（うまくいく生徒／教師比，Student/ Teacher Achievement

Ratio) である。この研究では，さらに非常に明確な結論が提供されている。それはハーバード・エデュケーショナル・レビューに発表された，Mosteller, Light and Sachs (1996) によって執筆されたものであり，彼らはその事例を，大規模かつ長期のランダム化比較試験を教育でうまく実施できることを示すために使った[5]。STAR プロジェクトは，少人数学級の教師は児童一人ひとりにかける時間をより多くもつという考えからスタートした実験として見られている。これは子どもが初めて学校に来たとき，相当な困惑に直面するため，多数の問題を処理するということである。たとえば，彼らは他者と協力することや生徒になるにはきちんとしなければならないことを学ぶ必要があり，そのうえ家庭環境や背景は様々である。実験対象のクラスでは，幼稚園，1 年生，2 年生，3 年生（年齢 5 - 8 歳）で，学級あたりの児童数が約 23 人から 15 人に（ほぼ 3 分の 1 が）減らされた。児童は 4 年生から通常人数のクラスへ戻された。児童は 3 種類のグループに分かれた。つまり，通常規模より 3 分の 1 だけ小さいクラス，補助教員のいない通常規模のクラス，そして補助教員のいる通常規模のクラスである。実験は初年度に 79 の学校で実施された。児童と教師は無作為にクラスに割り当てられた。2 年目には，76 の学校，331 の学級，都市部，郊外および農村部の学校の児童 6572 人が含まれた。実験は 4 年間 (1985–1989 年) 継続された。この期間が終了した後に，第 2 段階の継続的有効性研究 (Lasting Benefits Study) と続き，参加児童のその後が追跡され，学力の進捗状態が記録された。

　学級あたりの児童数に関してどんな発見があったのだろうか。第一に，小人数学級は実際に読書や算数など認知教科の初期学習にかなりの改善をもたらした。第二に，効果は生徒が通常規模のクラスへ戻った後，4, 5, 6, 7 年生まで持続した。最初に少人数学級に登録された生徒は，人数の多いクラスでスタートした同級生より，その後も成績が良かった。ちなみに，少数民族の生徒は他の生徒とほぼ同程度の成果を挙げるようになる前に，最初の 2 年間に他生徒の 2 倍の進歩を遂げた。第三に，補助教員の存在は改善をもたらさず，その存在は同じだけの持続的利益も生まなかったようである。より詳細な結果を見れば，この結論はさらに裏付けられるだろう。成績は 2 種類のテストを使って評価さ

---

[5] ここ以降で，私は，主にそのプロジェクトの特徴について示す。

4.3 ランダム化比較試験（RCT）の一例：学級あたりの児童数の研究

れた——スタンフォード標準学力テスト（Stanford Achievement Test）と，カリキュラムベースのテネシーの基本力一次テスト（Basic Skills First Test）である。

効果量（effect size）は，少人数学級 対 補助教師のいない通常規模のクラスでは約 0.25 であり，補助教師のいない通常規模クラスと比較した補助教師のいる通常規模のクラスは約 0.10 である。このように，少人数学級は代表的な生徒を 10 パーセント引き上げ，60 パーセンタイルへ進める一方，補助は同じ生徒を 4 パーセント引き上げ，54 パーセンタイルへ進めた（Mosteller, Light & Sachs, 1996, p. 819）。

著者は取り急ぎ次のように付け加えた。「……非常に大きくはないにせよ，これらの改善はかなりの量であり，大きな集団に当てはめると，生徒の学習に堅固な進歩を示す」(p. 819)。さらに，生徒が早い段階で少人数クラスを経験することが，通常規模のクラスに戻ったときに見られる持続的効果を生み出すことを発見できたことは心強い。初年度後の測定可能な効果は 0.12 で，5 年生では効果は約 0.20 であった。

Mosteller, Light and Sachs（1996）は，最後に，上手く設計され十分に実施された研究が明確な発見を公表したときに多くの問題を伴うことを示唆している。利用可能なあらゆる選択肢や，発見事項によって提案された新しい政策を実施する際の費用および社会的重大性を真剣に考察しなければならない。このケースでは，政策立案者はこの介入を導入するうえで最も効果的な場所について考え，一人当たりの所得が最低である 17 の地区で実施することを決断した。よって，この方法は州地区の約 12 パーセントで使われ，州の K-12 クラスの約 4 パーセントのみで学級の人数が削減された。Mosteller, Light and Sachs（1996）はさらに，研究の時点で（1996 年），生徒たちが通常規模のクラスに戻った後，17 の低所得地区からさらなる情報は何も入手できなかったと指摘している。従って，これらの発見事項は学級あたりの児童数を削減することが学校教育を改善するための最善の方法であることを自動的に意味するものではない——これは他の指標（たとえば，資格をもった教師による 1 対 1 の個人指導，仲間同士の指導，協同集団学習など）と比較しなければならない，と彼らは強調する。

第4章 大規模母集団研究の認識論的基盤と教育への利用

上記で論じたように,学級あたりの児童数の問題は様々な場所で興味の中心となってきた。英国の教育水準局 (Office for Standards in Education: Ofsted) は 1995 年の報告書「学級あたりの児童数と教育の質」のなかで,国内の小学校と中学校での学級あたりの児童数と生徒の学習の質との関係を調べるための詳細調査のデータを使用した。この研究について詳しい説明はしないが,結論を簡単に調べてみると面白い。主要な発見事項は次の通りである。

- 学級の児童数と学級内での指導および学習との間に,単一の関係は存在しない
- 少人数学級は小学校低学年で利益がある。生徒がいったん基礎学習,とりわけ識字力で能力を獲得すると,人数の多いクラスでより効果的に学ぶことができるようになる。
- 調査対象となったクラスの範囲内では,指導方法と学級組織の形態の選択および適用が,学級あたりの児童数よりも学習に大きな影響を与えた。

選択できる研究は実に豊富にある。いくつかの報告では,学級あたりの児童数が削減された場合,教室の多くの面が変わったという事実に注目した。さらに,少人数学級に配属された教師は,教室環境は良くなったと報告している。注意散漫の報告は少なくなった。変化として,騒音レベルが低くなり,机が少なくなったため,部屋のアレンジがより柔軟になったことが挙げられる。時に研究者は,少人数学級では生徒の時間の大部分が指導者との個別のコミュニケーションに使われる一方,人数の多いクラスでは生徒の時間のほとんどが個別指導と集団指導との間で等分されることを観察した。さらに,教室内を歩き回るなど,そのために生じる混乱を理由に人数の多い学級では容認されない様々な形態の行為が,少人数学級では認められることがある。

STAR プロジェクトの結果は一般的に議論されていないが,一部の批評家は,年数が経過すれば効果は減少するようだと指摘している。このことは,最初の児童数削減の経験は恐らく後になって同じ効果を生まない一回限りの事象であるという意味で,予想できることであると言いたい人もいるだろう。少人数学級から導きだされる利益が限定的である理由は,教師が古い指導法に固執し,少人数学級が提供する新しい機会を利用しないという事実に見出すことができると断言する人もいた。そこで Mortimore and Blatchford (1993) は,次の通り

4.3 ランダム化比較試験（RCT）の一例：学級あたりの児童数の研究

主張した。

　間接的に生徒を利するのは，生徒への個別配慮を増やす機会であるか，生徒が実際的な学習課題に関わる機会の増加であるか，あるいは少人数学級での教師のモチベーションや満足度の拡大であるかどうかを知ることは難しい。従って，学級あたりの児童数を削減する潜在的利益は，教師がその行動様式や学級組織を変えた場合にのみ起こるため，指導慣行を切り離して学級あたりの児童数を検討することはほとんど意味がない（p. 4）。

　検討しなければならない要素が他にもあるかもしれない。たとえば，クラスの人数が多ければ多いほど，長くなると考えられる教師の準備期間。より人数の多いクラスがより経験豊富な（あるいは，おそらくより優秀な）教師に割り当てられるかどうか。生徒自身の考え（彼らがより幸せに感じるかどうか，いじめられる可能性が低くなったと思うか，はっきりと主張することや日常活動に参加することについて自信がついたと思うかどうか）。この他により一般的な問題も考慮しなければならない。すなわち，規模の違うクラス間の関係，指導方法および生徒の年齢である。学級あたりの児童数の効果は，様々な年齢で異なる可能性があり，提供される指導および教育の種類と互いに影響し合う問題であるということが示唆されている。たとえば，子どもが大人の助けにより依存する低学年の時期に，学級あたりの児童数を削減することは，より効果的となる場合があるが，生徒が数年学校で過ごした後は，仲間同士の学習やコンピュータを利用した学習の方がより効果的になりそうである。従って，学級あたりの児童数の削減は問題を防ぐことができるが，あとで問題を修復するほど十分ではないこともあり得る。面倒な事態はきりがない。示されたその他の問題は生徒と教師の関係，態度とモラル，生徒間の関係と関連する。

　STAR プロジェクトの成功を受け，何人かの著者は我々が実施する必要のある研究の種類に関して結論を出した。Mortimore and Blatchford (1993) は，注意深く管理された英国の調査研究が大幅に遅れていることを示した。そして，実験的研究は少人数学級の児童が成績を上げることができるかどうかという問題に最終的な答えを出すことができる唯一の研究であるため，必要なのは「様々

な規模のクラスにランダムに割りあてられた生徒の進歩を比較する実験的研究」であると主張する（Blatchford & Mortimore, 1994, p. 418）。同じ様に，Mosteller, Light and Sachs（1996）は，強力な調査や政策研究にアクセスすることで，教育者が賢い選択をすることができるようになると主張した。教育者は乏しい資源と窮屈な予算で働かねばならず，生徒を教室で統率する方法を決断しなければならないということを忘れてはならない。そして，彼らは次のように続けている。

　1900年には直感や逸話，印象が唯一利用できる選択肢であったかもしれないが，2000年に近づくにつれ，社会は広範囲の解析的な研究計画の技術をもつようになり，多くの領域で広く受け入れられ効果的に使われている。この技術は直感や印象よりも信頼のおける証拠を提供できる……統制された実験を使えばすべての問題に対処できるというわけではないが，多くの問題に対処できる。我々はより規模の大きい調査を必要としている。単独の学校で実施される研究は常に不確かな一般化という制限を伴うからだ（Mosteller, Light & Sachs, 1996, pp. 822–823）。

　彼らは同様の方法で，すなわち，教育革新を準備するための上手く設計されたランダム化比較試験で，対処できるかもしれない問題の一覧表を示した。たとえば，異なる年齢の児童のための異なるクラスでの適切な量の宿題，異なる教科間での課題への時間の分配，さらには夏季休暇の間に学年で学習したことのうちあまりに多くを忘れてしまっていないかどうかという問題など。私はこれらの例は極めて奇妙であると考えるし，またランダム化比較試験でこれをどのように研究できるか明確でないように思われる。さらに注目すべきなのは，Blatchford and Mortimore（1994）が，（擬似）実験的発見またはランダム化比較試験の結果について疑念を表明している一方で，彼らは他の代替案に十分な余地を与えていないという事実である。私の考えでは，彼らは学級あたりの児童数削減と指導方法は一緒に検討する必要があること，またどんな種類の指導や学級組織および課題が一定の大きさの指導対象グループと関連するかを検討した場合にのみ利益がもたらされるということを正しく指摘したものの，これらの問題は実

4.3 ランダム化比較試験（RCT）の一例：学級あたりの児童数の研究

験的方法でアプローチすべきであると主張した——以前の発言を考えれば、同じ記事に発表された彼らの健全な情報（sound information）への嘆願は他にどのように解釈されるのだろうか（p. 426）。

すでに指摘したように、実証的研究者は考慮しなければならない複数の要素と克服すべき問題に気づいているのに、その一方で上手く設計された実験的研究を求めているというのは奇妙である。彼らが、採用したがっている方法の限界を完全に自覚していることは明らかである。たとえば、1998年の研究で、ゴールドシュタインとブラッチフォードは観察的研究とランダム化比較試験を扱い、学級あたりの児童数についての研究を行う際のポイントは、因果関係について声明を発表することであるという説に賛成する議論を展開した。すなわち、「因果関係という言葉によって、先行研究で示された学級あたりの児童数が成績に与える「効果」から、ある規模のクラスから別の規模のクラスへ児童を動かすことが成績に同じような効果を与えると想定できると考える」(Goldstein & Blatchford, 1998, p. 256)。だが、同じ研究において、彼らは次のように主張している。「最も注意深く管理された研究でも、因果関係の解釈は難しいだろう。それは、特に研究が実施された背景を考慮する必要があるためである。また「効果」は学校、教育制度、および社会的背景などの諸事情で変わる可能性がある」[6]。ゴールドシュタインとブラッチフォードは、研究者がある概念を測定または定義することに伴う問題を無視したために生じる、いくつかの問題に注目した。次に掲げるリストは長いものの、網羅的ではない。

- 実際の学級児童数は生徒－教師の比率と同じではない。
- 正式に登録された生徒の数は、指導を受けている生徒の数と異なる場合がある。
- 実験規模と実際の規模は区別される。
- 標本集団は標的集団と違うことがある。
- 生徒数の多い学校での学級児童数削減の効果は、生徒数の少ない学校での同様の削減と同じでないことがある。
- 社会調査の避け難い歴史的特徴であるが、結果が利用可能になるまでに、

---

[6] ここの、そしてどこか他の因果関係は、物理学においてただちに使われる法則のような一般化として、概念的には同定される。

第 4 章　大規模母集団研究の認識論的基盤と教育への利用

状況は変化してしまっている。
- 研究用に一番アクセスしやすい機関または集団は非定型的であることが多い。
- ランダム化比較試験の場合，学級あたりの児童数の効果についての期待が，ある程度観測される効果に影響を与えることがある。
- 児童数が異なる学級の比較であってもそれぞれの学級の教師と児童は，長い時間をかけて相互に影響しあい，その結果学級児童数の違いからくる効果の「質を落として」しまう可能性がある。
- ランダム化が学校レベルのみで起こるような研究計画は，学級児童数の違いが学校内に存在する，実際の学校を代表しない可能性がある。
- 教師は指導様式を変え（彼らはよりクラス全体を対象にする指導方法を使い，より狭い範囲の基本テーマにより重点を置く傾向がある），その結果として児童数の多いクラスでは多くの方法でこれを補うことができる。
- 「媒介する変数およびプロセス」の役割（指導の質，生徒の注意，教師の管理など）。

　Goldstein and Blatchford (1998) は，STAR プロジェクトのデータを再分析した上で，その他の「欠点」を明らかにした。たとえば，彼らの指摘によると，幼稚園後に児童の 24 % がプロジェクトから除外され，これらの児童は研究にとどまった児童よりも著しく点数が低かった。落ちこぼれに関する問題が 1, 2, 3 年生で続いたことも言及された。結論として，上手く設計された（主に実験的）研究が要望される一方で，これらの実証的研究者らは考慮しなければならない複数の要素と「克服」すべき問題に気づいているということが分かる。明らかに，彼らは支持したい方法の限界を完全に認識しているが，それでもなお，それが採用するうえで最善の方法であると確信している。

　もちろん，学級あたりの児童数の削減は，生徒の学習に何ら否定的な効果を与えない（確かにプラスの効果がある）と分かることは興味深いことであるが，その効果のレベルがより大きな投資の要求を実証するかどうかという問題が残る——資源は常に乏しいのだ。それには必然的に異なる系統の研究と議論が必要である。教師の仕事量，生徒の幸福感など STAR 研究が立ち入らない問題や，同じ「客観的な」実験的方法で測定できないその他の問題をはじめ，他にも多

4.3 ランダム化比較試験（RCT）の一例：学級あたりの児童数の研究

くの問題が関係する。含まれる様々な要素は互いに関連するため，これも問題である。従って，重要なのは学級あたりの児童数ではなく，教師がそれに対応する方法，つまり，生徒に最適な学習を提供するためにその指導法を変える方法であることを多くの研究で発見したとしても何ら驚くことではない。この議論からどんな教訓が学べるだろうか。実験的研究，または実証的研究をも排除するのだろうか。私はそうは思わないが，それを論じる前に，最初によりメタレベルのコメントをしておきたい。ついでに言えば，上記の研究で観察されたことは，私の見解によれば，系列的にすべての実証的定量的教育研究に適用できる。

ではこの種類の研究に関して，メタレベルでどんな結論を出すことができるだろうか。まず，これらの研究では，学級あたりの児童数を削減する利益は，その構成要素において測定しコントロールされた要素（独立的か従属的かを問わない）に関して決定される。この実験パターンに適合しないものは例外なく除外される。生徒の幸せと教師の仕事量は言及されるが，これらの要素を組み入れる実験計画は一切ない。明らかに，ランダムな設定において，それらの関連変数を分析することは難しいだろう。それでもなお，ケーススタディは提供する結論が一般化できないため除外される。この領域で働いている研究者のほとんどが，少人数学級の費用が高くなることは関連する検討事項であることを認めていることは本当である。しかしながら，彼らは教育への支出が高くなることを正当化するような効果の強度を検討することよりも，むしろ効果が存在するかどうかの確定のほうに関心を抱いている[7]。前者（より政治的な問題）はかか

---

[7] 最近，Robert Coe（2002）は，この問題に注意を示している。彼は，次のように書いている。

> 「効果量」とは，単純に，2つのグループ間の違いの大きさを測定する方法のことである。計算しやすく，すぐに理解でき，そして，教育あるいは社会科学におけるどんな測定された結果にも適用できる。何らかの比較に関連して，特別な介入の効果を量的に測定することは，特に価値のあることである。それは「それは働きますか？ 働きませんか？（それは機能しますか？ しませんか？）」，より洗練された表現では「文脈のレンジにおいてそれはいかに上手い具合に働きますか？」という過度の単純化をこえる。さらには，介入の最も重要な観点（すなわち，効果の大きさ）よりも，（効果量とサンプルサイズを融合させた）その統計的意味を強調することによって，知識の集積に向かう，より科学的なアプ

第4章　大規模母集団研究の認識論的基盤と教育への利用

る研究者にとっては関係がなく，扱われない。このことは，いったん事実が確定されると，結論（すなわち，学級あたりの児童数を減らすかどうか）が自発的に後から続くことを示唆する図式を生み出す。

　第二に，研究がどれくらい長期にわたって，状況変化と歴史的変化を受け入れることができるかを知ることは難しい。どの新しい要素を考慮に入れなければならないかだけでなく，何が無視されるかを予測することは不可能であり，互いとの相互作用で（別個の独立した要素として見られる変数の追加または控除の単なる結果ではない）新しい何かを生み出すのは，異なる要素である。たとえば，規律の問題は変数間で定期的に観察される関係がもはや持続しなくなるほどまで，相互作用を混乱させるかもしれない。反対に，少人数学級の利益の一つは，それらが生み出す混乱のために児童数の多い学級では容認されない多くの形態の行為が，少人数学級では容認される可能性があるという点であると言われている。

　第三に，それほど技術的ではないが，恐らくより一層重要なことに，好まれる実験計画は，教師がクラスの状況（または学習状況）に創造的な方法で対応するという事実を無視しているように思われる。重要なのは学級あたりの児童数ではなく，教師がそれに対応する方法，つまり，最適な生徒の学習を提供するためにその指導法を変える方法であることを多くの研究で発見したとしても何ら驚くことではない。教師は生徒が慎重に規則や因果推論に従うことよりむしろ，「それを最大限に活用する」という姿勢で学び，そして行動できる機会を探すであろう。彼らは，ローマへの道は一つではないこと，またそこが行く価値がある唯一の場所ではないかもしれないことを理解している。これら3つの結論はすべて，（含まれる要素の関係がより卓越した立場を与えられる）より全体論的なアプローチのケースを強化するものと見ることができる。教育という文脈にお

ローチに導くことになる。このような理由から，効果量は，効果の有効性の報告と解釈における重要な道具なのである。

彼はまた，次のことを観察している。それは，「しかしながら，効果的なサイズのルーティーン的な使用は，一般的には，メタアナリシスには限界であり続けてきた。特に，異なった研究からの推測を組み合わせたり比較したりするためには。そして，それは，教育的研究のオリジナル報告においては非常に稀なことである」ということである。私は，このことについて注意を喚起してくれたレズリー・サンダースに感謝している。

いて，そのようなものとして研究しなければならないのは要素や要因ではなく，それらの複雑な関係である。何かの存在または不在が全体像を，ひいては特定の設定から導き出される結論をも変えることがある。だが，一般的に受け入れられる立場からは，かかる研究は一般化の可能性が欠如しているために無関係であると見られる。

いわゆる定量的実証的研究で発見できることは，実際の教育的文脈での使用が非常に限定的であることが多い。これは因果関係の理論的枠組みに属する。つまり，人間がなすべきことをなすために引き合いに出す理由に場所を与えることができない（または，四苦八苦のうえ，「因果関係」の意味を変えること，すなわち，「理由」を組み入れることによってしかできない）。あるいは，それは非常に断片的であるため，その他の種類の要素を考慮すれば，ほとんど関連がない。ついでに言えば，提供される結論が非常に明確なゆえに，しばしば反論を想像することが難しいため，いわゆる定量的研究は役に立たない。だが，人は一般的に結論を「非常に明白である」と考える傾向があり，事前に問われると，時に，その時点で直感的に明確であると思われる何か他のものを示しがちであるということが，もちろん実情である。従って，そのことについては事実を知ることが重要である。だが，これらの発見がどれほどの価値があるかという疑問は，全く別の問題である。小学校の教師が課題をできそうにないと感じていること，また学級あたりの児童数を改めるには教師のスキルやメソッドを適合させる必要があることを知ることは，どれほど役に立つだろうか。生徒の数は教師の仕事量や生徒の幸せにどこかで影響を与えることを，本気で疑うことができるだろうか。

4.4　大規模母集団研究：その認識論的基盤とそこから期待できること

これまで述べてきたことから，大規模母集団研究は，因果関係の理論的枠組みをもてあそぶということが明らかであろう。この研究は一般的に，本質的に記述的でしかない事例を誇張する傾向がある。しかし，一般化の問題が本質的にそのような種類の研究にある何かであることを認めたとしても，換言すれば，この点を除外しても，物事がどのように働くかについて，洞察力が我々に何かを

伝えようとそうでなかろうと，そこで使われているレトリックの背後にはなお不安が残る。相関関係は読者に，何らかの方法で特定の目的に使うことができるメカニズムを見ることを促すように思われる。すべての要素を因果関係の理論的枠組みという文脈内に同時に置くことなく，人がそこに含まれる様々な要素を見るポジションを明確に表すことは難しいようである。非常に多くの「要素」が作用するという理由から，実践のために明確な結論を策定することは難しいかもしれないとよく言われる。しかし，この議論は本当に危ういことを隠してしまう――すなわち，現実を理解することが着想される特別な方法を隠してしまう。様々な要素が相互に作用して新しい何かを生み出す全体論的アプローチに代って，ここの底部にあるのは，要素として見られる変数の追加または控除という理論的枠組みである。この背後に浮かび上がるものとは，すなわち「必ずしもすべてを理解しないことは，何も理解しないことと同等に見なされる」ことである。切望されるのは，法律のような説明や自然科学の「予測」に類するものである。多くの人にとって事象を説明することは先行する要因，すなわちその原因を明らかにすることである。

　研究者として我々がすることは，我々が共に形作り，必然的に価値を満載した現実で構成される。実証研究がもし記述のレベルを上回らなければ，一種の空の経験論へ堕落する危険がある。従って，実証研究のための理論と概念の重要性を認識することが大切である。明らかに，理論はテストすることができるが，概念はできない。観察をスタートする前に，研究しようとする状況を正当に評価する特別な概念が必要となる。これらの概念についての議論は，それ自体，実証的研究に属するものでない。『社会科学の構想』の中で，ピーター・ウィンチはこの点を数回にわたって強調した（Winch, 1958）。それが「我々にとって真実であること」に関するすべてであると彼が語っているのは，こういう理由からである。問題は社会学に関するのみならず，物理学や化学にも関連するが，人的交流を理解するという文脈において異なる重要性をもつ。実証哲学者的スタンスの落とし穴が明らかになって久しい。したがって，我々は反対方向，つまり，概念，理論，理由などが意味をなすために，常に背景を前提とすることを受け入れる方向へ進むべきである。人の行動を説明するときに原因や観察された規則を除外する必要はない。それらも意味のある状況を前提としている。

4.4 大規模母集団研究：その認識論的基盤とそこから期待できること

そこで，人間行動の因果説明を行うことは，理由に関する説明が共通理解という背景を前提とするのと同じ意味で，人間の行動は一定の条件で記述されるという事実にのみ言及する。人間の行動は，なかにはこのように原因と効果に関して特徴付けることができるものもあるが，規則性について記述すること（先行する変数がその後の状況といかに調和するか）や，理由に言及することも可能である。活動のなかには1種類の説明を使うことによってほぼ例外なく理解できるものもあるが，その他のケースでは数種類の説明で可能となる。よって，何かが本当に説明されるかどうか，またはここでの「現実」が単にフィクションでないという問題なのかどうかは，必ずしも感覚与件（sense data）が単独の基礎単位である真理対応説（correspondence theory of truth）を引き合いに出すべきではない。そこには一種の循環性（circularity）が伴うが，あらゆる説明の特徴であるためどうしようもない。科学は，そしてその点で言えばすべての種類の説明は，常に抽象化という次の上位段階で解釈されることになるデータをとり，このようにして意味をなす特定の理論構築を求める。これが循環プロセスであり，その他から導きだすために，またはその他について詳述するために各レベルが考慮される。このように事例はパターンによって説明され，パターンは事例によって説明される。さらに，客観的であろうとするときに，また「先入観なしに」「目的」を特定するときに，我々は常にかつ必然的に事前の理解をいかなる状況にも持ち込むという事実は隠される。

　たとえ感覚与件と観察が重要な役割を果たすとしても，このことは概念が関係するという主張を脅かすことはない。考えられる例外は非常に基本的なレベルでのみ起こる。たとえば，特定の強度の光は痛いということ。そのような場合，特殊現象は「それ自体で」，つまり共通の有意義な背景を前提とせずに，「意味」をもつと主張する人がいるかもしれない。明らかに，ここでの「共通する」ことは，人間の体とその特殊な生理機能である。しかしながら，このようなケースは稀であり，いったんそれについて話し始めれば，我々が「我々にとって意味をなすこと」を決定できる言語は暗示される。この場合もやはり，これは理由が示される文脈と区別されなければならない。物理的対象物はある特定の方法で我々に影響を与えることがある。したがって，「それ自体意味のある」現象は人間行動を理解するときに何の役割も果さないと主張することは正しくなく，

それが我々の生活に一定の地位を占めている場合，それ以上のものが含まれていることを無視することも正しくないだろう。その場合，物理的，化学的，生理学的または生化学的レベルを超える要素を含む，ある種の共通の意味も前提とする。社会科学の適切な方法論は，従って，因果説明および記述説明を意図的理解と結びつけるべきである。

大規模母集団研究は，たとえば，法律違反者がどこか他の場所に比べ特定の地域により多くいる，より多くの白血病の事例があるなどの事実に注意を向けることができる。このような研究はこれらの対処を開始するための詳細な研究課題や手がかりまでも与えることができる。また，一般的に行われ，結局正しくないと分かる説明（たとえば，特定の背景を持つ子どもまたは民族の子どもは，より怠惰で知能が低いという説明）を正すこともできる。大規模母集団研究は我々をある特定の方法へ向けることができる。そして，観察されたことを補完し，言及する必要がある方向に向けることができる。

EPPE 3-11 研究（2003–2008 年）によって興味深い例が提示されている——就学前教育の効果的な実施（Effective Provision of Pre-School Education: EPPE, 1997–2003）研究：就学前教育が子どもの小学校開始時点での発達成果に与える効果についてのヨーロッパ最大の長期調査に 5 年間の延長期間が提供された[8]。EPPEでは，3000 人以上の子どもが幼稚園の開始時に（約 3 歳）評価され，学校に入学するまで，それからキーステージ 1（Key Stage 1）が終わるまでさらに 3 年間，発達状態がモニターされた。研究は子どもの成長に関連する要素を確定するために，「教育の有効性（educational effectiveness）」のデザインを適用した。その後に，効果的な慣行を取り出すために，徹底したケーススタディが続いた。EPPE 3-11 はキーステージ 2 が終わるまで，同じ子どもの集団を追跡した。

---

[8] その支持者は，「効果的な就学前教育の規定（EPPE）プロジェクト」そして「効果的な就学前教育と初等教育 3-11（EPPE3-11）プロジェクト」のウェブサイトで見つけることができる情報から引用された大きな広がりをもつ（http://ioe.ac.uk/schools/ecpe/eppe/eppe3-11/eppe3-11intro.thm と http://www.tlrp.org/proj/phase111/AssocEPPE.htm）。私は，この研究に私が関心を持つように導いてくれたアラン・ブラウンに感謝する。

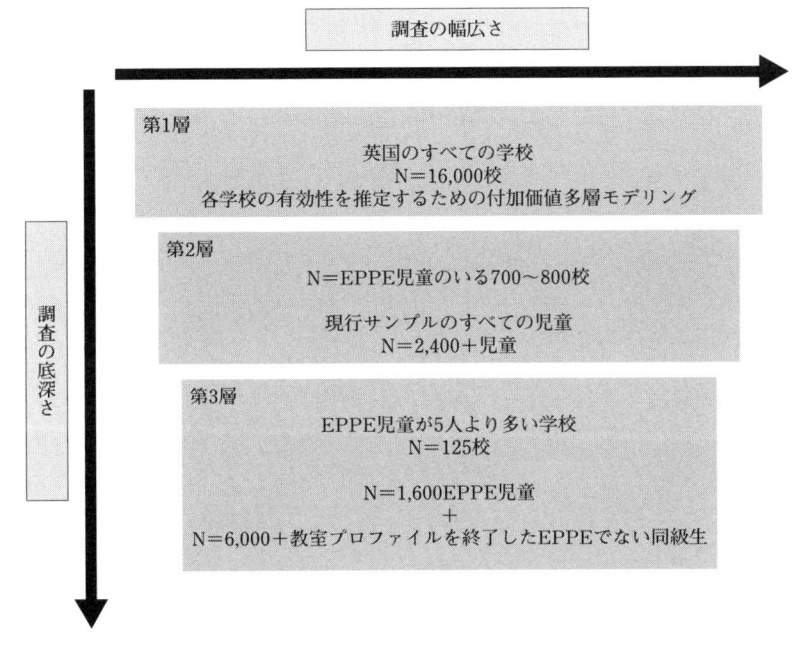

4.4 大規模母集団研究：その認識論的基盤とそこから期待できること

```
                           調査の幅広さ
      ┌──────────────────────────────────────────────────┐
      │  第1層                                            │
      │         英国のすべての学校                         │
      │            N＝16,000校                            │
調     │  各学校の有効性を推定するための付加価値多層モデリング │
査     ├──────────────────────────────────────────────────┤
の     │  第2層                                            │
底     │       N＝EPPE児童のいる700〜800校                │
深     │                                                  │
さ     │         現行サンプルのすべての児童                │
      │              N＝2,400＋児童                       │
      ├──────────────────────────────────────────────────┤
      │  第3層                                            │
      │         EPPE児童が5人より多い学校                 │
      │              N＝125校                             │
      │                                                  │
      │            N＝1,600EPPE児童                       │
      │                  ＋                              │
      │   N＝6,000＋教室プロファイルを終了したEPPEでない同級生 │
      └──────────────────────────────────────────────────┘
```

図1　英国における就学前教育の効果的な実施に関する研究（EPPE3-11）におけるサンプリングの階層

4.4.1　サンプル

研究課題は，3つの層から異なるサンプルを引き出すことで答えを得る。各層は図1に示されている。

第1層は研究が連続する3年間（恐らく2001–2004年）に英国のすべての小学校について，一連の「付加価値残余（value added residuals）」を導きだすことを可能にする。英語，数学，科学を除くこれらのスコアはオータムパッケージ分類，Ofsted評価（例，教育の質），全国学力テスト6年（National Assessment Test Yr6）のデータを含む，他の管理データベースの指標と関連付けられる。

このようにして，学業成果に関する有効性の傾向を明らかにするため，3年間にわたって付加価値指標を使い，英国のすべての学校の有効性が調査される。EPPEサンプルに含まれる学校と英国全体の学校との間で，有効性および特徴について，下記の比較が行われる。第2層は，調査が子どもの達成，発達，態度，

行動および特別支援教育に与える幼稚園の長期効果を確定することを可能にする。第2層で，EPPE 3-11 は KS1 および KS2 の様々なグループの生徒について，継続的な認知発達および社会的行動発達を調査する。この調査では，効果が低い幼稚園に通う子どもについて，より有効な幼稚園に通うことの影響が消失または減少するかどうかを立証する。同様に，幼稚園通園の経験がない，または限られた経験しかない，または質の劣る幼稚園経験しかない子どもは，より効果的な小学校に入学したときに「追いつくことが」できるだろうか。このことは「優れた」学校経験が，後にどの程度まで幼稚園経験の早期欠如または質の劣る幼稚園経験を補うことができるかを示唆する。加えて，第2層の研究は，より効果的な幼稚園とより効果的な小学校の両方に通った子供がより大きな利益を獲得するかどうか，そのような経験はより弱い立場にある生徒集団にとって特別な効果をもつかどうかを示す。生徒へのアンケートを通じてこの段階での「学外」学習も調査され，11歳の発達状態への貢献が確定される。

　第3層は，第2段階の基本分析に基づいて進められ，教室での観察と教師へのアンケートを通じて，生徒の認知成果，モチベーションと関与を育むことを含め，より優れた発達成果を促進する小学校の特徴（習慣や校風を含む）を，特に弱い立場にある集団について，より詳細に探る。研究は，発達を形成するために行われる，小学校と子ども，家族，および家庭学習環境との相互作用についての理解を高める。そのような証拠は，実践者や政策立案者に，幼稚園や小学校が生徒集団を手助けできる程度について情報を提供する。

　ここは研究者が特に第3層で使った方法（定性的，定量的）の種類について意見を述べる場所ではなく，私の先の議論の大半を占めた方法論のその他の問題を繰り返す場所でもない。この研究は，私の意見では，いかに大規模母集団研究がより詳細なアプローチによって補完できるかを興味深い方法で実証し，それによって活用できる使用法を間接的に示している。

　大規模母集団研究は，単に2，3のケースに限定すれば見えないパターンに，我々の注意を惹きつける面白い出発点となりうる。従って，この研究は，我々が焦点を当てる現象を理解するために行う必要がある仕事の一部であるといえる。これは一般化がサンプルから抽出枠へ（またはサンプルから，そのサンプルが取られたのではない母集団へ）予定されているときに，および調査そのものの詳細

と調査の発見事項が対象領域へ適用すべき論理の両方を明確に示すときに，単に従うべき正しい統計ルールやガイドラインを考慮に入れるという問題ではない。大規模母集団研究は，教育的に関連させるために，換言すれば，教育目的のために仕事をするまたは機能させるために，補完されるべき興味深い出発点である。

参考文献

Blatchford, P. and Mortimore, P. (1994) The issue of class size for young children in schools: what can we learn from research?, *Oxford Review of Education*, 20, pp. 411–428.
Coe, R. (2002) It's the effect size, stupid: what effect size is and why it is important. Paper presented at the Annual Conference of the British Educational Research Association, University of Exeter, England, 12–14 September 2002. Retrieved June 20, 2007 from: http://www.leeds.ac.uk/educol/documents/00002182.htm
Glass, G., Cahen, L., Smith, M. L. and Filby, N. (1982) *School Class Size* (Beverley Hills, CA, Sage).
Goldstein, H. and Blatchford, P. (1998) Class size and educational achievement: a review of methodology with particular reference to study design. *British Educational Research Journal*, 24, pp. 255–268.
Hempel, C. (1965) *Aspects of Scientific Explanation* (New York, Free Press).
Mortimore, P. and Blatchford, P. (1993, March) The issue of class size. *National Commission on Education* (NCE Briefing N° 12).
Mosteller, F., Light, R. J. and Sachs, J. A. (1996) Sustained inquiry in education: Lessons from skill grouping and class size, *Harvard Educational Review*, 66, pp. 797–842.
Ofsted (Office For Standards in Education)(1995) *Class Size and the Quality of Education* (London, Ofsted).
Robinson, G. E. and Wittebols, J. H. (1986) *Class Size Research: A Related Cluster Analysis for Decision Making* (Arlington, VA, Educational Research Service).
Salmon, W. C. (1998) *Causality and Explanation* (New York, Oxford University Press).
Slavin, R. (1990) Class size and student achievement: is smaller better? *Contemporary Education*, 62.(1), pp. 6–12.
Tomlinson, T. (1990) Class size and public policy: the plot thickens. *Contemporary Education*, 62.(1), pp. 17–23.
Winch, P. (1958) *The Idea of a Social Science and Its Relation to Philosophy* (London, Routledge).

第5章 研究と政策における倫理としての認識論

ケーススタディーの使用

ジョン・エリオット，ドミニク・ラケス

　この章は，研究と政策策定の実際において特に強調される，政策策定の文脈における教育の民族誌的ケーススタディーについて検討する。この章での中心的な主張は，合理性の点において，方法論として用いられるケーススタディーの超越した認識論を構築することは不可能であるというものである。その代わりに，実践家が行わざるを得ない，設定された状況下での判断 (situated judgment) の概念に関する議論をおこなう。この文脈における実践家とは，研究者と政策策定者の両方をさす。言い換えれば，政治的意志決定に関与する政治的文化の適切性に関する展望の構築を考慮することなく，異なる種類の研究成果や知見によって与えられる確信や保証のレベルに関する問いに，答えをだすことはできない。この章は，実際的な学問によって解釈されるデータの本質である一般性 (the general) と，そこに刻まれた人間の熟慮の結果としての普遍性 (the universal) の間の差異を描き出す。このことは，ケーススタディーのみではなく，すべての研究の知見に対してあてはまる。しかし，久しくケーススタディーは，一般性の欠如という非難に抗して自らを守らなければならなかったことから，その討議から始めることは有用に違いない。この章は，ケーススタディーの研究様式に対する一つの擁護を行うことや，提供されてきた他の擁護に関する要約をおこなうことを意図するのではない。むしろ，合理性に関する認識論の限界を指摘し，倫理に関する認識論の展望を提供するケーススタディーの使用方法に焦点を当てることである。

第 5 章　研究と政策における倫理としての認識論

5.1　はじめに

　ケーススタディーの認識論への質問に関する話題を考えるとき，私たちはデビッド・ブリッジが経済社会研究会議（ESRC）に対しておこなった，教育研究の知見の認識論的基礎プロジェクトのための教育学習研究プログラム（TLRP）における彼の提案の中にある以下の点を念頭においた。それらの中心的問いは，「各種の教育研究が下すことのできる決定，これらは一つの全体的なシステムに対するものや教室レベルでの実践に対し，一般的教育政策の面では何がなされるべきかといったものであるが，この決定の保証と信頼性のレベルを扱うこと」ということができる。そしてブリッジは次のように議論する。

　　それは，……「エビデンスに基づく実践」や「実効性のあるもの」といった現代の語りによって行われる要求を明確に伝えるであろう。しかし，それは，研究，政策，そして実践の間の関係性を検討する文献のより広い枠組みの中にこれらを位置づけるであろう（研究から政策や実践を検討するのと同様に政策から実践の派生物について検討することも含んでいる）。

　私たちに与えられた課題は，教育分野の政策と実践の両方の基礎として，人がケーススタディー研究に対してもつ信頼度のレベルに関する話題について明確に述べることであった。

　　私たちは，民族誌的研究や一つの事例（または，限られた事例数による現場横断的な分析）によって構築されたものに対して，どのような種類の確信を政策や実践の基礎として持つことができるだろうか。そのような研究においてエビデンスと政策および実践のための提案との間の推論の本質とは何なのか。

　ケーススタディーに言及する時，そのことはあまりに容易であるために専門語に関する混乱を生じることはまったくない。私たちは，「ケーススタディー」といわれる繰り返し行われてきたとりくみに関する生産的な定義を作り出そう

とすることはしないつもりである（より深い議論のためには，Adelman, Jenkins & kemmis, 1976; Stake, 1994, 1995 を参照）。しかし，定義に関する問いが，調査の対象としていかに人は「ケース」を適切に特徴づけるかといったものに対してであって，どの方法が適切であるといったことではないと，私たちは信じている。方法論的な用語として「ケーススタディー」を定義しようとする試みは，非生産的なパラダイム論争を意味することがほとんどであった。ポールとモリソン（Pole & Morrison, 2003, p.9）は，教育的文脈において，「ケーススタディー」は「民族誌の同義語」としてしばしば扱われてきていると指摘している。事実，ブリッジは，彼の ESRC への提案の中でそのように扱っている。「ケーススタディー」の用語は，教育研究のフィールドや現場で民族誌を書く人たちから量的方法に対する質的方法論の一つの選択肢として捉えられてきた。私たちは，教育的なケーススタディーを，物事の一般的なクラスの実際の例を調査する質問用紙のように捉えており，それは，教育的に明確な特徴を照らし出す上で，十分かつ詳細な注意を与えることが可能なものである（例 Parlett & Dearden, 1977; Simons, 1980）。そのようなケーススタディーへの視点は，方法論的に開かれている。方法は，優先的な原理や知識の理論を引き出すといった観点からではなく，それらの「目的適合性（fitness for purpose）」の観点から実際的に適正化される必要ある。いくつかの目的のために民族誌的方法は，そのケースを照らし出すであろう（本書第 6 章，グリフィスとマクラウドによる貢献を参照）。

　まさしくケーススタディーは，調査の方法として選ばれたのでも，調査の範囲，長さや費用の点から選ばれたのでもない。特に後者は，ケースのニーズに依存するからである。ケーススタディーをサンプルスタディーと比較すると，常に小規模の調査であり，短期間で費用も少なく実施できるといったバイアスは，後者の考えに基づいている。教育でのケーススタディーによる研究は，当初イギリスとアメリカの政策策定者に，実際の取り組みの文脈において形成される教育変革の提案に関する情報を提供するために発展してきた。それは，変化に影響を与えるための取り組みやその結果を含む相互作用の複雑さを明らかにする記述を，さらに個別化する努力であった。そのようなケーススタディーは，作り上げるのに非常に詳細であり，時間を要していた。たとえば，ケンブリッジ説明責任プロジェクト（Elliott, Bridges, Ebbutt, Gibson & Nias, 1982 を参照）に関連

第 5 章　研究と政策における倫理としての認識論

しておこなわれた 6 つのケーススタディーは，完成するのに 5 人で 18 カ月を要した。さらに，この例が示すように，教育研究を基礎におくケーススタディーは，より広い政策コミュニティーのメンバーである学校の垣根を越えて，政策策定者の情報要求に応えるように計画されていた。1970 年代からつい最近まで，複数の現場でのケーススタディー（質的研究の領域で発展してきた）は，教育プログラムの評価の補完的でより代替的なパラダイムとして浮かび上がってきた。1972 年以降，この発展には，イギリスのケンブリッジでの臨時会議に招集されたイギリスやアメリカの評価の専門家グループから多くの刺激がもたらされた（MacDonald & Parlett, 1973; Hamilton et al., 1977; Elliott & Kushner, 2007 参照）。文章化された面接記録と共に，ケンブリッジ会議のメンバーや仲間によるケーススタディーによる研究の電子的な公式記録は，現在アクセス可能である（http://www.caret.cam.ac.uk/tel）。それは，ESRC の質的公式記録と資料分配枠組みの資金援助（Qualitative Archiving and Data Sharing Sheme:QUADS）に基づく 18 カ月に及んだ RID プロジェクトの一部分として発展してきた。評価と研究のプロジェクトを基礎とする実際のケーススタディーの衝撃とケーススタディーの一般化可能性に関する問題は，文章化された面接の中の探し出されたテーマの中に含まれている。それは，また，ビジネスや専門家の訓練における主題の提示や，課題を基礎とする学習，少ないデータを用いた量的研究のパイロットスタディーを表現するために用いられている「ケーススタディー」という用語の使用は，本章における研究の形態を記述するための用語としての使用とは明らかに異なる。

　教育研究の分野における正当な理由や確信[1]，実証可能性に関する問いは，ケーススタディーにとっては，新しいものでも，特別なものでもない。それらは，ある学問，あるいは複数の学問上の文脈での研究パラダイムの正当性に対する避けられない葛藤によって提出されており，データの収集および解釈への

---

[1]　「信頼（confidence）」や「正当な理由（warrant）」といった用語は，語彙の上で物理的（instrumental）な「科学的」「立証（verification）」という対になる用語をもつことは心に留めおくべきである。しかしそれらは，問題を生み出す傾向がある。しばしば，その根底にある仮説は，「ものごと」は，まさに物理的な方法で最終的には明らかになるであろうというものになる。

5.1 はじめに

質的および量的な視点の間のたえることのない綱引きである。これらの話のなかでしばしば起こる混乱の根元は,「一般化可能性」を理解するための統計的なメタファーの使用である。大規模母集団の研究において,個々の記述が一般的であるか(言い換えればその母集団全体の正当性)についての決定は,大規模なランダム抽出によるグループの特性を処理することに関係のある,よく知られた数学上の手続きの問題である。しかし,このアプローチは限界も知られており(以下および本巻の第4章に詳しいので参照),質的研究者は何度も何度も,彼らの調査結果がいかに大規模集団において正当性をもつかについて立証することを依頼されてきた。しかし,このことは,本章の焦点ではない。個々のケーススタディーがいかに妥当性を持つかに関する事実上最も信頼できる一つの取り組みは,ケネディー(Kennedy, 1979)よって提供された「統計的なメタファー」に関するものであろう。彼は,サンプルの基準がいかに量的研究に貢献するかは,個々のケースとそれらと関連する立証可能性と妥当性に関する質問についても適用が可能であろうと述べている。あまり公になっていないが,同様の視点は1961年という早い時期にベッカーら(Becker et al., 1997 [1961])によって示されている。この視点からすると,一つのケーススタディーが妥当であるのは,それが,ケースが所属する研究対象のクラスの一般的な特徴を確かに映し出している場合であることになる(この視点への論評は Simons, 1996 を参照)。実際に,非常に少量のものが,ケーススタディーの説得力や制度上の文脈と質的研究をも変えていくことは驚くべきことである。「方法論」としての威厳をもち,個別的なものを一般的なものへ関連させる目的を持つ正当化力のある修辞法は,もちろん質的研究の研究出版物にも見受けられる。

私達がまだ,徹底的に調査されていないと信じている一つの領域は,研究者と研究を利用する者の設定された状況下での倫理(situated ethics)である(Pole & Morrison, 2003 を参照)。一つの例外が,教育プログラムの評価の領域である(Simons, 1971, 1980, 1987; Parlett & Hamilton, 1972; MacDonald & Walker, 1975; MacDonald, 1976; Kimmis, 1980; Adelman, 1984; Elliott, 1984, 1990; Kushner, 1993)。一方,このことは,証明と再現性に関する問いと深く絡み合っており,私たちは,個人や彼や彼女らの文脈の中に組み込まれている度合いを越えることへの正当な理由に関する質問に答えようとするいかなる試みも失敗におわっており,

第 5 章 研究と政策における倫理としての認識論

事実上認識論的にも十分ではないと主張する（Elliott, 1984）。

5.2　立証におけるステンハウス：ケースからケース記録へ

　立証とケーススタディーの知見の正当な理由に関する問題で最も明白な取り組みの一つは，1982 年の彼の早すぎる死の前の 1970 年台後半と 1980 年台初期のロウレンス・ステンハウス の業績の中に見いだすことができよう。ステンハウスは，イギリスにおけるケーススタディーが，教育研究や評価の領域において，当時優勢であった心理－統計的パラダイムのもう一つの選択肢として浮かび上がってきたことを，鋭く理解していた。1979 年に Scottish Educational Research Association でおこなわれた講演において，彼は，「啓発的な伝統は，……研究と評価におけるその地位からおりたように思える。それは，もはやそれ自身を熟考するための価値としての『心理－統計的パラダイム』の異なる選択肢として確立するために戦う必要性をもたない（Stenhouse, 1979a, p. 1）」と論を展開している。ステンハウスは，啓蒙的な研究とプログラムの評価[2]は，心理－統計的なパラダイムのもとでのケースであるサンプルによる研究よりも，ケーススタディーと関連していたと指摘した（p. 3）。しかし，啓蒙的研究に好意的であるステンハウスは，「公的に行われた体系的な調査（Systematic inquiry made public）」といった彼の研究の理解のあり方と一致するそのような研究の範囲に関する関心事について表明をおこなった。彼の関心事の中心に横たわる 2 つの大きな問題は，解釈の立証とそのケースの境界を越えて扱おうとする者たちの，それらの利用についてである。ステンハウスにとって，ある研究者が実施した総合制中学校の研究のような累積的なケーススタディーに基づく利用は，他の総合制中学校の研究を引き出すことを可能とした。もしケース研究が，対象と同じクラスに所属する他のケースを理解する際に利用できる洞察を産出したとしても，彼の立場からすれば，それぞれのケースの研究は，ただ研究を構成するに過ぎない。ステンハウスは，ケーススタディーの教育的研究コミュニティーの内外，そして，一般化の基礎としてケースの境界を越えたケーススタディーを用いる

---

[2]　ステンハウスの啓蒙的な研究の見通しは，プログラム評価の領域に最も明確に息づいていることが明らかになるであろう。

ことはできないと主張する政治的コミュニティーのメンバーから繰り返し提出されるある問題を予測していた。彼らが主張していることは，人は，教育に関する研究を通して得た知識を累積的に積み上げていくために，ケーススタディーを用いることができないということである。そしてこのことは，実践や政策の一般的な問題に対する個々のケーススタディーの知識・知見を適用できないことを明らかに含んでいる。この視点からすると，ケーススタディーは，そのような問題を効果的に解決するための知識としての必要条件を満たさないことになる。

継続的なケーススタディーをとおした知識・知見の蓄積に関するステンハウスの主張は，検討されないまま残された問題ではなく，おそらく重大な誤解が関与している。そのような知識・知見のもつ累積性の特徴は，認識論的にも社会学的にも疑問[3]が残る。一方，知識は時を経てある社会やある個人のなかに蓄積されているようであるが，また，消失[4]していくことも明らかなことである。ケーススタディー（または他の研究データ）が政策の策定や他の実践的な決定に用いられるとき，実践的な哲学者としてのそれぞれの教師または政策策定者は，研究によって彼らに示された蓄積されない知識を必要とし，その知識を彼らの実際の問題に適用する。どのような場合でも，彼らが利用可能なその知識は，疑いなく蓄積されているというより，高度に統合され，要約されている。それは，彼らの「蓄積された」知識が，効果的な実践者をつくるための運用可能なものへと再構成する個人の力によるものであるということができる。Kennedy (1979) は，

---

3) また，それは，広範囲にわたる経験的な問いである。たとえば，人はどのようにして知識を得て，思いおこすのかは認知的な次元で問うことができる。不幸にも，そのような場合，認知あるいは，神経科学だけがどのように知識（まったくの知識それ自身にまつわる特徴に関する問い）が思いおこされるかについて，大まかなイメージを提供することができる。しかし，少なくとも，人間の脳は知識が蓄えられているデータベースの再生ではなく，「思い出すこと」や，公式な法の論理によって下書きされたもとの同様のアルゴリズムの過程の特徴によって，まず最初に，そして非常に多くの影響をうけ，与えられた状況での知識の適用でもないといったことを示すものがいくつかある（参照，例，Lakoff, 1987）。

4) 重要な知識に関することで忘れていることが，パラダイムシフトの重要な部分であることを Kuhn（1996[1962]）は，私たちに思い起こさせる。科学的知識は，ただ単に累積されていくという状態とはかけ離れて，理論，方法，社会構造の現状にはめ込まれている。これは，社会科学や人文科学においても同様に真実である。

第 5 章 研究と政策における倫理としての認識論

彼女が機能の分析をおこなう前に必要なこととして「分解」を仮定したときに，同様の議論をおこなっている。しかし，解釈されうる「蓄積」へのステンハウスの熱い思いは，全く問題となるような意味を持たず，それは，単に将来において用いたり，立証したりするために集められた文書資料を意味する。この場合，容易に利用できるケーススタディー研究の過去の蓄積（目録）を反駁することは，難しい。しかし，そのようにある文章が疑いなく（あるケーススタディーの読み物からするとその利用できるものと異なる）教育の世界を知るための源として我々に役に立つという仮説は，より注意深く検討をされるべきである。そのようなケーススタディーの資料蓄積の継続へのより強力な議論の一つは，質的研究者[5]の教育におけるものであるということを支持している。また，アメリカのERIC (Education Resources Information Center) と研究者や実践家，政策策定者によるその使用を深く見ると，実際にケーススタディーのデータの利用と ERIC が関わっていることが示されるであろう。

　ケーススタディーと一般化の問題の根本には，特色に関する知識と一般的な規則に関する知識との間の認識論的な強固な境界がある。それは，歴史家のウィルヘルム・ウィンデルバンドの表意文字的方法と法則に基づく方法の間の区別にも反映されている。この視点から，彼は，一般法則の公式化に関係する自然科学と，歴史のようにそれら自身の方法論や訓練をもつと彼が主張した人間科学との間に境界線を引くことを試みていた。このために，ケーススタディーの方法は表意文字的であり，物事や出来事の記述の特殊化の形態をとる知識を作り上げていくことにかかわることができ，政策策定者は，原因とその効果との間の関係性を制御する一般的な原理といった形での法則に基づく知識を必要としている。後者を基礎とする場合，一部の者は，政策に関与するコミュニティーは，求められる教育的結果を達成する上で方法論上効果的な合理的政策を策定できると議論するであろう。もし，表意文字的方法と法則に基づく方法の間に強固な方法論的境界を引くことを正当化し，そのように結論づけるのであれば，

---

[5]　例として，Representing Context in a Research Archive of Educational Evaluation Studies, Re-346-25-3003 という題の ESRC QUADS イニシアティブの一部として発展したケーススタディーを基礎とした評価研究の最初の公的記録のもとになる Learning from and about Case study という題の Carmichael and Elliott (2007) の ESRC への提案を参照。

5.2 立証におけるステンハウス：ケースからケース記録へ

そしてケーススタディーが，個々の描写された環境の中で判断や行動を支援するならば，ケーススタディーは，政策策定に基礎を与えるような証拠として適用されることはないであろう。そのような一つの議論は，政治の文脈におけるある信念や仮定によって補強されており，特に「方法論的な効果性」は，政策決定の評価の第一の基準である。そしてこれは，標的としての形をとる明確で測定可能な期待される結果の詳述を意味する。私たちは後に，政治的な文化が，異なる種類の研究の証拠や知見をもとに築かれる確信や正当な理由のレベルをいかに形成していくかといった質問に立ち返るであろう。

では，心理－統計的パラダイムの批評の結果として浮き上がってきた，教育研究の啓蒙的なケーススタディーパラダイムに関するステンハウスの保留（1979a）に戻ろう。ステンハウスは，「基準の圧力から逃れる」ために啓蒙的研究を行うとみずから宣言した博士課程の学生と博士課程を修了した研究者に関与していた（p.5）。彼は，東アングリア大学の彼自身のセンター（CARE）中での議論において，ケーススタディーがその読者に情緒的に影響を及ぼすというよりも，信頼性に影響を与えるフィクションやある種の話と類似しているということを確信していなかった。ステンハウス にとって，フィクションは，「立証のための重荷を与えること」によってのみ現実化する啓蒙的な研究よりも，人間に関するより完全な真実を目的としていた（p.4）。彼にとっての優れたフィクションは，特別な個人の創造であり，また，彼は，良い啓蒙的な研究は，「訓練に裏打ちされた真摯なハードワーク（p.4）」の産物であることを望んだ。啓蒙的なケーススタディーが「ベストセラーの状態」にあることを熱望すべきであるといった考え方は，ステンハウスの是認したものではない。また，彼は，啓蒙的な研究者の役割を「権力に対して本当のことを述べる」英雄的な原型にあてはめるという傾向を支持していなかった。何人かの彼の同僚は，啓蒙的研究を調査ジャーナリズムと類似したものと考え始めた。彼は，そのような類似が，適切であることは非常にまれであると論じている。それは，その証拠を隠そうとこころみる力のある反対者の面前で，隠された真実が暴露されるといった文脈を事前に予測している。ほとんどの啓蒙的研究は，この種の反対者がいる文脈，典型的には政治的なコミュニティーがその力を悪用して事実にする証拠を隠そうとする状況を表現しているが，そのようなことを事前に想定していない（p.4）。

第5章 研究と政策における倫理としての認識論

　ステンハウスは，ケーススタディーを立証し，ケーススタディーが適用されたケースの境界を越えて，それらの洞察を使用するための明確な手続きを見いだす啓蒙的研究の伝統を構築することに不安を感じていた。ステンハウスは様々なメディアのある範囲の情報源から集められた事実に関するケース記録を構築していくことで，立証の手続きを明示することを進めた（Stenhouse, 1978, 1979a 参照）。ケース記録の役割は，研究者のケーススタディーにおける解釈を，その研究者がその研究を構成する際に用いた体系的に組織された証拠（面接の抄録，観察記録，文書記録）の総体を示すことを通して再活用することを可能にすることである。この点からすると，ステンハウスは，啓蒙的なケーススタディー研究の訓練の方法に関する歴史に関心を持っていた（Stenhouse, pp. 21–39, 1979a, pp. 5–9 参照）。しかし，彼は，一般化の重要性を排除した歴史的なケーススタディーの方法の使用を意味することは避けた。一般化は，人々が先を予測し，隠された事象がどのようにケースのなかに現れるかといった一般的な原理の形をとるというより，ケースを回顧することで構築される（Stenhouse, 1979a, p. 7）。ステンハウスの回顧による一般化は，むしろナウスバウム（Nussbaum, 1990）が用いた普遍的な原理のようなものである。回顧による一般化は，ナウスバウムの言葉を引用すれば，「それらの特殊性を取り除く」ことなしにケースの類似性を識別することでケースを一緒につなげていく。回顧による一般化は，ケース間の比較を基礎とした累積的な洞察を構成する。それらは，可能な出来事を直接的に予言するというよりも人に予想させる判断の要約（summaries of judgment）の形態と言い表せる。ステンハウスとナウスバウムの両者は，彼らの回顧による一般化（Stenhouse, 1978）と普遍的な原理（Nussbaum, 1990, pp. 67–69）を専門的な判断に置きかえるというより，それらをサポートするものとして見ている。

　ステンハウスは，教育の分野においてケーススタディーが一般的な洞察を構築するために用いることができないということを認めない。もし彼が正しければ，ケーススタディーは，政策策定者の判断に情報を与えるものとして用いることができないという意見に対して，認識論的に可であるとする理由は存在しないことになる。彼は，イギリスにおける教育政策は未完成の傾向があり，したがって，すべてのケースに適用するという仮定のもとに「多くの考えを犠牲にしてかたちづくられている」と述べている（Stenhouse, 1985, pp. 263–264）。心

5.2 立証におけるステンハウス：ケースからケース記録へ

理－統計的研究の知見の排外的信頼性は，この仮定を変更しそうにもない。なぜならそれらの知見は，事前に形成された政策を正当化することに用いられる傾向があるからであろう。ステンハウスは，サンプル研究とは反対にケーススタディー研究においては，そのケースまたはケースを集めたものと類似した意味をもつ母集団との関係性は，認識と判断の問題に適用できるであろうと述べている。そのような一般的な洞察は，思慮深い考えの産物である。ステンハウスは，ケースの比較研究から現れた洞察とサンプル研究から導き出された一般的に法則としてつかえる原理を注意深く区別する。後者は，政策立案者にとって政策の結果を確信をもって予測する基礎として魅力的である。人に関する出来事の領域の中で，サンプル研究は，それらが述べられる以上のことを約束している (Stenhouse, 1979c, pp. 5–6)。ステンハウスは，法則よりも洞察が理解の基礎として適切であると述べている。政策立案者の現実の理解力は，一般的な原則の直接的適用による場合，ケースの比較研究によって磨かれた判断によって高められるようには，高められない。サンプル研究の知見に対する教育の政策と実践の過剰な信頼がもたらす，ゆがんだ効果についてのステンハウスの説明は後で触れよう。

ステンハウスが，教育分野における啓蒙的研究の訓練の問題を書いた当時，このアプローチが，社会・文化人類学者によって発展させられた民族誌的方法であるという主張に同意をする者は多かった。これらは，参加観察とデータに基づく理論化 (grounded theorizing) を含んでいた。研究者は，観察者（研究者）が理解しようと努めたその社会的状況のもつ意味に精通しようとするときに参加観察を用い，データに基づく理論化とは，フィールドにおける観察とケースの絶え間ない比較をともなう相互作用的な理論構築過程である。ステンハウスは，教育研究の文脈における民族誌的方法の使用について，いくつかの点について心配を表明していた (Stenhouse, 1979a, pp. 6–7; 1985, p. 266)。

第一に，民族誌的方法は，研究者の実際の立場を事前に想定している。特に，彼らは，彼らが研究を始めようしているその種の状況に精通していない。一方で教育を扱う研究者とその読者は，過去に生徒としてクラスや学校での実際の生活を多く経験している。彼らは，クラスや学校の中での教師と彼らの生徒とのやり取りを形成していく多くの意味の中に呑み込まれている。啓蒙的なケー

ススタディー研究は，親しみの少ない状況に光をあてるのではなく，慣れ親しんだ教育的な状況にあたらしい光を投げかけるであろう。

　第二に，エスノグラファーは，参加者の社会的な経験を同僚にわかりやすくつたえるために，自身の専門領域における二次的な理論上の構築概念——儀式，通過儀礼など——を用いる傾向がある。このため，ステンハウスは，社会・文化人類学者の民族誌的方法が，研究対象となった人に対して同様に力を増加させることなしに，エスノグラファーが所属したコミュニティーの力を増加させる傾向があるといった考えを進めがちである。教育の文脈においては，民族誌的研究の結果は，実践家にとってアクセスしづらい傾向がある。ステンハウスは，実践的な判断を支援する啓蒙的な研究は，「理論を極力簡略にし，そして理論は，行為者のリテラシーの範囲におさめることが求められている」と述べている。他のことばを使うならば，もし参加者に判断が伝えられるのであれば，理論的洞察は，参加者の自国のことばを用いた非専門用語で表現されるべきである。彼らはこのことばを使用し展開していくかもしれないが，ことばの意味の点では，その言葉が構成する意味のネットワークと連関しており，その意味のネットワークの範囲内に収まるであろう。

　第三に，エスノグラファーは，彼らのフィールドノートを利用可能な状態にしない傾向があり，ステンハウスからすると，このことが立証上の問題を構成する。彼は，民族誌的研究における立証は，フィールドワーカーの記録が保管されることによって困難な状況におかれることを示唆している。しかし，そのような記録は，ある問題を提示する。それらの多くは，フィールドでの研究の内にすでに処理されたデータを含む分析的な記録であり，データと分析を明瞭に分離できない。したがって，フィールドノートが包括しているものが，エスノグラフィーの立証可能性をどの程度困難にしているかは明らかではない。なぜなら，それは，「解釈」と「証拠」を分離することを意味するからである。

　ステンハウス（Stenhouse, 1979a）によれば，エスノグラフィーの立証の問題は，追試の困難性によって増幅されている。ある研究が他のエスノグラファーによって追試されることは極めてまれであり，そのため同様な状況や設定の研究の間における解釈や分析の一貫性を比較することが取り組まれている。状況は時間とともに変化したり，終了したりしている。このことが，彼が啓蒙的な

5.2 立証におけるステンハウス：ケースからケース記録へ

ケーススタディー研究のための基準の源としての歴史的な方法論に注意を払っている理由である。歴史的伝統に基づくケーススタディーの立証は，その研究者自身の解釈が自由に行われた証拠の記録の注意深い保管に頼っている。解釈によるケーススタディーにおいて，その研究者は，証拠（一次と二次の両方）と関連した情報源にかかわるものに対して脚注をつけるであろう。そしてその証拠が状況や出来事の個々の解釈の正当な理由を担保するのである。そしてこれらの情報源は，他者がそのケーススタディーを批評したり，利用可能な証拠にもとづく合理的な解釈として，それがどの程度妥当性があるかを判断したりできるようにするために，体系的にケース記録の中に整理されるであろう。ステンハウスは，ケース記録をケースデータといわれる集められた資料の全体から選択されたもので，その研究を他者が検討することを可能とすることを目的としたものとして定義した。もちろん研究者は，そのサンプルがそのケース記録にバイアスがかかった状態で選ばれたかを確認するために，収集されたそのすべてのケースデータを列挙するであろう。

ステンハウスは，調査の伝統的な方法に組み込まれたその種の立証の手続きに訴えることは，そのケースの境界を越えた説明をおこなうといったケースの使用上の問題を解決することの助けになると主張した。もしそれら（立証の手続き）が歴史的伝統から要因を取り入れなければ，それらは，ケースを越えた一般化可能な洞察を民族誌的なケーススタディーにとって問題であると彼が考えている方法の中で，立証可能なケーススタディーの基礎に基づく累積的な構築を可能とする。証拠の記録の存在は，人に現在の環境に対する洞察の源としてのケーススタディーへの信頼を持たせることを確実にする。たとえその記述する状況がすでに変化し，ときにすべての認識をこえて変化しているかもしれないという事実にも関わらずである。依然としてそこには，そのようなケーススタディーから学ぶことができるものがあるかもしれない，しかし，これは，その説明の信頼性にかかわっている。それが，ステンハウスにとってそのケース記録の意味である。

ベッカーらは「参加観察のデータの分析は，一般的には仮説を検証するために情報交換や追試が可能な注意深い方法ですすめられる」といった主張や，ケーススタディーは，「フィールド研究において得られる，批判的な考えよりましな

一般的結論の証拠」をしばしば提供するといった主張をし，補完的な要素を提供している（Becker et.al., 1977[1961], p.30）。この補完的要素は，必ずしもステンハウスや他の研究者の関心事を無価値にするものではない。しかし，もし正しければ，そのことが，ステンハウスらの関心事を適切な視点へと導くであろう。

ステンハウスにとって，教育でのケーススタディーを民族誌的伝統に反して歴史的な手法で行うことの一つの利点は，それらが教育を教育者に理解しやすいことばで記述することである（Stenhouse, 1979a, p.7）。これは，研究者が文章を集めたり，作成したりする際に「フィールドにおいて解釈を極力少なくした」面接を通して行うためである（p.8）。これは，その教育研究者を彼の聴衆（ステンハウスは，教育者や単に大学の教育学者だけでない幅広い人たちから構成されるべきと考えていた）と分かち合うことが可能な「第二の記録の」思慮深い解釈に取り組ませることを可能とする。

5.3 ケース 対 サンプル

ステンハウスは，ケーススタディーをサンプルに基づく研究の代替あるいは，対抗するパラダイムとしてよりも，補完的なものとして考えていた（Stenhouse, 1979b, p.3 [1980]）。教育研究においては，サンプルによる研究とケースによる研究の両者にその場があり，彼は，それぞれの支持者が互いに語りあうことを望んでいた。彼にとって，教育研究についての議論は，この区別を行う上で行われるべきであった。彼は，「量的」と「質的」，「心理‐統計的」と「民族誌的」，「実証主義的」と「人文主義的」のそれぞれの関係を差異というよりもより重視するポイントの問題として考えていた。彼は，教育的ケーススタディーにおける彼の説明からは，定量化や数によるものを除いていった。

ステンハウスは，教育研究におけるサンプル研究の限界に関して彼がどのように考えているかを詳細に説明しており，それらは克服可能な単純で技術的な限界ではないと述べている。問題は，以下のようにそれよりもさらに深刻であった。

他の方法と比べて，ある一つの取り組みが統計的に有意な優先性を持つとき，一般的には，ケースの中の相当な少数派の中にあることを意味していた

5.3 ケース 対 サンプル

——それは 40％ と同程度かもしれない。全体的には，より良いことが示されたその取り組みは，実は，より悪かった。「ガチョウ（グース）」のどのような味付けが，（それが）「雄のガチョウ（ガンダー）」からのものでないと証明するだろうか（1979b, p.5 [1980]）。

他の研究者も同意をしているように，ベッカー（Becker, 1992）は，量的研究における，完全な対称性と一般性（100％）は，測定方法や適用した数学的手法の不完全性の指標となることを述べている。それは，科学的なごまかしが明らかにならないように用いられ続けてきた（Gould, 1996 を参照）。したがって，研究における心理測定的アプローチは，ケーススタディーによるアプローチと同様に，その一般性について弁護することを同程度強いられる。ステンハウスは，確率統計を基礎とする教育におけるサンプル研究は，政策策定者に方向性を提供するかも知れないと述べている。しかし，それは，

　様々な文脈の上にある様々な個々のケースがどのような教育活動を取り入れるかに関する判断を洗練していくために，現時点で私たちが，指標を減らすことができると言うよりは，より多くの情報を必要とし，その状況における行為者の判断を養い，行為者に指示を与えるのではなくむしろ，教育する方向性で結論を示さなければならい（Stenhouse, 1979b, p.6）。

それ故，教育的なケーススタディー研究の役割は，サンプルに基づく研究に取って代わるより，むしろ補完するものであった。それは，サンプルに基づく研究の知見を，教育の専門家の判断を教育するという文脈のなかに位置づけようとするものであった。

　ステンハウスの視点は，クローンバックの生産的な論文「評価を通しての課程の改善」にも反映している。クローンバックは，教育的プログラムの改善は，「慣れ親しんだ学説や儀式的なテストのゲームから」開放された情報を収集することに依存していると述べている（Cronbach, 1963, p.672）。クローンバックは，情報の種類の多様性は，効果的にプログラムを改善する際の方向性決定者にとって有用であり，この視点からすると標準化されたアチーブメントテスト

第5章 研究と政策における倫理としての認識論

は，有用性の点で限界があると主張している。プログラムは，文脈やプログラムの効果がどのようなもので，どのように作り出されているかを知りたがっている方向性決定者によって変化する，多様な効果を有している。情報の収集は，効果と過程をとらえるために教育の研究者に様々な種類の研究測定法や測定機材を準備させる。測定の専門家であるクローンバックは，すべての測定法を実施するよりも，教育評価において使用される測定法を統制しようとするある特定のイデオロギー（Nussbaum（1990）の「測定の科学」以下を参照）を批判していた。この批評は，教育プログラムの評価の領域のケーススタディーによる研究の発展に道を開く上で非常に影響力があった。

ステンハウスのサンプル研究とケース研究の間の関係に関する視点の意味するところは，政治は教育的効果[6]を予測する基礎としてサンプル研究に過剰に期待する傾向があるということである。教育活動を記述したり，その過程における専門的な判断を疎外したりするための基礎としてそのような研究の知見を用いる傾向は，いかなる防衛的な知的理論をもってしても保証することはできない。教育政策は，教育的に専門的な判断を可能とするケース間の比較をおこなうケーススタディー研究の実施計画の枠組をつくるために，サンプル研究の知見の使用を便宜的に行うであろう。ケーススタディー研究にとってそのようなエビデンスに基づく枠組は，現在のような「測定の科学」に極端に依存する基準に制御されるような改革よりも，より教育実践を改善するかもしれない。

ヘレン・サイモンズは，ケーススタディーをサンプリングの手法を用いる大規模集団による研究計画の中に統合しようとする努力に対して，以前から幾分批判的であった。彼女にとってそのような努力は，政策策定者の情報を要求する際の視点の調整といった点からは，明らかにかけ離れている。彼女は，ケーススタディー研究について以下のように書いている。

---

[6] ここには更なる阻害要因がさらに一つある。サンプルを基本におく研究は，実践において用いられる個々の知識の多くを説明することに失敗するだけではなく，それらは，政策策定者に母集団のみに帰属すると考えられる特性（与えられた集団の特別な相対的な特徴など）について情報を提供するが，その特性は，ある一つの状況においては，それぞれの人にとっての意味の点から見ると，「真実」ではないかも知れない。このことは，今後サンプルに基本をおく研究が政策策定に用いられる機会を減らしていくであろう。

……その受容と多くのフィールドにおける幅広い使用に伴って……，まず第一に，創造的な概念の産出を促進するといった，ケーススタディーの最も特徴的なものが弱められてきた……，このことの一つの理由は，決して表にでてこない一般化に対する心配と……，現代における，一つのケースから得られたものなどほっておけといった質的データに価値をおかないスポンサーからの圧力 (Simons, 1996, p. 225)。

サイモンズは，一つのケーススタディーは，研究方法としてのそれ自身の正当性を持つものとする理論的解釈から出発する。彼女は，一つの研究のジャンルとしてのケーススタディー研究の価値は，単に大規模サンプルによる研究を補完するものとしての使用に依存しているのではないと述べている。一事例のケーススタディーは，逆説的であるが，独特でありながらかつ汎用的な理解をうみだすことができると，彼女は述べている (p. 225)。以下のように議論をしているエヴァースとウーによって，より最近になって一つの特徴が議論されてきた。

　……ケーススタディー研究は，私たちが通常，世界中の我々の周りの道を成功裏に理解し進むために採用する認識論的な方法の使用と本質的に異なっていない (Evers & Wu, 2006, p. 524)。

一方サイモンズは，彼女の教育プログラム評価者のコミュニティーの中においては，一つのケーススタディーの使用は，伝統的な評価パラダイムでは，調整することができなかった知識に対する主張や解釈を作り上げる方法であったと述べている。そのような主張は，人がおかれている状況やあるケースの他と異なった特徴の全体的な記述 (holisitic portrayals) によってのみ証拠として示すことができる出来事の普遍的な理解について言及する。そのような描写は，「複雑な教育の状況を知り，再提示しようと努力をする」。そして，方向性決定者の「取り組みの語彙 (vocabulary of action)」と一致する理解の在り方を構築する (p. 226)。サイモンズは，芸術と科学の間の境界を超越するケーススタディー研究の伝統について，明確に表明している。彼女は，「この知る形態は，科学の中から分かれてきたのではなく，また，科学のアンチテーゼとして見られるも

第5章 研究と政策における倫理としての認識論

のでもない」と述べており,マクドナルドとウォーカー (MacDonald & Walker, 1975) を引用している。

　ケーススタディーは,人の状況に関して続いている事実と対話し,時と環境の中に埋め込まれた一瞬の描写をおこなうことによって,偉大なことを達成するアーティストの方法論である。科学者と芸術家の両者にとって,内容と意味は,形の中に現れる。

サイモンズは,マクドナルドとウォーカーが,ケーススタディーの定義の内包している意味について充分理解していることを指摘している。それらに対して事例 (instance) という用語を選択していることは,一般化が目標であることを意味している。さらに,サイモンズが指摘するように,ケーススタディーの描写の伝統に磨きをかける上で先導的な役割を演じる研究者であるロバート・ステイクは,そのような一般化は,「公式的」というよりもむしろ「自然な」ものであるとのべている (Stake, 1978, Simons, 1980 p.64 に再掲)。一般化をするのは,研究者ではなく,読者である。よい記述は,その読者に彼ら自身の実際の状況の新しい理解の方法を呼び起こす。そのような状況の理解もまた,普遍的真実の知識 (knowledge of universal truth) に形を与えるといった意見は,ケース記述の読者が,彼ら自身の経験ついて異なった考えを持つようになった時には,妥当性がある。それは,彼らが生きているなじみのある質的な世界を異なるように見せる。これは,ケースに対し密で厚い記述を用いた描写をおこなったプログラム評価が,啓蒙的評価として知られるようになったからである。

　私たちはすでに,ステンハウスのケーススタディー研究は,彼や他者が「啓蒙的」パラダイムとよんでいるものに向かうという予測について気づいている。このパラダイムは,おもにステンハウスが言うところの訓練が十分でなく,それらの解釈や知見に確信を持つことがむずかしいような教育プログラムの評価の文脈において浮かび上がってくる。彼は,歴史的方法に対する彼の研究の厳格さ故に,「民族誌」のような質的な社会科学の手法から教育研究の方法論へと,方法論的な厳格さを導入するといった試みに対しても懐疑的であった。しかし,サイモンズは,ケーススタディーを真実の保証人として,アカデミックな学際

領域から引き出された方法論に依存しない，教育的な調査の自然な形態として強く擁護した。事実，彼女は，客観論者のデータ分析の方法から距離を置くことで，ケースの描写が回避することを指摘している。

哲学者ジョン・マクマリーは，ケーススタディーの描写の伝統に支持を与えている。マクマリーは，熟考（reflection）の様式を知的なものと，情緒的なものに分類している（Macmurray, 1957, pp.198–202）。前者は，状況や出来事の直接経験から，一定の「分析的な距離」を保っていることを意味し，一方後者は，直接的に経験することを理解しようとする試みを含んでいる。情緒的な様式は，実際の状況を「取り組みの新しい可能性のシステム」として，理解することを求めている。状況の理解の特殊化が進めば，賢明な判断や決定のための複雑さは，より考慮されるようになる。実際には，識別したり，区別をしたりするための関連したその特徴をである。マクマリーは，サイモンズ（Simons, 1996）がケーススタディーの描写に関わる「創造的な理解」の部類の主張を行ったとして引用するロロ・メイの意見を繰り返す。彼女は，メイが「……理性は，情緒が存在するときより良く働く，人の情緒がかかわっている時，かれは，より鋭く，より正確に見る（May, 1994, p.49）」と述べていると指摘している。哲学者のジョゼフ・ダンネも直接的経験に由来する「状況的な理解」（アリストテレスが実践知とよぶ）は，普遍的真実の認識とともに，そのことがらに関するひとつかみのことを融合すると主張する際に，ケーススタディ研究の描写の伝統に支持を与える。そして，彼は，理解の発展をささえる源となる「他の状況を啓蒙すること」によって「神が出現するような力（epiphanic power）」の過程となる「豊かな記述的な研究」について議論している。

もし状況や出来事のもつ他と異なった特徴を描写する包括的なケーススタディーが政策策定者の「取り組みの語彙」と対峙したとき，私たちは，政治のコミュニティーによる彼らの拒否をどのように説明するのだろうか。サイモンズ（Simons, 1996）は，1970年代における教育プログラム評価者のケーススタディーの利用が，現在徐々にくずれてきた理由を，実際の活動の文脈の中で教育的変化に影響を与える複雑さへの関心の減少と，「一般的な意味での，一般化，比較可能性，確実性」のための研究に関する関心の増加といった現代の政治的文脈の中で議論している（p.227）。このことは，実際の場面におけるケーススタ

ディーの知見や証拠に対する政策策定者のもつ確信のレベルは，敷衍している政策文化によって大きく変化する可能性があること示唆している。

5.4 測定 対 実践哲学

今日の敷衍している文化は，「標的となる文化 (target culture)」としてしばしば描かれ，マーサ・ナウスバウムが「測定の科学」として特徴づけていた実践的な理性の視点によって枠組を与えられている。彼女は，この実践的な理性の「科学的な」概念を4つの主張から構成されたものとして分析している (Nussbaum, 1990, pp. 56-57)。第一に，誰かが評価しようとするある一つの選択状況において，他の全ての状況と共通してある量の点でのみ変化するという計量の段階の主張があることである。合理的な選択者は，計量の指標としてこの一つの基準をそれぞれの他の選択肢を評価するために用いる。第二は，一つあるいは同じ計量指標あるいは基準は，選択したすべての状況に適用できるという，単一性の主張である。第三は，選ばれた取り組みは，良い結果を生産するための方法としての価値のみを有するという帰結主義的主張である。第四に，これらのそれぞれの主張を集約すると，私たちは，「すべてのケースにおいて，価値があるもの，それは，最大化するための合理的な選択のポイントである」という最大化の原則に至る。

教育の分野における政策策定と研究は，この実践的な論理的思考に基づくいわゆる「科学性」のイメージによって，次第に形づくられてきた (Schwandt, 2005, pp. 294-295; Elliott & Doherty, 2001, pp. 209-221．米国と英国の関連でそれぞれを参照)。したがって，多くの政府によって着手された教育改革は，計量の段階と単一性によって描かれた「基準にまで高める」ための計画である。研究は徐々に，学校や教師が生徒の学習にいかに「価値を付与」できるかを決定することを標的とした，学校や教師の効率性の研究の形態をとっていく。最大化の原則は，「付加された価値」(これは，学校や教師の実践はもし実践が，システム全域に対して適用されている一つの計量指標を用いて測定されることが可能なよい結果を産みだした場合にのみ，価値があると仮定するものであるが) のアイデアの中に埋め込まれている。それ故に学校における基準化されたテストの広範囲にわたる使用と，教師の効率

5.4 測定 対 実践哲学

性の研究からの知見は，今では学校や教室の現代化された教育実践の基礎を提供するものであると広く考えられている。したがって「エビデンスに基づく実践」の多くの政治的な文脈において，現代的で時流にのっており，広く普及した考えである（オアンセアとプリングによる本書の第2章を参照）。

ナウスバウムは，「社会生活のほとんど全ての領域」の中での現代の実践的な合理性は，「測定の科学」が非常に優勢であり，そして，私たちはアリストテレス派の実践的な合理性の概念である実践知の視点を失う危機の中にあると主張する（Nussbaum, 1990, p.55）。私もこれに同意する。西欧諸国の教育分野において作りだされ，そしていまや地球規模である，このエビデンスを根拠とする実践運動の侵襲は，それ自体がこのことに対するエビデンスである。しかし，この合理性の「科学的」な像は，同様に他の科学と実践的な理性との間の関係性を想像することを次第に困難にしている。私たちはここで，いくつかの政治的文脈は，実践的な理性である実践知と政策策定者を「テクノクラート」というよりむしろ，「男性／女性（人としての）の活動」として見ようとする視点に，まだその場を残していることを論じるであろう。このことは，科学と実践的な理性の異なる関係性を意味している。私たちは，異なる種類のエビデンスと知見に対する確信と正当な理由のレベルに関する質問は，政策的な意志決定を形作る政治文化の適切性への視点の形成と分けては答えることができないと結論づけるであろう。

いくつかの文脈の中で，大規模集団研究におけるケース間での比較を基礎とし，公式な一般化を意味する知見は，確信に関するある一定のレベルを制御する。問題の立証と利用状況についてのステンハウスの関心は，そのような文脈に向かっているように思われる。他の文脈においては，一つのケーススタディーは，現在の政策枠組を変更し，政策策定者にサイモンズ（Simons, 1996, p.321）が示唆した流れに沿った，効果的に変化する取り組みへの新たな可能性を開くかもしれない。どのような種類の政治的文脈において，政策策定者は，一つのケースの描写を利用価値のあるリソースとして認知するのであろうか。わたしたちは，実践的な理性の様式としての実践知に，文化的な余地を残すことであろう考える。しかし，その過程の中で，サンプルの研究が取捨選択的に描写されるのであれば，それは，サンプルに焦点を当てた推論の様式というよりもケース

に焦点をあてている。一方，実践知に余地を残すといった一つの文脈と適合するステンハウスのケーススタディーの概念は，想定されるだけでなく，展開される必要があることを私たちは示唆している。

5.5 ジャンルおよび推論の様式としてのケーススタディー

ケーススタディーの一般化の可能性を巡る仮定の問題の一つは，収集した話と教育研究における個人的な実践の両者の概念の融合の多さに苦しんでいることである。一方で，研究の語り中において参加者として確定するように機能する約束事や形態的特性を持つジャンルとしてのケーススタディーがある。他の言葉で表現すると，あるケーススタディーがケーススタディーとして受け入れられるためには，それは，ケーススタディーのように見えなければならない，ということである。もう一方では，推論様式（ケースに焦点を当てた推論）としてのケーススタディーの考え方があり，これは大規模な確率統計的に制御された取り組みの専門的な領域であると考えられている演繹的推論とは質的に異なると見られる。ステイク（Stake, 1994, p. 240）は，「実践家や政策策定者へのケース研究の使用は，その経験を拡張することである（p. 245）」と主張し，さらにケーススタディーは，命題的な知識および，経験的な知識の両者を提供してくれると述べている。

　確かな記述と主張は，読者により同化され記憶にとどまる。研究者の語りが代理の経験を提供する時，読者は，出来事に関する彼らの記憶を拡張する。自然で民族誌的なケースの資料は，ある範囲で実際の経験と平行し，気づきと理解[7]の最も基礎的な過程を養っていく（Stake, 1994, p. 240）。

---

7)　ステイクは，記憶の特性と，記憶の引き金をひいて他の知識の構造とつなげていく（例「認識と理解」）「語りという」経験といったものに対する重要な経験的主張を行っていることを銘記せよ。しかし，ステイクは，それがそのケースであるという証拠を示さないだけでなく，ケーススタディーでない研究は，「代理的経験（vicarious experience）」をする経験を提供することにたけていないと結論づけるために，彼の読者の「想像力」にそのことを一切任せる。

5.5　ジャンルおよび推論の様式としてのケーススタディー

　このような仮定は，研究のジャンルとしてのケーススタディーとケースに焦点をあてた推論を簡単に混同し，結果的に状況における判断（situational judgment）にとって優れた結果を提供することになることを指摘するのは容易である。一方，状況における判断は，実はケースに焦点を当てた推論の例であり，ケースの精神的，社会的構成物は，一つのケーススタディーの形式に依存しないという十分な証拠があり，サンプルを基礎とする量的データを簡単に，しかもしばしば頻繁につくりあげることが可能であるといった議論がおこなわれうる。実に，ケースに焦点を合わせた推論は，政治的な「行動の人」(man of action)によって象徴される知的な判断の中心であると言うことができる。

　研究のジャンルとしてのケーススタディーを見ることや，行動すべき政治的な重要課題がある状況での慎重な推論（実践知の形態）としてケーススタディーを見ることに戻ってみよう。逆説的にケースに焦点をあてた推論は，社会的，政治的にも関与された行動，あるいは習慣，良いとされる汎用的な概念の解明に方向づけられる。そのような推論は，実践哲学と表現されつづけてきた（Carr, 2006, pp. 421–436; 2007, pp. 99–112 参照）。イタリアの革命家でもあり，知識人でもあるグラムシィクは，そのようなプロセスを真の政治的な語りの中心に横たわるものとして表現している（'The Modern Prince' in Hoare & Nowell Smith, 1971, pp. 313–441 参照）。彼が述べる「行動の人」とは，個々の具体的な状況において平等，正義，自由といった普遍的な政治目標の適切な表現を，何が構成するかについて熟考することで明らかになる，真の哲学者でもある。ジョン・ロイドは，最近 *Prospect* (July, 2007, pp. 24–28) の中で，実践的哲学者の鋳型で造られたグラムシィクの政治的「行動の人」は，専門的な知識人ではなく，大学で見つけられる哲学の専門家でもないと指摘した。彼または彼女は，デリダやフーコーのようなフランスの博識家で名の知れた知識人ではなく，キース・ジョセフによって代表されるイギリスのマーガレット・サチャーのような堅苦しく洗練された政治家でもない。ロイドの論文は，イギリス政府の総理大臣ゴードン・ブラウンをグラムシィク派の用語としての実践的な哲学者として記述している（ブラウンは，若々しいグラムシィクの崇拝者であった）。彼は，グラムシィクの 'The Modern Prince' の中の「行動の人」としての哲学者の肖像を，以下の様な人として引用している。

第 5 章 研究と政策における倫理としての認識論

行動の可能性が彼自身を開いていくかについての明確な見通しを持つことによって，彼自身の発達と彼の周囲の発達に影響を及ぼすことができる。このことを行うためには，彼は，彼自身を見いだした歴史的な状況を理解しなければならない。ひとたび彼がこのことを行えば，その状況を変容させる機能的な役割を演じることができる。行動の人は，真の哲学者であり，その哲学者は，必然的に行動の人となる（Gramsci を Lloyd, 2007, p. 24 から引用）。

グラムシィクの視点からすると，ケースに焦点をあてた推論や実践的な哲学は，強力な歴史的次元を有している。普遍的な良さの概念を実際に具体的に表現する方法の認識は，政治的エージェントが，彼または彼女の状況を歴史的にどの次元にあるかについて把握することに依存している。

このことから，私たちは，ケースに焦点をあてた推論を，道徳的にあるいは政治的に，社会的な状況で活動することを求めることの経験に由来する過程であり，普遍的，状況的理解を統一する過程であると考えることができる。さらにまた，政治的な行動の人が，自身の状況において彼らに開かれている新しい行動の可能性を認識することを助けることから，私たちは，ケースの記述的／全体論的描写（通常，ケーススタディーといわれる）を，その推論のための資源を提供する加工物として見ることができる。この，ケースに焦点をあてた推論のケーススタディーからの根本的な独立性は，ステンハウスによってよく理解されていると，私たちは信じている（Stenhouse, 1979b 参照）。彼は，特別な一つの形式と考えられるケーススタディーを，単にケースに焦点をあてた推論を支持するための補完的なリソースしてだけではなく，ケーススタディーの量的側面に対し関心を払うことへの緊急な必要性を指摘している (p.8)。彼は，記述的なケーススタディーは，それ自身，言葉の中にだけ閉じこもるべきではないと警告している。むしろ，それらは，「どのような指標が，学校を記述し，学校の母集団の中にそれらを位置づけるために集めるのに最適であるかといった流れにそって，質問を行うべきである（p8, 同書）」。同様の主張が，民族誌学者や社会学者から行われている。たとえば，最近では，「包括的な民族誌」や「量的方法の使用への許容」といった彼らの概念を持っているポールとモリソンなどである（Pole & Morrison, 2003, p. 9）。

5.5 ジャンルおよび推論の様式としてのケーススタディー

 ステンハウスは，ケーススタディーを，推論の対象とすると同時に，教育研究のための慎重を要する方法論的な選択肢として再提示しようと試みた。ステイクのような描写学派（the portrayal school）のメンバーの視点からすると，「ケーススタディーは，方法論的選択肢の一つではなく，研究される対象の選択肢の一つである」(Stenhouse, 1994, p.236)。この学派からすると，ケーススタディーは，他の研究ジャンルの補完をおこなう研究ジャンルではない。もし逆説的に表現すれば，推論の対象に関連した目的（たとえば「そのケース」）に対して，ケーススタディーは，全く独自に，そして固有のものとして役目を果たしている。

 教育研究の語りを扱う3つのそれぞれ異なるケーススタディーの視点（現代の歴史学，民族誌学，グランディド・セオリー）と伴に，ケーススタディーが私たちに残したすべてと，これらの経験に関する全体的な語りは，「描写したもの（portrayals）」と呼ばれる。それぞれは，むしろ，下位ジャンルを構成するのとは異なり，ケーススタディーがどのように見えるかに関して役割を果たし，ケースに焦点をあてた推論のいくらか異なる見解を示している。

 ケネディーの研究は，研究に直接関連する重要な問題を強調する実践家としての立場が，個々の研究の下位ジャンルの手続き的な変数の結果として生じることを示唆している。そのような知見は，ジョセフ・シュワブの生産的な仕事である，「実践：カリキュラムのための言葉」と一致する。彼は，実践的な推論は，その方向性においてケースに焦点をあてており，折衷的であり，その知的さにおいてある範囲と多様性をもっており，その研究におけるその実際の状況のより良い理解のための文化的な資源を用いていると述べている（Schwab, 1970, pp.1–5）。この視点から，異なる種類のケーススタディーと他の種類の研究は，実践的な哲学者になるための政治的な文脈の場を創造し，見いだそうとする政策策定者にとっての資源としての役割を持つであろう。

 さらに，私たちは，量的データが本質的には，一般化のための資源をもはや提供しないこと主張する。なぜならば，ケーススタディーのようなストーリーは，どのようにサンプルが理解され，どのように彼らが与えられた状況に適合していくかに関して構成されることを必要としているからである。事実，ジャンルに起因する同様の混乱は存在する。なぜなら，大規模な量的研究（通常ランダム抽出に基づく）は，個人の詳細が，要約され一般化されることを求められる

ような状況に関連があるように思われる。そしてそれは、大規模な量的研究が、政策策定者が必要とする一般化の提供により適していると考えられるからである。しかし、より綿密な調査によると、大規模な量的研究は、数のレベルにおいて、ケースに焦点をあてた推論との間に紛れもない関係がある。シナリオと複数のケースが構成するものは、量的な実験や、推論的な仮定や実際のケースを基礎としたパイロット研究といった形態の研究プロジェクトの計画においても必要なものである。しかし、もはや結果として出てきたデータを遂行するという政策はない。ケースの様なストーリーは、量的な「証拠」によって基礎づけられるある政策が、規定された文章に翻訳される前に、語られなければならない。しかし、また、それらのストーリーは、一つの政策の政治的な適正化にも必要である。したがって、一人の政策擁護者が、「y 人中 x 人の子どもたちが読めない」と言った時、彼女は、集団から抽出することで実例をあげて母集団の特性について言及をしようとはしておらず、むしろある一つの（集団の）ストーリー[8]の生起頻度を提示している。しかし、この知識は、政治と研究の交わる部分で相互作用がある集団の民族的な構造において、社会的により受け入れやすい。これは、ベッシィー（Bassey, 1999）の「不明瞭な一般化」の見解に対するハマースレイ（Hammersley, 2001）によって行われた議論と、類似した議論である。ハードサイエンスにおける一般化は、一般化されたものを実際の世界へ適用することの単なる近似である。そして、そこで、不明瞭な一般化（バッシィーが、量的研究から導かれたと示唆するもののような）は、「明確なタイプの一般化ではなく、科学的な一般化から導かれた、実践的な使用を目的とした全ての予測において採用されるべき形態（formulation）の一様式（mode）である」(Hammersley, 2001, p. 219)。さらにハマースレイは、彼のケースを、「調査研究は、もし、母集団がその理論の用語や条件に従っていなければ、確率的な法則のような強力な証拠を作り出すことはできない」(p. 221) ことを、示すために用いている。

---

[8] これは、たとえばチェコで一般的なパーセンテージによる報告よりも、統計的データを「y の中の x」という形式に書き換える英語の推論的な慣習によって強められる。

5.6　認識的かつ社会的活動としてのケーススタディー

　教師を評価する異なる種類の研究成果に関するケネディーの研究は，ケーススタディーに焦点をあてた推論と，研究方法のジャンルとしてのケーススタディーの間の明確な差異を支持していると思われる。彼女は，研究のジャンルが，教師に自らのクラスにおける教授や学習の複雑さに意味を持たせることを可能とする上で，教師が解釈できる研究の知見の範囲ほどには，重要な要素ではないことを見いだした。彼女は，彼女の研究が，「実質的に，それぞれの研究ジャンルの優秀性に関する議論において，その基準に説得力があり適切で，実践家の思考に影響を及ぼしうるかどうか」(Kennedy, 1999, p.536) に疑いを投げかけると述べている。たとえば，彼女が教師にある研究を使おうと思うポイントは何かと尋ねた時，「指導や生徒の活動に関する記述が，彼らを想像し，どのようにこれがすすめられたかについて考えられるほど十分詳細である」(p.530) といった回答は，ケーススタディーに向けられるよりも，非常に頻繁に，実験的な研究に向けられる。これらの両者は，語りによる研究 (narrative studies) を遙か後ろに置き去りにしてきた。その教師の適切性の判断は，そのジャンルによって想像的に描き出された認識的な流れに単にしたがうというよりも，彼ら自身と彼らの直近の必要性の流れにそって形成されている。ケネディーは，「教師は，彼らが読んだその研究，彼ら自身の状況や実践，他の研究ジャンルと同じようにその実験で彼らが行うことができたことの間にアナロジーを探し回る」と結論づけた。それは，彼らが，民族誌的な研究や，彼ら自身との関係をつくるための語りを必要としていなかったことを示す (Kennedy, 1999, p.537)。したがって私たちは，教師のような政策策定者は，研究のジャンルにかかわらず，研究の知見を解釈するのに，ケースに焦点をあてた推論を採用するであろうということができる。私たちは，彼らが個々の政策の文脈において意味を作り上げるのに必要なものについて知る必要がある。政策策定者に有用な洞察の源としての資格を，ケーススタディーから奪うような研究ジャンルとしてのケーススタディーは存在しない。ちょうどそれは，政策策定者に有用な洞察の源としての資格を実験的または，ランダム抽出試行から奪うような，実験的またはランダ

第 5 章 研究と政策における倫理としての認識論

ムの抽出試行の研究がないのと同様である。

ベッカーは，このことを，ある地域の国勢調査のデータをみる架空の視点を描くことによって説明するのだが，それは，その数の後ろにある人のイメージを想像するための基礎としてであり，「想像的で博識な社会科学者は，わずかな事実と伴に一つの長い道を進むことができる」と結論づけている。

> 私は，頭の中で一時的ではあるが，近隣に住む者のイメージを完璧に構成することができる。[……] 私のイメージは，統計の編集以上である。それは，私が参考にした本や表の中には載っていない詳細を含んでおり，詳細とは，これらの本が私に教えてくれるものを基に私が想像したものである。たとえば，私はこれらの人々がどのような家に住んでいるかを「知って」いる。私は実際に，あのフラミンゴたち（信頼のおける家具店から運ばれてきた，家具一式）を見ることができ，そして，その母集団への私のステレオタイプが作り出すものは何でも見ることができる (Becker, 1992)。

アボット (Abbott, 1992) は，量的研究を行う社会科学者は，彼らの数字データが彼らが関心を持ついくつかの視点を説明することに失敗した時に，「実際の人々」を調べ始める傾向があることを観察したという類似した経験をしている。思いがけない想像の過程が，政策策定の過程においてどのようにそれ自身の役割を果たすか，それらの理論の振り返りの枠組においてより詳細に述べられる。彼らは，全ての政治的議論は，枠組によって理解することが可能であると主張する。「枠組は，自由に漂っているものではなく，その枠組を支えている状況に根ざしており，そして政治的な論争は対立する枠組を支持する会派の行為者達の中で行われている」(Schön & Rein, 1994, p. 29)。これらの枠組は，豊かで図式的なイメージ (Lakoff, 1987, 1996) と，社会科学者が量的データだけでなく質的なデータからも構築するある種のイメージを思わせるものとは遥かに異なる以上のシナリオの両方を含んでいる。その枠組の概念は，長きにわたる系譜を持っており，ガダマー (Gadamer, 1975) においては「地平 (horizon)」，ベッカーら (Becker et al., 1977 [1961]) では「見地 (perspective)」，そして最終的にゴフマン (Goffman, 1975 [1974]) により「枠組 (frame)」が用いられた。フィッシャー

5.6 認識的かつ社会的活動としてのケーススタディー

(Fisher, 1997) は，その概念が，社会科学の領域においてみずからの場を見いだしていく，異なる経路に関する詳細な全体像を示している。ガムソン (Gamson, 1992) の業績は，いかに枠組の構築が，社会的運動における「そのメッセージ」から独立することができるかを示すことで，この文脈において詳細な関心を示している。しかし，私たちは，ここにおいてその概念を使用しない。なぜなら認識と社会化の両者を考慮する道具的で認識論的説明は，枠組分析の方向性に進みかねないからである (Lukes, 2007)。

　ケーススタディーは一般化が可能かどうかを私たちが問うその理由は，真に私たちが尋ねているものが，政策策定の基礎としてのケースに焦点を合わせた研究に関して，十分に社会的に受け入れられる説明を私たちがおこなうことができるかどうかだからである。なぜならば，認識論的には，ケーススタディーの一般化の可能性は，疑いの余地がないからである。それは，一般化が可能であるだけでなく，それぞれの事例における一般化の基礎である。もちろん，これは，基準がなく手段をもたない一般化の視点を必要とする。ケーススタディーの一般化に疑念を持つことを拒絶する時，私たちは，ケーススタディーから導かれた一般化の全て，またはほとんどが「よい」一般化であることを仮定することができなくなるであろう。それは，量的研究にもとづく一般化が，彼らの科学的古さび (scientific patina) が意図するよりずっと狭い視野を「リアリティー」に適用しているのと同じである。このことは，私たちが当初から導入している，この章の中心的なポイントである。言い換えれば，ケーススタディーの認識論は，研究者や実践家，政策策定者が自ら見いだす状況の複雑さを超越することはないということを強調している。実際には基準の枠組を構成し，ケーススタディーは一般化することができないという結論に私たちを導くことは可能であるが，おそらくそのような枠組は，理想的で非現実的な世界においては役割をはたすかもしれないが，研究者や実践家，政策策定者が住んでいる複雑な世界では使い物にならないであろう。しかし，私たちが思いださせられているものがステンハウスの立場であるならば，ケーススタディーに厳格さや客観性が欠けており，そしてそれらが探し求めなければならないものであるといったことを意味するのではない。ケネディーは，ケーススタディーのデザインが，医学や法学を例とするケーススタディーとの組み合わせが可能と思われる学術領域

における使用を促進するために，質的研究の中から立ち上がってきた一般化の原則がいかに質的研究の中で用いられているのかについて概要をまとめることを試みた。ケネディーは，「研究者と評価者が，実践家から離れた一般化という概念になれていない」社会科学の状況と他のフィールドにおける状況を対比させた（Kennedy, 1979, p.672）。ケネディーが観察したところによると，通常，法的システムにおける判事や陪審員と医学における医師は，「一つのケースからの一般化が頻繁に必要とされ，しかし，これらの一般化は，そのケースデータを作り出した人によってと言うよりはむしろ，そのケースデータの使用者によって行われることも明らかになった（p.676）。ロビンソンとノーリスは，その一般化の認知的な必然性を仮定しているが，彼らは，研究の実践の一部分としての，方法の役割を見ている（Robinson & Norris, 2001）。

　研究の基礎に則り判断を下す上で私たちが持つ正当な理由は，政治的，法的，道徳的，方法論的といったいくつかの形態を備えている。研究者にとっての第一の関心事は，しばしば，私たちが行う判断のために私たちが有している方法論上の推論についてである。これは，そのケースでなければならない。なぜなら，研究の基礎に照らしあわせると何を述べることができるかが私たちにとって明らかな時，他の正当化は，単なる一つの論争点になるであろう，しかし，もちろん，私たちが一般化する時，私たちは，個々の目的と心のなかにある利用可能なものや道徳や政治的考えと分かつことのできないものを持っている（Robinson & Norris, 2001, p.308）。

ケミィスは，方法論的な議論が，正当な理由と一般性の問いに対する答えを出すには十分ではないことを指摘している。私たちは研究者の状況に目を配らなければならない。

　一般的に，2種類の正当化があり，それらは知見の真実さの状態に関する正当化と，その研究をおこなったことへの研究者の説明責任に関するものである。両方のケースにおいて，その過程と研究の成果への公的なアクセスは，与えられた研究は正当化されるか否かを決定するための基礎を提供しなけれ

ばならない（Kemmis, 1980, p. 97）。

　このことは，そのケースの特性に対応する実際的な必要性のために，ケーススタディーの方法論のそれぞれの差異を不明瞭にしてしまう。研究者という存在は，他者より権力を有している，「なぜなら，その研究で用いられた研究方法は，仮説の構成に関係するそのケースの特性に依存しているので，『方法論的』定義は，経験を積んだケーススタディーワーカーにとっては，常に不適切のように映る。方法論的定義は，ケーススタディーワーカーが経験した問題を，そのようにケーススタディーの問題として把握しない」（Kemmis, 1980, p. 108）。

　特にエビデンスに基づく政策パラダイム（統制された量的エビデンスに基づくものだけを許容する）の提案（例　Hargreaves, 1997）は，「楽観主義」という非難に直面するとき，「エビデンスに基づく情報提供」のスローガンにまで後退する傾向がある。したがって，実践を制御している一般的なルールの発見をしたという彼らの主張は実際には，薄められているといえる。彼らは，ケースに焦点を当てた推論に普遍的で実践的な洞察を作り出す役割を与えている。一方で，舌の根の乾かぬうちにそのような役割を否定することを行っている。これは，研究を行う実践者と同様に研究を行う実践家にも適用される。教育的評価の初期のころにさえすでに明らかになっていたように：

　特に教師によってなされる評価者に向けられた多くのまったく正当な質問には，実験的な方法や伝統的な教育研究で手段として用いられたレパートリで構成された数量分析によっては，答えることは不可能である（MacDonald & Walker, 1977, p. 189）。

5.7　方法としてのケーススタディー

　最初の質問は，「私たちは，民族誌的研究や一つの事例（または，限られた事例数による現場横断的な分析）によって構築されたものに対して，どのような種類の確信を政策や実践の基礎として持つことができるだろうか」であった。その答

第5章 研究と政策における倫理としての認識論

えは, 民族誌的なケーススタディーは十分にその可能性があるように思えるし, そして, しばしば, 政策決定の基礎として用いられている。より興味深い質問は, 私たちが個々の研究や一人の研究者や, 一人の政策策定者がおいている確信の源は, なんであるのかというものである。そして, その見通しは, より持ちづらくなってしまった。ステンハウスは,「立証と蓄積のための基礎を確保するために, ケーススタディーにおける, フィールドワークの実施や報告のための慣例をつくること」の必要性を述べている (Stenhouse, 1979a, p.9)。

その鍵となる問題は, 政策策定者がケーススタディーを用いることができるか, あるいはどのようなケーススタディー収集の方法であれば用いることができるかということよりも, むしろ一事例によるケーススタディーは, 知識と政治の世界に入り込めるかということである。さらに重要なことは, 政策的および実践的決定を行う際に, どのような研究データも認識論的にはケーススタディーのようなものであるという主張を行うために, 一つのケースを実施することが可能であることである。異なるデータ源の間の唯一の違いは, その意図された目的の基礎としてそれを用いる上での, それらの社会的受容度であり, その社会的な参照の枠組は, 社会における広い範囲での視点, 個々の学問分野における規範, 特別な政策決定の能力による実践の整理されたものの組み合わせからできている。ステイクは, むしろケーススタディーの制限された役割に視線をあてている。

　　ケーススタディーは, 科学的方法の一部であるが, その目的は科学の発展に制限を受けない。一つあるいは, 二, 三のケースは, 母集団の記述として不十分であり, 包括的な一般化を進めるためには素地が豊かではないにもかかわらず, 否定的な例としての一つのケースは, 包括的な一般化に制限を加えるであろう。たとえば, 私たちは, 私たちが結果的に起こった怪我の一つの例を見つけた時, 離婚した親の一人の子どもは, 母と一緒にいる時に状態がよいという一般化における確信を失う。ケーススタディーは, 一般化可能性の制限を設定することを援助するのと同様に, 理論の洗練やさらなる調査の複雑さを示唆するうえでは価値がある (Stake, 1994, p.245)。

5.7 方法としてのケーススタディー

一方，エスノグラファーはむしろ，より確信を持っている。レイシィーは，文化人類学者フランケンバーグに，一つの個人的ケースの研究は，補完的であることとはほど遠く，むしろある母集団全体に関する一般的なことがらを記述することが可能であるといった主張を構成することに協力している。

　私は，ある学校のケーススタディーを提示しているにも関わらず，その重要性は，この一つの学校の特殊な事柄として限定されるものではない。それは社会や教育の一般的な問題に拡張していく。私は，フランケンバーグが，社会科学の重要な要素は，「社会の小さな部分について非常に丹念な議論を行う方法論は，一般的なものに対して光を投げかけるのに用いられている」と述べ，さらに続けて「単に特殊であることは，普遍的なものを解明することができるというのが，私の固い信念である」ということに同意する（Lacey, 1970, p. xi）[9]。

繰り返しとなるが，問いは，研究のジャンルとしてのケーススタディーに私たちが確信をもつことが可能かどうかではなくむしろ，私たちがどんな確信の源を，関わっているすべての個人のなかに見つけ出していけるかである。これはステンハウスの啓蒙的研究への関心のほとんどがその根本[10]とするところである。ケーススタディー研究の有用性（それが民族誌的であれ，歴史学的であれ，全体的な描写であれ）は，大学生活における学生経験の問題をとおして説明される。一方，調査や他の国勢調査のようなデータは多くあり，しばしば，今日の高等教育の質を非難することに用いられているが，より深い理解は，私たちが大学生活に関する主要な4つのケーススタディー（Becker et al., 1977[1961]; Moffatt, 1989; Holland & Eisenhart, 1990; Nathan, 2005）に注意深く目を通すまでは，とらえどころのな

---

[9] R.J. フランケンバーグは，1963年に the British Association に示された 'Taking the Blame or Passing Buck' というタイトルのペーパーから引用．出版された業績の関連は，Lacey（1970）から提供された．

[10] 民族誌に対抗するものとしてのケーススタディーと歴史を類似させてみるステンハウスの試みは，その正当性をもっている。しかし，歴史学的方法論の注意深い研究は，歴史的記録それ自身は，しばしば，再検討や再構成を必要としている。その一方で，詳細な記録の欠如は，ミードやウォーフの問われ続ける他の文化に関する仮説を導かない。

第 5 章 研究と政策における倫理としての認識論

さを残してしまうであろう。他の量的な調査とは異なり，これらのケーススタディーは，そこで得られた情報が個々に設定された状況的下での判断や実践家の活動につながる時，用意した問題に関してよりよい一般化を行うための十分な情報を提供してくれる。モッフアットとネイサンの両者は，参加型観察，構造的インタビュー，産物の収集，自己管理による調査，日記などを含む広い範囲のデータ収集の方法を採用している。かれらの研究は，ケーススタディー研究の優れた可能性と，その最終的な結果が，その研究者のイマジネーションを用いずに実証されたケースのような物語を語ることになる大規模な確率統計的なサンプル研究に対して，警告となる物語を提供してくれる。特にネイサンの学生の社会的生活の儀式的呪文（「私は勉強をしなければならない」，「これは難しいコースである」と「私は……を見いだした」「あのコースでは……を議論する」）に関連した知識の獲得の追放に関する発見は，一つの調査では示すことができない。それは，さらにその深く，厚い記述をとおして，学生の経験の普遍的な特徴を示している。10 年以上も前に行われたモッフアット，ベッカーらの研究は，追試と統計的なサンプリングを用いておらず予言的な一般化の基礎としての役目を果たすことができる。面白いことにネイサン（Nathan, 2005）とベッカーら（Becker et al., 1977[1961]）は，ほぼ半世紀近い隔たりがあるにも関わらず極めて似ており，彼らは彼らの研究をもとにした政策決定に向けた示唆を提供している。偶然にもネイサンの仕事は，報道関係者による記事とケーススタディーとを比較することを可能としている。その同じ年にどんちゃん騒ぎと銘打たれた大学における学生文化へのもう一つの取り組みが現れた（Seaman, 2005）。それは，ある一人の退職したジャーナリストによる全米の大学をまたいで行われた調査的な報告の結果であったが，表面上はネイサンの仕事と同様に（しかしながら，だいたいにおいて好ましくない色合いが伴っている）学生の活動に関する記載を行っている。シーマンが複数のキャンパスをカバーしたのに，ネイサンはただ一つに焦点をあてたため，彼の記事が最も一般性を提供するであろうことを，議論することが可能であった。しかし，両方の仕事を丹念に読んでいくことは，ネイサンの労を惜しまない観察は，状況的に複雑な学生の生活への洞察を提供し，シーマンの本は，ステレオタイプをつくりだすことにのみ貢献しているといったことを明らかにした。もちろんどのような基準をこの結論の根拠とすることができ

るかといった問いは残されたままである。研究の一部である客観的測定は，そうでないほうが洞察に満ちているのか，そして，どちらが表面的なのか。この答えは，「ノー」である。このような結論は，読み方の実践とその状況下での調査の実践を基礎としておこなうことができるだけである。言葉を換えれば，結論は，自らの仕事の文脈において，個々の実践家によって下される必要がある。両書の認識論的な特徴の分析は，違いを曖昧なままのこすであろう。

5.8　ケーススタディーの援護

　これまでの議論にも関わらず，研究を基礎におくケーススタディーは，政策策定のための政治的に受け入れ可能な手続きの基礎としては，防戦の状態が続いている。より最近では，これは，政策策定者にとっての唯一の受容可能な知識の源としての「エビデンスに基づく実践」の装いをとるようになった。一方で，政策策定者が，彼らの決定の根拠として，利用可能なエビデンス（この含蓄のあるたとえは医学の領域からきており，教育と他の社会的領域で直面しているその問題にとって，不適切な類似物の役割を果たす）を用いているといった意見に関しては，ほとんど議論がなされなかった。このことは，医学におけるエビデンスに基づく実践が，「エビデンスに基づく」というマントラ（経文の一種）を最も声高にいう説明者にしばしば貧相な程度にしか理解されていないという事実によって，より混迷を深めている。これは，レールナー（Lerner, 2006）の「名士の病（celebrity illnesses）」の役割が，研究の基金をいかに配分し，有名人患者の病気に関する知識が医療実践者によってだされた結論といかに相互作用を起こしていくかに関わっているかについての記述の中に描かれている。医学においてエビデンスとして説明されることの多くは，その領域がたのみの綱としている仮説の偽造の科学的方法からの分離ではなく，伝統を介しておこなわれていることを示した，スカラバネックとマックコーミックの「医学における愚かさとあやまり」は，もはやほとんど確信をもたらすことはないであろう。医学の研究に基づく政策も問題に満ちている。なぜなら，注意深く見ていくと，多くの一致したと見なされているものは，実際の実践者の経験に適用されるとき，再現されることがない。

第5章 研究と政策における倫理としての認識論

　教師や教育政策策定者が最も新しい利用可能な証拠に関する知識に基づいて彼らの判断を行えば，医師のように振る舞うことが可能であるという考え方は，その初めから失敗することが運命づけられている。私たちが社会学的知識と医学的知識の安定性と伝達可能性の違いに関して知っているかはさておき，これらの両方のタイプの実践家は，きわめて異なる文脈で仕事に従事している。医学におけるエビデンスに基づく推論は，部分的には，医学実践者の訓練こそが，まさしくその初めから将来医者になる者が研究結果をいかに用いるか（多くの医学的知識の時間とともに失われやすい性質を知ること）に，焦点をあてていたという事実にもとづいている。さらに医者は，平行して彼らの領域における最新の進展を自己学習やカンファレンスの参加，そして馬鹿にできない薬品会社からの宣伝をとおして把握することを期待されている。これらの要因のどれ一つも，教育の文脈において定常的に示されることはない。

　「教育的な実践家は，医学的な実践家である」というメタファーは，他の望ましくない影響をもたらす。その一つは，情報の提供者としての研究者に実践者がクライエントとして関わるという考え方である。しかし，実際に政策策定者にとって有用な推論の在り方について私たちがすでに知っていることからすると，おそらく彼らを研究の専門家のクライエントとして考えることをやめ，むしろ，研究者自身としてとらえることを始める必要がある。これは，まず一つの生産物の中に完全に組み込まれていく部品を供給している工場の生産ラインに由来する工業生産品のメタファーを解きほぐすこと無しには，可能とはならないであろう。このメタファーにしたがうと，政策策定を行う中央部分は，基準となる生産ユニットとして，研究に責任をもつべき人や部署を任命するし，自らを組織化する傾向がある。しかし，このメタファーが容易に提供しないものは，「研究人（research guy）」の幸福である。すなわち，たまたまの調査よりも，より深いレベルでの調査に従事している個々のすべての政策策定者を保証するメカニズムである。これを達成するために，教師や学生が自身の実践の研究者になることができるのと同じ方法で，政策策定者が研究者になれると認識することが必要となる。これは，出版に関する構造的な必要性と学者の世界で生き残るために名声をたてる必要性にまつわる多くのものをつくらなければならないといった，研究のコンセプトに関連するイメージによって，おそらく問題を

抱えるであろう。

　しかし，教師や政策策定者は，表面上研究者に見えるような活動に従事することなしに研究者になりうる（反省的実践家（reflective practitioners）の元々の意味は，彼らの実践について考える人としてではなく，学問的な知識と等価な状況的な知識を構成する人をさす）。それは，実際に彼らが行う研究の方法は，実践的な哲学（知識にむかう訓練を受けた調査）を構成するということができるかも知れない。そして実際にその哲学は，政策決定を適正化するサービスの中で用いられる，様々な種類の研究結果の信頼性を評価するただ一つの基礎となるかも知れない。

5.9　実践としての政策策定

　私たちの共同研究の一つの特徴は，継続して問うていくことに対する根本的な関わりと，私たちが手段としての合理性（instrumental rationality）と呼ぶものを変えることである。政策策定の文脈においてはいつも，洗練された合理的な判断は，しばしば設定された状況下での判断（situational judgment）の中に含まれる複雑さを無視，または悪化させ，粉飾し儀式的に正当化をおこなう便利な虚構である。当初，私たちが十分に議論しない状態におきながらも，多くの点において守る準備をしていた利点を有するプロジェクトの計画は，独立した合理的な仲介者である哲学者（その哲学者は，政策策定の過程になにがしかの相談役としての役割をになって降り立ってきて，この政策やあの政策の非合理性を指摘するものであるが）という考えを強化する傾向があることを，私たちは現在，認識している。しかし，政策策定者の長に対してそれを補佐する者として振る舞うことは，哲学者の役割ではない。もし哲学が，政策策定の過程に何らかの役割を持つとすると，それは，研究者としての政策策定者[11]が，彼らの実践に直接的な関連を見いだすことのできる学際的な研究の例を示すことを通してである。私たちが感じているように，それ自身の言葉で政策策定の過程を見て，その複雑さに応じて適正化をはかることは，公平で「合理的」なロボットのような過程を想定するよりも重要である。以下の言葉は，四半世紀前のそれと同様に真に今日的である。「政策の策定と遂行の問題性に関する研究の量が少ないという状況に

---

11)　「研究者としての教師」の概念と同様。

第 5 章 研究と政策における倫理としての認識論

もかかわらず,教育の研究者は,研究の知見を運用する自らの力を制限する政策策定者の躊躇を低く見積もる傾向がある」(Nisbet & Broadfoot, 1980, p. 56)。もし,「政策と実践の間の乖離が,研究と政策や研究と実践の間にあるように大きければ」(p. 57) という仮定においてニィスベット と ボードフット が正しいならば,私たちは,私たちの政策策定の研究をその政策策定自身の正しさの中での実践として,焦点をあてなければならない。そしてその実践は,全ての実践がそうであるように,政策策定自身の知識を作りだし,政策に対し研究が示すデータを用いて繰り返し行われる政策における一般化を実施する。そして,それは,他の専門的な活動のように,取り組みと反省との間と同様なダイナミックな関係になりやすい。ナットレイら (Nutley et al., 2007) は,研究の利用に関する概観について示しており,また,この関係における複雑さを反映するものについては,ポールとモリソン (Pole & Morrison, 2003) とハマースレイ (Hammersley, 2002) が利用可能である。政策策定は,研究の実践や教育者の実践とは明らかに異なっており,政策策定自身がおかれている倫理的な取り組みシステムをともなった,実践的な領域として扱われることを必要としていることは,明らかである。

それぞれの実践が,それ自身の一般化を行うが,これらのいくつかは,私たちに サイモンズ,ダンネ,レイシィー,ナウスバウムによって先に示されたような,普遍的な洞察を提供してくれる。実践家が哲学者に彼らの一般化の認識論的な正当な理由について尋ねるときにはいつでも,この特徴は決定的である。一般化は個々の学問分野(実践の領域)のなかにおいて成立し,そしてその分野によって解釈されるものとしてのデータに適用される。普遍的な洞察は,個々の学問分野の外部から推察される。しかし,その洞察は,つねにそれら自身の必要性,欲求,要望といった文脈のなかにそれぞれ位置付いている。一般性が,手段となる専門分野の規則の影響をうけるのとは異なって,普遍性は,解釈されうる類似した基準となる理想のない一つの人間の行為である。研究と実践の間のやり取りを見る一つの方法は,一般性と普遍性との間の継続的な会話のようなものである。

5.10　要旨と結論

　全体を通して，ケーススタディーに関する3つの視点をもとに私たちの研究について伝えてきた。一つは，民族誌に起源をもち，研究者にとって見慣れない文化の理解のメタファーを作り上げていくものである（これらは，ベッカーのような学者達，ウィリス（Willis, 1977），レイシー（Lacey, 1970），ウォレス（Wallace, 1966），バァル（Ball, 1981）などの多くの者たちの仕事に示されている）。もう一つの立場は，マクドナルド，サイモンズ，ステイク，バーレットなどの研究者によって主張された，応答的で民主的な評価の描写の伝統の周囲で巻き起こってきている。この伝統は（それ自身は，一つに統一されたあり方を主張していない），研究者と研究される者と聴衆の間の壁を壊し去ることを目的としている。それは，そのプロセスにおける全ての要因のその状況下での状態（the situated nature）を認識し，政策策定者の関心事に特に関連している。最後に，私たちは，その混合されたものの中にステンハウスの現代の歴史的アプローチを加える必要がある。ステンハウスは，量的，質的研究の両者における「純粋な形式」と関連するステレオタイプから逃れる一つの方法の中で，研究者がいる環境に対して責任を持ちながら，研究者に責任とデータを融合させるという，ひとつの展望を提供している。このデータ収集，保持，普及への包括的な歴史学者のようなアプローチは，データの複雑性とデータの収集，解釈が行われたその状況を説明する多くの要因によって，多次元的に解釈されることを許容する。

　しかし，私たちは私たち自身で，これらの伝統の例の一つに関心をもっている政策策定者が，これらの展望を区別して語れるかどうかを問うことができる。そのことは，率直に一つの例と他を分類する能力というよりは，おそらくケーススタディーの調査に関わることからの学習ではないのではないか。政治的な文脈における様々な方法において，それは，どのケーススタディーが政策の基礎となるべきかを選ぶといったような選択する行為であり，本当に重要である。

　そのケースにおいて，私たちは，すぐれた仲裁のかわりに，その研究が，読者の偏見を変えることができるかといった，一つのテストを提供できる。それは，一つの挑戦を提供しているだろうか。おそらく私たちの包括性の概念は，そ

第5章 研究と政策における倫理としての認識論

のケーススタディーが，読者が一方で無視をする要因に対しても，彼らの心を開くかといった質問を含むことができる。これは，私たちに，ガダマーの「限界の融合」(「理解……はつねに，私たち自身により存在すると私たちが捉えている限界［過去と現在］の融合である」(Gadamer, 1975, p.273))を思いおこさせる。

しかし，これは，ケーススタディーが自動的に啓発の状態に導いてくれることを示唆していると考えることができる。事実，この方法におけるケーススタディーの解釈は，目的に満ちた活動的なアプローチを読み手に要求する。では，哲学者の役割はなんであろうか。それぞれの研究者は，自らの側に一人の哲学者を持つべきであろうか。また，ジョン・エリオットが長きにわたり議論したように，哲学者を実践家の中に位置づけいくことは，必要である。私たちは，教師や政策策定者がアドバイスを受けるために哲学者の所に行くことを期待するのだろうか，あるいは，より良い解決が哲学者としての教師と哲学者としての実践家のために見いだされるのであろうか。もちろん，哲学者はプラトンとルソーの話によって決まるのではなく，個人的で偏見を正す絶え間ない挑戦によって決まってくる。

そのケースにおいて，私たちは，ケーススタディーは，実践的な哲学者としての政治家や政策策定者に大きな魅力を持っていると結論づけられるが，実践的な哲学を他の方法の上位に持ち上げることは，間違いである。この点でガダマーにしたがうと，私たちは，反方法論的アプローチを支持している。哲学者としての政策策定者と研究者としての政策策定者の考え（例，政策策定者の個人的な民族的作因の強調）は，信頼性と一般化の議論の適切な焦点である。なぜなら，政策策定者は，判断を行う人であり，研究や学問のタイプは，第一義的には重要ではない。

そして，ある意味で，そのケースの真実性は，実践家のその研究の使用の中から見えてくる。個々の研究の普遍化と表出的な特徴と同様に正当な理由に関する判断は，環境の複雑さが誰にとっても身近であることが明白にしていくであろう。統計的方法（被面接者の数，問われた質問，サンプリング）の暗示する質の抽象的な基準は，基本的には，意志決定や行動にとって運用可能な基礎とはならない，しかし，それは，データの収集と解釈の両過程への共有された隠喩的な視点を捜す過程を排除していない（参照 Kennedy, 1979; Fox, 1982)。ガダマー

5.10 要旨と結論

の言葉は，特にこの文脈において意義があるようである。「テキストの［その］理解と解釈は，科学に関係することではほとんどない。しかし，明らかに世界に関する人間の全経験の一部である」(Gadamer, 1975, p. xi)。

私たちは，研究される側の状況を無視できないのと同様に，研究者の状況を無視することもできない。状況を構成する要因の一つは，学術的な種族である。フォックスは「［わ］たしたちは，研究中の現象のもつ本質的な魅力というよりも，『学者としての』アイデンティティーを私たちの研究を通して追い求める」と警告している (Fox, 1982, p. 32)。誤った社会科学は，「偏見に対する偏見」をつくりあげ，客観性を達成するために経験と価値から距離をとるといったそのような非難を避けるために，私たちは，偏見をもっており，「わたしたち」によって行われるいかなる研究も，他者との会話といった精神の中で取り組まれる必要がある，そして，その会話は参加者に彼らの偏見について警告をすることになる。ある意味で，会話の重要な点は，偏見を再構築することであり，このことは，再構築すること自体を理解するためのもう一つの代わりとなる視点となる。

しかし，この会話は，自動的にその状況の「よりすっきりした像」を導くものでもなければ，「社会的によいもの」を必ずしも作り出すものでもないことは，強調されるべきであろう。「学術的な会話」を「もし各人がそれぞれ話あえば，世界はより良い場になるであろう」といった理想的な政策に関する民衆理論の向上版だという見方には危険性がある。学術的な会話（民主的で，論理的な）は，しばしば，議論好きの様相を示し，その会話が示したいとするそれ自身の品のある状況とは全く異なる。このことは，同様に与えられたいかなる研究方法も，ケーススタディーを含む，あるいはその筆頭として，私たちの偏見に対して本質的でもあり，破壊的でもある。

近年，他者や自らの不愉快をいかなる犠牲を払っても避けようとすることを目的とした丁重さの文化は，その問題に貢献している。人は，彼ら自身や他者を不愉快にせずに，人を不可避的にその状況に連れて行き，行動の可能性を拡げる彼らの基礎を再構築し，偏見に対する反省を人に可能とさせるという研究を構成することができるであろうか。私たちは，一般化の方法に関する学問的な語りと文化の結果としての方法と，個人的責任を問う方法の一つについて議

153

第 5 章　研究と政策における倫理としての認識論

論が一掃されたといえるであろう。学問の業務としての抽象化は，政治の実行の業務である特殊化の過程と正反対のように見える。しかし，与えられた質問のいくつかは，この章で浮き彫りにされている。おそらく私たちは，抽象化と特殊化が，私たちが過去にさかのぼって同じ北の方角を記述するような平行な過程であるか否かについて問われているのであろう。この意味では，私たちは，ナウスバウムの一般化と普遍化の区別を，次の文のように2つに言い換えることで進めることが可能である。一般化はそのデータ内において仮定され，一方，普遍化は，設定された人類の認知であり，影響を及ぼしうる行為である。

　ある普遍化可能なケーススタディーは，哲学者でもある政策策定者が，政策策定の過程とケーススタディーとの関連性を認める（ステイクの自然的一般化と同様に）ことができるレベルの質をもっている。このことに対するケミィスの同様の異なった表現を用いれば，「ケーススタディーは，権威を主張することはできない，それは，ケース自身を示さなければならない」ということになる (Kemmis, 1980, p. 136)。この文脈におけるケーススタディーの力は，ある実際のケースは，実践家の状況を記述し，同僚やスタッフが内密となっている実践家の詳細を開示することをきらい，その一方でそのケーススタディーは，全く関係のない存在の研究を基礎としているという，フィールドの逸話によって描くことが可能である。これらのようなケースにおいて，ケーススタディーの普遍的な特徴は，実践家によって示される。その公的な視点は，しばしば，逆に役に立たない熟考や不満足が拡がっていく活動を生み出していく。この種の研究が人々に，それらがすでに「分かっている」ことを伝えたとしても，それは，以前の個人的な知識を公的に表現することによって説明責任を果たすことになる。抽象的な認識論をともなう方法としてのケーススタディーの一般概念は，ベッシィー (Bassey, 1990) のように，認識とカテゴリー化があいまいであり，活動は境界に関与するという理由で「不明瞭な一般化」を提示することによっては，救われることはない。抽象的な合理性への設定された状況下での判断に対するこの焦点は，決して厳格さや道具主義の必要性を否定するものではない。私たちは，個々のケーススタディーの質が評価される場所が必要であるというステンハウスに賛成である。しかし，このような判断は，ケーススタディーの実践家によって行われる時と，政策策定者や教師によって行われるときに，異なっ

たものになるであろう。認識論的な哲学者は，なお，もう一つの基準の枠組を適用するであろう。これらのすべての作因は，彼ら自身を，他者によって適用される基準に精通させる。しかし，彼らは，実践における彼らのコミュニティーの状況における媒介変数を完全に超越し，全ての境界（Kushner, 1993 によって記述された）を無くすことができると考えるほど愚かである。

　哲学は，それ自身に独立した裁定者としての役割をとらせようとする傾向がある。しかし，哲学は，それら自身のコミュニティーのルールにとらわれた実践でもあることを忘れてはならない。そのことは，このディベイトの中に哲学の場がないことを意味するのではない。少なくとも，哲学は，通常の仮定が疑われ，偏見の変容が起こりうる場（ターナーの儀式において辛うじて意識できる場と同じでないこともない）を提供することが可能である。この文脈において，おそらく私たちは，「新ウィトゲンシュタイン派」(Crary & Read, 2000 参照）によって示された哲学の治療的な読みとりの一般概念を検討すべきである。

　これは，先に幾分顕著に扱った倫理の問題を構成する。私たちは，それら（倫理の問題）の与えられた状況における特徴について提案する。一般化の問題は本体から引き離された超越的な合理性への問いというよりは，倫理の問題である。教育の実践家，教育の研究者，教育の政策策定者との間の複雑な相互作用の中にある実践家は，常に倫理的な決定と直面しており，「わたしは，自分の価値と目標とを調和させるには，どのように行動すれば良いのだろう」と彼ら自身自問している。正当な理由に関する質問は，外部の専門家の仲裁によって簡単に解決するというよりも，その問いの中やその状況の中にある。このことは，研究計画や結果の評価における方法論の専門家を排除するものではなく，そのような専門家の役割は，それぞれにおいて限界があるということである。マクドナルドとウォーカー（MacDonald & Walker, 1977）は，ケーススタディーの実践家の訓練において，徒弟制度の重要性を指摘している。そして，私たちは，この経験が，私たちの統計のテキストに横たわっていることを発見するような研究の訓練のための一般的なルールの中に消滅してしまうことがないことを心にとめる必要がある。

　このように考えると，ケーススタディーの正当な理由と一般化に向けた研究は，基準にまつわる倫理と研究の使用の研究であるべきである。決して，抽出

第 5 章　研究と政策における倫理としての認識論

手続きによって得られたデータの表現性について認識論的に超越した説明を提供しようと試みることではないということが，哲学の貢献であると認めることができる。

参考文献

Abbott, A. (1992) From Causes to Events: Notes in Narrative Positivism, *Sociological Methods and Research*, 20, pp. 428–455.
Adelman, C. (ed.) (1984) *The Politics and Ethics of Evaluation* (London, Croom Helm).
Adelman, C., Jenkins, D. and Kemmis, S. (1976) Rethinking Case Study: Notes From The Second Cambridge Conference, *Cambridge Journal of Education*, 6.3, Reprinted in Simons (1980) pp. 47–61.
Ball, S. J. (1981) *Beachside Comprehensive: A Case Study of Secondary Schooling* (Cambridge and New York, Cambridge University Press).
Bassey, M. (1999) *Case Study Research in Educational Settings* (Buckingham UK, Philadelphia Open University Press).
Becker, H. S. (1992) Cases, Causes, Conjunctures, Stories and Imagery, in: C. C. Ragin and H. S. Becker (eds) *What is a Case? Exploring the Foundations of Social Inquiry* (Cambridge and New York, Cambridge University Press), pp. 205–227.
Becker, H. S., Geer, B., Hughes, E. C. and Strauss, A. L. (1977) [1961] *Boys in White: Student Culture in Medical School* (New Brunswick, NJ, Transaction Books).
Carr, W. (2006) Philosophy, Methodology and Action Research, *Journal of Philosophy of Education*, 40.4, pp. 421–435.
Crary, A. M. and Read, R. J. (eds) (2000) *The New Wittgenstein* (New York, Routledge).
Cronbach, L. (1963) Course Improvement Through Evaluation, *Teachers College Record*, 64, pp. 672–683.
Elliott, J. (1984) Methodology and Ethics, in: C. Adelman (ed.) *The Politics and Ethics of Evaluation* (Beckenham, Croom Helm).
Elliott, J. (1990) Validating Case Studies, *Westminster Studies in Education*, 13, pp. 46–60.
Elliott, J. (2007) Educational Theory, Practical Philosophy and Action Research, in: *Reflecting Where the Action Is: The Selected Works of John Elliott* (Oxford and New York, Routledge, Chapter 6).
Elliott, J., Bridges, D., Ebbutt, D., Gibson, R. and Nias, J. (1981) Case Studies in School Accountability, Vols. 1–3 (Cambridge, Cambridge Institute of Education) (some are now accessible through a Digital Archive of Contextualised Case Studies, http://www.caret.cam.ac.uk/tel).
Elliott, J. and Doherty, P. (2001) Restructuring Educational Research for the 'Third Way', in: M. Fielding (ed.) *Taking Education Really Seriously, Four Years' Hard Labour* (London and New York, RoutledgeFalmer), pp. 209–222.
Elliott, J. and Kushner, S. (2007) The Need for a Manifesto for Educational Evaluation, *Cambridge Journal of Education*, 37.3, pp. 321–336.
Evers, C. W. and Wu, E. H. (2006) On Generalising from Single Case Studies: Epistemological Reflections, *Journal of Philosophy of Education*, 40.4, pp. 511–526.
Fisher, K. (1997) Locating Frames in the Discursive Universe, *Sociological Research Online*, available at: http://www.socresonline.org.uk/2/3/4.html
Fox, T. G. (1982) Applying Mathematics to the Study of Educational Cases, Mimeo (Madison, WI, University of Wisconsin).

参考文献

Gadamer, H-G. (1975) *Truth and Method* (London, Sheed and Ward).
Gamson, W. A. (1992) *Talking Politics* (Cambridge and New York, Cambridge University Press).
Goffman, E. (1975) [1974] *Frame Analysis: An Essay on the Organization of Experience* (Harmondsworth, Penguin).
Gould, S. J. (1981/1996) *The Mismeasure of Man* (New York, W. W. Norton).
Hamilton, D., Jenkins, D., King, C., MacDonald, B. and Parlett, M, (eds.) (1977) *Beyond the Numbers Game (Basingstoke and London*, Macmillan Education).
Hammersley, M. (2001) *On Michael Bassey's Concept of the Fuzzy Generalisation*, Oxford Review of Education, 27.2, pp. 219–225.
Hammersley, M. (2002) *Educational Research, Policymaking and Practice* (London, Paul Chapman).
Hargreaves, D. (1997) In Defence of Research for Evidence-Based Teaching: A Rejoinder to Martyn Hammersley, *British Educational Research Journal*, 23, pp. 405–419.
Hoare, Q. and Nowell Smith, G. (eds and trans.) (1971) *The Modern Prince, Selections from the Prison Notebooks of Antonio Gramsci* (London, Lawrence and Wishart).
Holland, D. C. and Eisenhart, M. A. (1990) *Educated In Romance: Women, Achievement, and College Culture* (Chicago, University of Chicago Press).
Kemmis, S. (1980) The Imagination of the Case and the Invention of the Study, in: H. Simons (ed.) *Towards a. Science of the Singular: Essays about Case Study in Educational Research and Evaluation* (Norwich, Centre for Applied Research in Education, University of East Anglia), pp. 96–142.
Kennedy, M. M. (1979) Generalizing from Single Case Studies, *Evaluation Review*, 3.4, pp. 661–678.
Kennedy, M. M. (1999) A Test of Some Common Contentions about Educational Research, *American Educational Research Journal*, 36.3, pp. 511–541.
Kuhn, T. S. (1996) [1962] The Structure of Scientlfic Revolutions, 3rd edn. (Chicago and London, University of Chicago Press).
Kushner, S. (1993) Naturalistic Evaluation: Practical Knowledge for Policy Development, *Research Evaluation*, 3.2, pp. 83–94.
Lacey, C. (1970) *Hightown Grammar: The School as a Social System* (Manchester, Manchester University Press).
Lakoff, G. (1987) *Women, Fire, and Dangerous Things: What Categories Reveal about the Mind* (Chicago, University of Chicago Press).
Lakoff, G. (1996) *Moral Politics: What Conservatives Know That Liberals Don't* (Chicago, University of Chicago Press).
Lerner, B. H, (2006) *When Illness Goes Public: Celebrity Patients and How We Look at Medicine* (Baltimore, MD, Johns Hopkins University Press).
Lloyd, J. (2007) An Intellectual in Power, *Prospect*, 2, pp. 24–28.
Lukeš, D. (2007) What Does it Mean When Texts 'Really' Mean Something? Types of Evidence for Conceptual Patterns in Discourse, in: C. Hart and D. Luke? (eds) *Cognitive Linguistics in Critical Discourse Studies: Application and Theory* (Newcastle, Cambridge Scholars Publishing).
MacDonald, B. (1976) Evaluation and the Control of Education, in: D. Tawney (ed.) *Curriculum Evaluation Today: Trends and Implications* (London, Schools Council Research Studies, Macmillan Educational).
MacDonald, B. and Parlett, M. (1973) Rethinking Evaluation: Notes from the Cambridge Conference, *Cambridge Journal of Education*, 2, pp. 74–81.
MacDonald, B. and Walker, R. (1975) Case-Study and the Social Philosophy of Educational Research, *Cambridge Journal of Education*, 5, pp. 2–11; Reprinted in Hamilton et al. (1977), pp. 181–189.
Macmurray, J. (1957) *The Self as Agent* (London, Faber & Faber).

第 5 章　研究と政策における倫理としての認識論

May, R, (1994) *The Courage to Create* (New York, W.W. Norton and Co).
Moffatt, M. (1989) *Coming of Age in New Jersey: College and American Culture* (New Brunswick, NJ, Rutgers University Press).
Nathan, R. (2005) *My Freshman Year: What a Professor Learned by Becoming a Student* (Ithaca, NY, Cornell University Press).
Nisbet, J. D. and Broadfoot, P. (1980) *The Impact of Research on Policy and Practice in Education* (Aberdeen, Aberdeen University Press).
Nussbaum, M. C. (1990) *Love's Knowledge: Essays on Philosophy and Literature* (Oxford, Oxford University Press).
Nutley, S. M., Walter, I. and Davies, H. T. O. (2007) *Using Evidence: How Research Can Inform Public Services* (Bristol, The Policy Press).
Parlett, M. and Hamilton, D. (1972) Evaluation as Illumination: A New Approach to the Study of Innovatory Programmes Occasional Paper 9, Centre for Research in the Educational Sciences, University of Edinburgh, reprinted in Hamilton et al. (1977), pp. 6–22.
Parlett, M, and Dearden, G. (eds.) (1977) *Introduction to Illuminative Evaluation: Studies in Higher Education* (Cardiff-by-the-Sea, CA, Pacific Soundings Press).
Pole, C. and Morrison, M. (2003) *Ethnography for Education* (Buckingham, Open University Press).
Robinson, J. E. and Norris, N. F. (2001) Generalisation: The Linchpin of Evidence-Based Practice?, *Educational Action Research*, 9.2, pp. 303–310.
Schön, D. A. and Rein, M. (1994) *Frame Reflection: Toward the Resolution of Intractable Policy Controversies* (New York, Basic Books).
Schwab, J. J. (1970) *The Practical: A Language for Curriculum* (Washington, DC., National Educational Association, Centre for the Study of Instruction).
Schwandt, T. A. (2005) A Diagnostic Reading of Scientifically Based Research for Education, *Educational Theory*, 55.3, pp. 285–305.
Seaman, B. (2005) *Binge: What Your College Student Won't Tell You: Campus Life in an Age of Disconnection and Excess* (Hoboken, NJ, John Wiley and Sons).
Simons, H. (1971) Innovation and the Case Study of Schools. *Cambridge Journal of Education*, 3, pp. 118–124.
Simons, H. (ed.) (1980) *Toward a Science of the Singular: Essays about Case Study in Educational Research and Evaluation* (CARE Occasional Publications N0.10), (Norwich, CARE/University of East Anglia).
Simons, H. (1987) *Getting to Know Schools in a Democracy: The Politics and Process of Evaluation* (London and New York, The Falmer Press, Chapter 3).
Simons, H. (1996) The Paradox of Case Study, *Cambridge Journal of Education*, 26.2, pp. 225–240.
Stake, R. E. (1978) The Case Study Method in Social Inquiry, *Educational Researcher*, 7, pp. 5–8. Reprinted in Simons (1980).
Stake, R. E. (1994) Case Studies, in: N. Denzin and Y. Lincoln (eds) *Handbook of Qualitative Research* (Newbury Park, CA, Publications).
Stake, R. E. (1995) *The Art of Case Study Research* (London and Thousand Oaks, CA, Sage Publications).
Stenhouse, L. (1978) Case Study and Case Records: Towards a Contemporary History of Education, *British Educational Research Journal*, 4.2, pp. 21–39.
Stenhouse, L. (1979a) The Problem of Standards in Illuminative Research. Lecture given to the Scottish Educational Research Association at its Annual General Meeting, Stenhouse Archive, Norwich: University of East Anglia, available at: http://research.edu.uea.ac.uk/stenhousearchive
Stenhouse, L. (1979b) The Study of Samples and the Study of Cases, Presidential Address to the British Educational Research Association, Stenhouse Archive, Norwich: University of East Anglia, available at: http://research.edu.uea.ac.uk/stenhousearchive. Published version (1980) in *British Educational Research Journal*, 6.1, pp. 1–6.

参考文献

Stenhouse, L. (1979c) Case Study in Comparative Education: Particularity and Generalization, *Comparative Education*, 15.1, pp. 5–10.

Stenhouse, L. (1985) A Note on Case Study and Educational Practice, in: R. Burgess (ed.) *Field Methods in the Study of Education* (London and Philadelphia, The Falmer Press).

Škrabánek, P. and McCormick, J. (1989) *Follies and Fallacies in Medicine* (Glasgow, Taragon).

Willis, P. E. (1977) *Learning to Labour: How Working Class Kids Get Working Class Jobs* (Farnborough, Saxon House).

Wallace, W. L. (1966) *Student Culture: Social Structure and Continuity in a Liberal Arts College* (Chicago, Aldine Publishing Company).

第6章 自伝と政策

これらは相容れないものなのか？

モルウェナ・グリフィス，ゲール・マクラウド

　この章では，語りや自伝が，教育的な政策に対してどの程度，有益なものとなり得るか，また必要であるかについて検証する。語りや自伝は，記述可能な研究として調査されている。たとえば，ライフ・スタディ，ライフ・ライティング，ライフ・ヒストリー，語りの分析，人生の描写などが含まれる。私たちは，これら一連の事柄を「自伝」という一つの用語でグルーピングすることにした。自分自身のことを相互に関連づけたり，また他者と結びつけたりするなど，自伝というものは，多くの，そして様々なやり方があることが指摘されている。すなわち，自伝とは，個人の人生についての社会的文脈に光をあてるものである。同時に，固有で，個人的なストーリー（語り）のための余地も許されている。私たちは，自伝についての全ての手法について明確に議論はしない。それよりもむしろ，社会的文脈における個人のストーリー（語り）に焦点を当て，いかに認識するかについて検討する。そして，教育政策を立案する者にとってどのような語りであれば妥当性があると言えるのかについて議論するとともに，過去におけるいくつかの例も提示したい。

6.1　背　景

　この節では，「自伝」というナラティブとは別のタイトルを適用する理由とともに，「ナラティブ（語り）研究」に含まれる研究の範囲や多様性について取り上げる[1]。また，教育の中で広く知られるようになった「ナラティブ研究」に

---

[1]　もちろん，スペースの都合上，多くのことを省いた。何を削るかについての判断は，目の前にある疑問の重要性や可能性を判断したと見なすべきではない。単純に，ここではこの

対する現在の強い関心について概説する。最終的にどのような研究が求められているかについての様々な意見から，「自伝」の有用性を示唆するとともに，教育的研究の目的について検討する。

　「ナラティブ（語り）」の研究は，一般的に実証主義で説明される研究と対比される。そして，一般化可能な客観性を求めてきたことから離れ，個人の経験や，個人的なストーリーに，より価値を認め，関心を寄せるように変化してきた（たとえば，Casey, 1995/6; Fraser, 2004）。Kvernbekk (2003) によると，ナラティブ（語り）という概念は，「極めて曖昧」である。仮に人間を「物語を語る生き物（生命体）」として概念化するのであれば，それらの経験を理解しようとする試みは（個人そして社会的集団いずれにおいても），語りの追求として考えられるかもしれない（Connely & Clandinin, 1990）。結果として，ほとんどの質的研究は，ナラティブに向かう傾向が現れていると言ってもよいであろう。しかし一方で，ナラティブというものを定義する際，より範囲を規定しようとする立場もある。Polkinghorne (1995) は，ナラティブとは，ある構想のもと，出来事をまとめ合わせてできた文章であり，ナラティブの要素として，因果関係を示す連続性が求められるとしている（Kvernbekk, 2003）。彼は，ナラティブの分析において，データはナラティブの形式に基づく必要はなく，むしろ，いかなる形式にしても意味を成すように，研究者が構築や再構築した物語に存在するとする。ナラティブとは，分析の産物であって，出発点ではない。スメイヤーとベルヘッセンは，Polkinghorne (1995) と Bruner (1986) の著作を引用し，ありふれたテーマに関してその相互の関連性を同定するための目的で行われるナラティブの分析と，特有の例を理解する目的で行われるナラティブの分析とを区別している（Smeyers & Verhesschen, 2001）。

　私たちは，ここで検証する研究へのアプローチを表現するために「自伝」というフレーズを用いる。これは，特に，ナラティブ研究という広いカテゴリー

章を焦点化する上で最も適切であると判断した内容を取りあげている。たとえば，ナラティブ研究を定義する詳細な例示を導くことはこの章には許されていない。例として，ポール・リクールの流行とナラティブの間の関係性に関する業績，ストーリーとしての人間の生活の見解，ナラティブの修辞的な力，自己の概念化，ナラティブの発達的な側面，認識論と証言に関する哲学的な考察，ナラティブや記憶についての心理－社会的なアプローチ等である。

6.1 背 景

の中で，私的で，個人的な語りに焦点を当てている。「自伝」は，生きることについての語り（ライフ・ストーリー）や，生きていた歴史（ライフ・ヒストリー。たとえば，Atkinson, 1998; McNulty, 2003; Chaitin, 2004; Thompson, 2004; Arad と Leichtentritt, 2005; Sanders & Munford, 2005; Stroobants, 2005），生きることについて綴ること（ライフ・ライティング），個人的な歴史（パーソナル・ヒストリー。たとえば，Bullough, 1998; Couser, 2002; Eick, 2002），語りの分析（たとえば，Reissman, 1993; Fransosi, 1998），そして人生の描写（たとえば，Richardson, 1992; Santoro, Kamler & Reid, 2001）などを含んでいる。ある執筆者は，これらの用語を代替可能なものとして使用しているようである。他方で，用語間の区別を明確にすることを主張している者もいる（たとえば，Jolly, 2001; Smith & Watson, 2001）。そのような区別をすることは本章の目的ではない。むしろここでは，「自伝」という用語を使って，同じように質的なデータとして「集約されている」が，もはや具体化していないフィクションのようなものとを区別することが目的である（例えば，Clough, 1996, 2002）。

社会科学における「ナラティブ・ターン」は，1980年代初旬といえるだろう（Casey, 1995/6; Czarniawska, 2004）。そして，同じような転換期が1960年代のリテラシー研究においてもみられる。ナラティブ研究で興味深い点は，それが社会科学全般に関係していることである。それも経済学といった明らかに縁のなさそうな領域においても然りである（McCloskey, 1990）。特に，健康（より正確に言えば，疾病に関すること。Jordens & Little, 2004 ; Wetle et al., 2005），社会活動（Fraser, 2004; Glasby & Lester, 2005），そして教育（Pollard, 2005; Lawson, Parker & Sikes, 2006）の領域では定着してきている。これらの領域における良い実践の基本原則は，発達（学習，治療，個人的な成長）が，臨床家とクライエントとの関係性の文脈の中でのみ生じ，これらの「手助け」は，しばしば個人的な関係性の文脈の中で行われるという前提があることにある。それ故に，伝記というのは，これらの領域において既に認められ，価値が見出されている（Froggett & Chamberlayne, 2004）。臨床家にとってナラティブ・アプローチへの関心が高まったもうひとつの理由は，それが実践と研究の両方で女性が主導してきた領域であり，かつ，フェミニスト研究と「自伝」との間の強いつながりのある領域だからである（Stanley, 1993; Casey, 1995/6; Mauthner, 2000; Townsend & Weinwe, 2011）。

第6章 自伝と政策

　オアンセアとプリングがはっきりと述べているように，私たちは今，教育的研究の中で，「何が効果的か (what works?)」ということを問う時代にいる。それは，効果が科学的に「証明されている」ことを探し続けていることを意味する。ナラティブ研究への期待の高まりは，教えるということを，効果の変数や指標に細分化することに対する「明らかな反発」が背景にある (Doyle, 1997, p.94)。この「客観的」な研究への焦点は，「ある方法は全てに通じる」といった捕らえどころのないものを追い求める教師の専門性を無視する傾向にある。自伝の重要な要素は，個人の経験と社会的な文脈との相互作用に焦点を当てていることである (Fischer-Rosenthal, 1995; Stroobants, 2005)。フレイザーが観察しているように，彼女がナラティブ・アプローチと呼んでいるものは，「特異性と同様に，文脈にも注意を払う許容量をもっている」(Fraser, 2004, p.62)。同様に，Froggest and Chamberlayne (2004, p.62) は，自伝的な手法は，ミクロとマクロのレベルの間を動かすことによって，政策と生きた経験との間の関係をあるべき関係に戻す手助けをするものであるとする。似たような内容で，Avramidis and Norwich (2004) は，ナラティブと自伝のような代替的な手法を使ってより研究が進むことを求めている。彼らの議論においては，社会的文脈の中で人間の行動という複雑なものを理解するためには，これらの方法をとることが唯一の方法であるとする。

　この章の主要な疑問は，「自伝が政策にとって有益なものとなり得るか，また必要であるか」というものであった。これは，教育的研究の目的と，政策立案者の目的とをどのようにリンクさせていくかというような，より重要な問題を生起させる。Ozga (2004) が述べているように，政策立案者と研究者は異なる議題をもっており，この点を Hammersley (2002) も述べている。これらの議題は，実際に使うことのできる知識の追求といった点で，好都合なことに時折オーバーラップする。しかし，教育的研究はこの目的に限ったことではない。Hammersley (2002) は，教育的研究の観点から，解決よりもむしろ理解を探り，仮説的な主張を導くような「ほどよい啓蒙」を主張している。同様に，Munn (2005) は，知恵とみなされる知識を生成する 'blue skies' (青く晴れ渡るような) 的な研究，これは政策に間接的に影響するものであるが，こうした研究と，「応用的な研究」，つまり「何が効果的か，それはなぜか」といった質問へと導く

ような研究とを分けている。さらに，Munn (2005) は，この質問の「なぜ」といった問いをとりわけ重要としている。なぜなら，これは，政策を実行する際の複雑性を検証し，固有の文脈を追究するからであるとしている。

ハマースレイの考え方においては，教育的研究が提供できるものは限られている。特に，「～である」から「～すべきである」を導くことによって生じる，よく知られた困難さに言及している。この「～である」と「～すべきである」，または「事実」と「価値感」の区別は，ヒューム (Hume) によって初めに提起されたものであり，これまで広く議論されてきた。Dennett (1995) は，ヒュームの視点に対して公然と反論している。それよりも以前に，Searle (1964) は，いくつかの社会的な事実，たとえば約束といったようなものは，これらの区別があいまいになるとする。同様に，「xのためにyをすべきである」といったことを示す（または，yは，xを生じさせる上で何も影響していない。よって，それをすべきでないといったことを示す）実証的研究においては，規範的判断に関する議論が生じるであろう。Biesta (2007) は，「何が効果的か」といった考え方の流れが，「～である」から「～すべきである」といった考え方のすり変えに伴う誤りを引き起こすとしている。なぜなら，それは規範的な実践者の判断の重要性を無視するからである――これは，研究者，または政策立案者の判断と必ずしも同様ではない。実証的研究者の役割も変化している。「もし，xということを起こしたいのなら，yは考慮すべき戦略の1つである」（または，yは考慮する価値のない戦略の1つである）。

ビエスタは，教育的研究に求められる役割が拡がっていることを指摘する。彼はそれを「文化的」と呼び，問題の可視化や，事象の異質化に関心を寄せている。そして，手段と同様に，目的についての問いに対しても関心を示している。実際に，研究におけるいくつかの流派は，基本的な目的として一般的に正しいとされることへ挑んでいくように見えるだろう――これは，政策からはずれたルートというよりむしろルートにそっているようであった (Gitlin & Russel, 1994)。同様に Ozga and Jones (2006) もグローバルな「国境を越えた共通の政策」の文脈においては，貧困や人生の転換，チャンスへのアクセスといった事柄を考慮しながら標準的な問いを導きだし，新しい教育システムが様々な文脈においてどのようになるべきか検討する必要があるとする。Hogan (2000) は，質的に豊

かな教育への理解が示されない場合の教育政策における空虚さに遺憾の意を抱いている。

以上のことを考慮すると，研究は，間接的に政策に影響を与えるような見解を導くものとみなすことができる。あるいは，問題解決への可能性を探し求めるものともいえる。さらには，なぜうまくいったのかの理由について追究するものでもあるだろう。そして，教育というもの自体を適切に理解することをめざした問いを導く中で，教育について当然と思われている仮説について挑むという役割がある。「自伝」は，これらの研究の目標に対して異なる貢献を果たす。それぞれの目標は，形成，実行，評価の様々なレベルで政策へとつながっている。

6.2　信頼性への問い

これまで概説してきたような自伝と教育的研究の本質にかかわる背景情報を踏まえながら，私たちは，エビデンスへの重みについてより緻密な質問へと移りたい。これは，とりわけ自伝についてであり，政策立案者がそれらに対して重きを置けるかということにつながる。

個人的な物語は時として逸話として片付けられてしまう。それらはまた，誇張しすぎること，おそらく典型的でないケースによって，広範囲にわたる事実をゆがめるように，批判されてしまう。逸話とは，短い伝記，または出来事に対する自伝的要素である。そしてこれらは，話題に上らせるために，おもしろくまた楽しませようとするものと捉えられる。巧みに作られた話であったり，時には，口伝による都市伝説のような，「友だちの友だちが……」といったような形をとることもある。一方，逸話的な根拠は，ほとんど研究的な用語としては見なされない。それにもかかわらず，修辞的な用語においては，効果を発揮している。そうして物語は，聴衆に訴えかけるものとして力を発揮することはよく知られている。なぜ，逸話が政策的な放送や，パンフレットといった政策的なプレゼンテーションに使われるのかについて疑う余地はない。「人間の興味」とは新聞の読者が記事を読むことに夢中になるようなものである。確かに，逸話は，政策に影響を与える。たくさんの人々に訴えかける逸話は，他の情報源や議論が示されない場合，ある課題に対する聴衆や読者の精神を変化させるか

もしれない。研究の用語の中において，逸話は文脈に対する省察や批判なしに，ただ単に告げられたり，聞かれたりする個人的な物語であるかもしれない（逸話的な根拠として）。

　逸話的な根拠は政策的な用語に関し影響力を示すかもしれないが，必ずしもそうであるとは限らない。自伝的な研究と逸話とを区別することは特に重要である。少なくとも，個々のケースにおいて，表面的には類似しているし，両方とも力強さを兼ね備えている。この章における１つの関心事は，この区別の説明と正当性を読者に納得させることである。この種の関心は，自伝的研究において固有のものではない。同様に，研究者は，よく練られた観察による研究の根拠と額面通りの目撃者（証拠人）の説明とを区別する必要がある。確かに，この種の区別は質的研究に限ったことではない。量的な研究においても，たとえば，年に１回，または一度の介入から一般化するような提言を行うことなど，際だった例に対してあまりにも重みをおくことは避けるべきであろう。

　もし，私たちが提言してきたように，自伝的研究が，逸話以上のものであるならば，次の課題は，それがいかに健全であるかということである。私たちはここで「健全」という用語を用いたが，これは妥当性と真実とを区別したかったからである。すなわち妥当性とは，論理的な議論のひとつの特徴であり，真実とは，議論の基礎となる前提のひとつの特徴といえる。ゆえに，この章で導かれる問いとは，

　　政策決定との関連で，妥当性のある自伝的研究といわれるものの特性とは何か？

　さらに，様々な自伝的研究がある場合，それらは政策立案の様々な可能性や段階との間に多様な関連性を示すかもしれない。したがって，補足的な問いが浮上する。

　　自伝の様々な様式が，どのような種類，および段階の政策決定に対してどのように健全な寄与を果たすのか？

これらの問いはどのようにして健全性が決定されるべきかについての仮説に基づいている。これらの仮説は同様に，認識論的な立場にも依存している。上記2つの質問に直接的に答える前に，まずはこれらの仮説について考えなければならない。私たちは，実際的なこと，人間の個人的な事柄についてみることから始めたい。それから，自伝的研究について実証する認識論的な課題についてより詳細にみていくことにする。

6.3　政策および実践の認識論

この節では，次のようなことについて取り上げる。(1) 社会は，大多数の特有な人間によって構成されている。(2) それゆえ，政策立案者は，固有および特有の認識論を用いる必要がある。(3) 必要とされていることは，私たちが praxis と呼んでいる実際的な知識である。(4) この種の実際的な知識は，新しい視点によって意義を申し立てられる。(5) そして，結果として修正される。(6) そのような新しい視点は，自伝の様式のなかにみることができるかもしれない。(7) この修正の継続的な過程は，習慣自体が，歴史的に見て特有なことであることを意味している。

本書では，政策立案者が適切に用いることのできる知識の種類を確かめることが大きな目的の一つであり，政策および実践的なこと，ハンナ・アーレントが言うところの「人間の個人的領域」が関わる (Arendt, 1958, p.13)。すなわち，何をすべきかといったことや，決定の中での知識のポジションだけではなく，知識を伴った政策的決定と活動との関係にも関心を寄せる。アリストテレス派の用語の中で，政策は，永遠の真実への熟考や専門的知識よりもむしろ実践的な知に関わる。アリストテレスの価値は，彼の原文のギリシャ語の用語を用いながら議論されている。なぜなら英語には単純に翻訳できないからである（それらは，古代ギリシャの中でさえ共通の単語として専門的に用いられていた）。アリストテレスは，実際的な知識 (praxis) を活用した仕事での実践知 (phronesis) と，セオリア (theoria) の探求に求められる理論知 (sophia) および理論的な知識 (episteme) とを区別している。praxis は，実際的な知識の一つであり，phronimos（実践知の所有者）による社会や道徳的な判断を必要とする。アリストテレスはまた，実践

知 (phronesis) と，物事を成すときの専門的な知識 (poiesis)，応用する際に必要な知識 (techne) とを分けている。そこで私たちは，最初に，セオリア (theoria) との関連で実際的な知識について取り上げ，次に，poiesis（専門的な知識）との関連で実践知について議論を行う。

6.3.1 固有および特有についての認識論：活動と理論

アリアンナ・カバレロは，固有と特有は，普遍的なものの中に包含されるとする伝統的な哲学の見解は，それほど完全なものとはいえないことを論じている。彼女の論文 (Cavarero, 2002) である「政策化理論」という用語は，矛盾した表現であるとする。彼女は，アーレントを引用し，抽象と普遍的な事物を熟考する普遍化の理論は，政策とは逆のものであるということを指摘している。アリストテレスの用語においては，セオリア (theoria) は，結局 praxis（実践知）よりもむしろ episteme（理論的知識）であるとする。

アーレントが指摘するように理論 bios theoretikos とは，bios politicos と明確に区別できる (Arendt, 1958, pp. 13-14)。前者は，永遠の真実について熟考することに重きをおく。後者は，大多数の人間の言葉や活動によって共有され，公的な関係の空間に重きをおいている (Cavarero, 2002, p. 506)。この大多数 (plurality) というものは，個人の違いを認めることのない「多くの (many)」とははっきりと分けられる。アーレントが書いたものによると，「大多数とは人間の活動の状態であり，私たちは全て同じ，つまり人間である。それは，私たちが誰一人同じ生活，同じ人生を送っていないといったことで共通している」(Arendt, 1958, p. 8)。同様に，集団であるが互いに関係していない（たとえば，映画館での観衆）といった「多くの (many)」という概念と，「同様 (equally)」といった概念も分けられる（同書, p. 181）。bios politicos は，固有の人間同士が集まり，共に活動することによって形成されるつながりにおいてみられる。アイリス・マリオン・ヤング (Iris Marion Young) は，次の様に説明している。

　アーレントにとって，公的とは，言語という前提を共有する者同士の間で，会話を心地よく楽しむといった空間ではないし，問題を検討する方法でもない……。公的領域は，多くの歴史や見方から成り立っており，それらは互いに

第 6 章 自伝と政策

あまりよく知られてはいなかったり，結ばれているようで離れていたり，互いに単純化できない。公益を明らかにするために，構成員それぞれの違いを無視することを要求する公的性の概念は，公的性の意味そのものを損なう。なぜなら，それは，大多数から個人に変わることをを目指すものだからである (Young, 2000, p. 111)。

個人というものは，それらだけで公的範囲での活動は成し遂げられない。政策決定者にとって，彼らはいつも社会的な関係性の網目の一つにいる。そして，彼らは固有の個人として影響を及ぼす。彼らは一斉に行動するが，異なるメンバーで構成されていても調和がとれている。彼らの活動は，人間の領域において影響をもち，それ自体が社会の関係性の編み目を構成する。これらの編み目も，別個の，異なった人間によって作られている。これが，bios politicos であり，教育の政策立案者は，そこで彼ら自身を見出すことになる。

カバレロは，アーレントの議論を拡張し，実践知 (phronesis) を一般化するためにセオリア (theoria) を使おうとすることは，人生の 2 つの形，つまり，永遠の真実について熟考することに重みをおくこと (bios theoretikos) と大多数の人間の言葉や活動によって共有される公的な関係の空間に重みをおくこと (bios politicos) の知識を混乱させるとしている。theoria は，bios theoretikos における問いの追究であるが，これは結果として，実践知 (praxis) において bios politicos を求めるということにはならない。彼女は次のように書いている。

politics は，それが複数の相互作用や偶然性にかかわる分野である限りにおいては，それ自身が有する原理に照らして研究することが求められるとしている。これらの原理は，アーレントによって具体化されている。この原理は，現代の政策的な教訓のような架空の存在というよりはむしろ固有の存在であり，大多数の人間に関係している。そして，相互依存の関係のある側面をもつものである (Cavarero, 2002, p. 512)。

カバレロは，固有の人間は，政策決定者がどのように話すのかについて論じている。隠喩を使って，聴衆の中で，人間の反応を誘発する独特な声の力を探

6.3 政策および実践の認識論

し求めている。すなわち，聴衆というのは，演説者の人間性に十分気づくことができるようになる。つまり，いつも唯一の存在である演説者は，同時に他の人間との関係性の中にいることにもなる[2]。

カバレロは，安定した理論の世界に避難することによって制御不可能な活動の世界を制御するということについて考えるために，人間の個人的領域の開放性の説明と，今なお続いている哲学的伝承であるプラトンの欲求とを対比している。すなわち，彼女が論じているのは，洞窟神話である。プラトンは，彼の精神の中で熟考した公正というイデアによってモデル的な都市をデザインしている。次に，カバレロは，どのように理論が制御に向かう勢いに影響するかについて指摘している。それは実践よりも理論が卓越していると考えられてきたことからも明らかである。たとえば，彼女は次のように書いている。ホッブス（Hobbes）とロック（Locke）は，ある秩序の中で，政策的な理論が特別な目的を認識していることを確かめている——統治できること，予測できること，利便性があること，安定していること，そして，公正かつ正当性があること。そして，それは，人間の自然で前政策的な状態における対立を中立化させるとしている（p.511）。これは，理論が，結果をシステムや秩序といった実践に応用できることを意味している。

一方で，カバレロは，制御をもたらすための，政策的な理論の失敗の理由について述べている。この課題の不可能性は，単に歴史の偶発的な事実といったことではない。論理的に不可能ということである。すなわち，妄想を求めるような，何とも得体の知れないものだからである（Carroll, 1974）。人間は絶えずシステムというものを回避してきた。もし，理性のある人間が同意したならば，他の者も同じような合理的なシステムに対して同意するであろう。しかし，彼

---

[2] 人間の存在に関する現象学について，ここで論じる以外にもより多くのことがあった。たとえば，Sartre (1958) の Look に関する影響力のある考察や，Other を他の事象への試みを通してどのように切り取っていくかといったことである。同様に，Gaita (1998) は，それぞれの人間の尊さの感覚について論じている。ここでいう人間の尊さとは，奪うことのできない人間の権利や，それらの果ての人間といった概念とは区別される。それはまた，どのように私たちがそうした感覚を失い得るか，また，私たちの注意をそこへ向けるかといったことでもある。彼は，ヴェイユを引用している（p.10）。「もし，あなたが隠れたいのなら，貧しくなるより確かな方法はない」。

第 6 章　自伝と政策

らはそうしない。現在の政策的な理論化についての 2 つの動向がわかる啓蒙運動について考えてみよう。1 つは，理論に基づいて制御や秩序を求めるという伝統である。もう一方は，理論化に基づく批判の伝統である（Foucault, 1984）。ベルナード・ウィリアムスは次の様に指摘する。

　　啓蒙に対する現代の最もよく知られたテーマは，前例のない圧制のシステムが一般化されることである。なぜなら，個人や社会に対する外在化された，客観的な真実に対する信念があるためである。これは理論の圧制に関する啓蒙を象徴する。ここでいう理論とは，外在化された，全てが一目で見えるようなものであり，そこには私たち自身をも含まれている（Williams, 2002, p. 4）。

彼は，このことを啓蒙のもう一つの動向，すなわち批判とも結びつけている。それは政策的，社会的な真実性に関する精神を主に表現している。ここでいう精神とは，アナーキー（無秩序状態）を導くものではない。むしろ，bios politicos によって求められる開放性が個人の余地を作り，他の人と共に，構築していくプロセスの中で，変化していくことを促している。1963 年の "On Revolution" という本の中で，アーレントは，歴史上のエピソードを賞賛している。それは，真の政策の例としての変革や革命である。ただし，彼女は永遠に続く革命を擁護しているわけではない。

6.3.2　固有と特有の認識論：活動と技術

　私たちは，普遍性の中で，理論（セオリア theoria）が固有性というものを消し去る過程について注目してきた。普遍性の中で固有性が奪われるのもう一つの過程は，物事や法治的な行動を扱う上で求められる実際的な知識と人間に求められる実際的な知識との融合の場にある（たとえば，橋を架けることや日食の予測）。この区別は，特に「何が効果的か」に対する研究の限界を探る上でも意義がある。アリストテレスは，praxis（実際的な知識）を理論的知識だけでなく，専門的な知識（poiesis）とも区別している。この専門的な知識と praxis は，ともに実際的な知識として存在するが，それらは政策との関連において様相を異にする。まず，専門的知識（poiesis）は生産的であり，何かを作り出さなければならない。後者

の実際的知識（praxis）は，どのように人が一市民として生きるかが問われ，実践から離れた成果は得られない。poiesis は，専門家が持ちうる技術的な知識を必要とする。アリストテレスは，この種の知識を teche と呼んでいる。ダンは，次のようにこれらを特徴化している。teche は，専門家が有する知識といったものである。それは，人々になぜ，なにゆえに，そしてどのように作るかについて明確な概念を与える。合理的な説明を提供し，確実に習得できるよう活動を管理する（Dunne, 1993, p.9）。theoria は，秩序の見通しを提供し，teche がしているように制御を行う。しかしながら，poiesis と praxis は，異なる。praxis は，個人的な知恵や理解を必要とするが，それは専門的ではない。ダンを再び引用すれば，

> praxis は，他者とともに，公的空間にあるものである。そのような空間において，人は隠された目的をもたず，自分自身から引き離すことのできない対象はないといった価値観のもとに共同体の中で賞賛されるような素晴らしさ（美徳）を実現しようとする。より個人的，経験的な知識といった類の規制を求める praxis は，teche によって与えられる知識よりも柔軟で，形式性も低い（p.10）。

「美徳」という言葉が示すように，実践的な知をもって活動することが必要であり，それが，道徳的に活動することにも通じる。ダンは，「アリストテレスの実践知（phronesis）という新しい概念……は，知識についての豊かな分析を提供し，人間に特有に適合する」としている。それゆえ，避けられない道徳上のものが praxis である（Dunne & Pendlebury, 2003, p.200）。別の言い方をすれば，私たちが最初の節で注目したように，ある状況において何が効果的かという情報だけでなく，特別な状況において何をするかといった決定も，そこに存在する人々によって規範に従った判断がなされなければならない。

6.3.3 暫定的な知識と小さなストーリー

私たちがこれまで論じてきた，政策立案者にとって必要とされる知識とは，一般化された知識や，永遠の真実といったもの，または，何かを作り出す技術や

スキルの知識よりもむしろ，固有や特有の知識である。アリストテレス派の用語で，政策立案者は，sophia や episteme, teche よりもむしろ praxis を必要とする。さらに，アレンディアン（Arendtian）の言葉を借りれば，それは，労働や熟考よりもむしろ公的な活動の生活を重視するといった認識論である。

私たちは，praxis が，新しい知見や理解に対して開かれていることに注目したい。それは，個人の単独的で特有なストーリーによって提供される新しい見方を活用することで，修正を導いている。そのような修正が意味するところは，決定や政策が歴史的に見て特有であるということである。したがって，どちらも決定的に確定できるものではない。両方とも，環境や新しい考え方の変化に応じていく必要がある。

実際的な知識は，人間の個人的領域の中から作られてくる。アーレントの誕生（natality）の概念は，ここに反映されている（Arendt, 1958）。彼女のもつ人間の個人的領域の概念は，変化に対して開かれており，新しい特有の人類が誕生してこそ変化するものであるということである。それらが世界を作り出し，他者とともに行動する。人間社会や法律のもろさ，そして，一般的に，人間の生活に属する全てのことは，誕生という人間の条件から生じる，そして，人間の本質のもろさとは完全に独立している（p. 191）。誕生は，私たちそれぞれが，同時に固有のものであり，特別な社会，そして政策的な文脈の中で生まれているということである。それゆえ，若い人をどう教育するか，その最善の方法は何かといったような，昔からある難題に対する完全なシステムやストラテジーというものは，いまだ作動していない。そして，正しい方向へ進むことが人間の本質ということでもない。それはまた，真の新しさが世界に入っていくことでもある。新しい社会が表れる。これはフォーマルでも，インフォーマルな社会構成でもあり得ることである。物事の新しい見方は，私たちの判断や理解を変化させる。

誕生は，新しい視点に遭遇したときに，実際的な知識は修正の対象となり得ることを意味する。それはいつも修正できるものである。新しい視点はそれ自体が，私たちが知っていることを変化させ，そして，私たちが実際的な判断や意志決定―私たちが何を知覚し，問題の中で何を判断し，そして，何のために役割を担うのか―を行えるようにする。スメイヤーとベルヘッセンが論じているよ

6.3 政策および実践の認識論

うに，教育的な問題は，新しい解釈や新しい意味を導きながら，いつも変化する特定の状況や文脈の中で起こっている。彼らは，家族の例をあげている。「児童虐待のケースについて広く報道を行うことは，おそらく必然的に家族に違った角度での役割を与えている……信頼の文脈は台無しとなる……教育において，私たちは再び（子どもの）権利の言葉を聞くことになる」(Smeyers & Verhesschen, 2001, p 82)。学級担任のレベルから国家政策のレベルにわたる，すべてのレベルにおいて何を行うかの決定は，そのような変化した知覚や理解を受けて変わってくるだろう。

　知覚や理解におけるそのような変化は，関連するすべての人の自伝の中で表現されるかもしれない。そして，彼らの物語は，それらの変化の特殊性や文脈に関して何かを捉えるだろう。Cotton and Griffiths (2007) は，自伝は，教育的な政策や実践についての聞き手の理解を変化させるように——実際には話し手もそうであるが——語られる可能性があることを論じている。コットンとグリフィスは，特定の社会的，政策的，歴史的文脈において境界線上にいる人たちによって語られた自伝についての研究を引用している。これらの1つは，登校についての気持ちを語った若い女性の自伝である。もう1つは，ダンスクラスの障害のある男の子について先生が語ったものである。これらの両方の自伝は，（それぞれ数学と創作の領域において）カリキュラムが変更するという文脈の中で語られたものであり，そして，学校教育における社会的な公平性に対していくつかの示唆を与えるものであった。

　修正の継続的な過程は，歴史的にみて実際的な知識（praxis）が具体化していくことを意味する。あらゆる種類の研究は，教育者が状況や知識の変化に遅れずについていくことを助ける。他の研究方法もそうであるが，私たちは自伝に焦点をあててこの議論を行う[3]。

---

3) 多くの出版物において，グリフィスは，信頼できる知識とはいつも条件つきで，修正可能であるとする考えについて論じている。

6.4 自伝における真実と妥当性の問題

もし自伝が認識論の核心であり，政策に適したものであるならば，それらが信頼できるかどうか，健全であるかどうかを決定する方法がなければならない。そのような健全さを説明する2つの視点がある。1つは，真実の根拠を検討することである。もう1つは，その妥当性を検討することである。順番にそれらをみてみよう。

6.4.1 真実性

真実（truth）についての問題は，社会科学や人文科学において激しく続く，その本質に関しての学問的論争によって複雑になっている。これらの論争は，多方面にわたり，錯綜している。本章にはそれらの論争について示唆する程度にしか紙面がない。影響力のある Bridges (2005) の論文は，真実に関する様々な理論について（照応説，整合説，実用説，など），その主流派の哲学的考察を教育と関連させながらまとめている。これらの理論は，Heikkenen ら (2000; 2001) がさらに深く考察している。その他の論考は，ポスト構造主義（postfoundational philosophies）によって影響を受けている。Walker and Unterhalter (2004) は，ある物語がどのくらいまで信用できるかを判断するときに，多角的な視点，経験から得た知識，そして，解釈が重要であると論じている。MacLure (2003) は，デリダ（Derrida）とフォカルト（Foucault）を引用して，真実はいつも原文に基づくものであるが，推論的なものであり，また，それは，何らかの力関係で満たされていると論じている。彼女は，そのような真実は，単純に報告できるものではないと主張する。

ベルナード・ウィリアムズは，真実の本質についての論争を回避するための役立つ方法を提唱している。彼は，私たちが真実ではなく，真実性（truthfulness）の方により焦点をあてることを提案する。人文科学や社会科学における真実についての懐疑論者は一様に，真実そのものに対して疑念をもっている。しかし，それにもかかわらず，真実は，「真実性を必要とする，あるいは，（より控えめにいうと）うそをつかないことに反映される」（Williams, 2002, p.1）と懐疑論者が述

べていることを彼は指摘する。彼は，真実性にかかわる2つの基本的な美点—精度（accuracy）と正直さ（sincerity）—を区別している。「これらの美点のそれぞれは，モラリストが衝動と呼ぶもの—すなわち，ファンタジーや願い—に対するある種の抵抗を与える」(p.45) と指摘している。オースティン（J.L. Austin）の言葉を借りて言えば 'middle-sized dry goods' について報告する場合，精度と正直さを判断することは比較的容易である。同様に，共通の文脈について議論するときは，判断は比較的単純である。しかし，自伝の場合，精度と正直さを判断することはより慎重を要する。しかし，それは，慣れ親しんだ慎重さである。普段の生活において，私たちはいつでも自伝を聞いたり，話したりしている。そのとき，私たちは，その聞いた話がどの程度，精確なのか，そして，どの程度，正直に話されていることなのかを判断する必要がある。自伝は，部分的であり，利己的であり，娯楽的であり，説得的であり，そして，不完全な記憶から引き出されるものであることを私たちは知っており，また実際にそれを予期している。これら（の知識）はすべて，固有の，特別な，唯一無二の，個々の声を理解する上で欠くことができないものである。また，個々の声は，知性や知恵の助けを借りて，個人の経験や他で獲得した知識から部分的に引き出されるものであると常に理解されている。

　自伝において何が精度と正直さに関わるのかを明らかにしておくことが必要である。第一に，ほとんど自明のことは，記憶されている物語の事実に関することがある。時間，場所，観察できる行動，など。第二に，これらの記憶にともなう感覚（feelings）がある。感覚は報告することが可能であり，また，それらは，どのように事実が報告されるかということにも影響を与える。事実と感覚は，中性的な（e.g. 感情表現や立場などがはっきりしない）言葉で報告される（あるいは，報告できる）ことはまれである。ウォーカーとウンターハルターが観察しているように，「我々の話は，話そのもののために話されるものではなく，また，他の年代，場所，あるいは文化への接続を仲介しないというものではない」(Walker & Unterhalter, 2004, pp. 285-286.)。解釈は避けられないものであり[4]，そして，（物語の）参加者の感覚は，解釈に影響を与える。最後に，事実と感覚が

---

4) 事実と解釈についてのより詳細な情報は4章の Griffiths (1998) をみよ。

報告される時,それと同時に,それらが理解され,報告される方法が,誰が聞き手(聴衆)であるかによって影響を受けるということがある。ストルーバントは1つの例を示している。学習プロセスについてのインタビュー研究を振り返って彼女は次のように述べる。

　学習についての話を理解しようとしているのは研究側の私だけではない。ライフ・ストーリーを話すとき,彼女たちは能動的に自分自身の生活経験に意味を与えようとしている……インタビューの間,彼女たちの何人かは,……仕事経験を様々な視点からみていたことを見抜いていた(Stroobants, 2005, p.50)。

Walker and Unterhalter (2004) は,聴衆の効果に関する別の例を示している。彼らは,南アフリカにおける真理と調停の委員会 (South African Truth and Reconciliation Commission) における聴衆のフェミニスト気風(男女同権論者)の欠如が,いかにレイプや性的な屈辱に対する女性の申し立てに影響を与えたかを論じている。

　精度と正直さの判断は,正確には手続きやルールの問題というよりも,むしろ,証拠を比較検討するための判断の問題といえる。研究者は,そのような判断をし,それをいかに行うかの指針を呈示する必要がある。そして,それには,聞き手に対して何を意図し,どのような目的をもって,どのように自伝的な説明が作られたのかについての証拠を活用したり,また,可能な限り文化的,政策的,個人的な文脈を十分に理解して判断したりすることが求められる。(このような研究者の取組が)どのようにして行われるのかについて2つの対照的な事例がある[5]。

　非常に影響力のある書籍,'Tell Them from Me' の序論はその典型である。ゴウと マックハーソンは次のような説明ではじめている。

　[これらの記事は] 1970年代後半にスコットランドの学校を退学した若者によって記述されたものである……この本は,彼らの経験,意見と感覚につ

---

[5] フィクションにみられる真実性についての考察を含めなかった。本書に関連する,興味深いテーマであるが,ここでは,それを検証するためのスペースがない。

いて，恨みと感謝について書かれたものである。若者から見た教育，仕事，雇用について書かれたものである（Gow & McPherson, 1980, p.3）。

それから，（ゴウとマックハーソンは）その記事に先だって，次のような見出しを示すことにより議論を構造化している。「誰が書いたもので，なぜ書いたのか」「書いたものは本当のことなのか」「退学した人は誰のために書いたのか」「書く内容の選択はどのようになされたのか」「私たちが，よりよく理解し，実践するにはどうしたらいいか」。これらの見出しの2つ目のものは特に興味深い。読み手（聴衆）の問題と精度／正直さの問題が一緒に取り上げられている。書かれた記事を信じる—あるいは信じない—ための両方の根拠として，生徒が何らかの集団（聴衆）に対して「演じている」わけではないことの理由が求められるのである。最後にゴウとマックハーソンは次のように書いている。

「彼らがコメントすることを決めたら，少なくとも何人かは，学校教育のネガティブな側面について経験したことを話すだろう」という可能性（考え）を排除することは論理的にも経験的にも不可能である。そのような姿勢がバイアスをもたらすかどうかは，ある程度は，判断をする読み手に委ねられている。（彼らが）書いた文書は，ときどき，怒りに満ちた，はっきりしない，敵意のある，不完全なものとして読まれるかもしれない。しかし，読み進める中で，その文書は嘘が書いてあるものである，悪意に満ちているものである，あるいは，不真面目なものであると感じるだろうか？　それらの透明性は明白であり，そして，その累積効果が確信へとつながっていく。たとえば，鞭で打たれたこと，無断欠席のこと，授業の不履修のことなどについて書かれた序章において，覚えのある，似たような話が退学者によって次から次へと述べられているが，これらの話は，実際に80以上の学校の若者の経験を反映したものである。これらは，個々，別々のものであるが，次から次へと出来事が経験され，記事が記録されていく (p.13)。

ストルーバントは，語られた物語は精確で正直なものであるかどうかをいかに読み手が判断するのかを説明するもう一つのアプローチについて述べている。

私は，私の解釈の基盤がいかに発達し，育てられ，そして物語を……公平に評価しようとしているのかについて詳細に記述している……そして，ある特定の女性のライフ・ストーリーと，私の解釈的分析による物語を交互に話すことにより，私自身の解釈を公平に評価しようとしていることについても詳しく述べている。また，読み手が研究報告の質，結果，そして，研究者の技巧を判断できるように……私の考察や内省を詳しく述べながら，私が行っている方法論上の道筋についても系統的に記述し，説明している(Stroobants, 2005, p.56)。

6.4.2 妥当性

真実の問題と同様に，妥当性の問題も社会科学における学際的論争によって複雑になっている。これまでのところ，私たちは，慣例的な論理から導き出された「妥当性」の意味をそれとなく仮定している。すなわち，妥当性とは，事実よりもむしろ論拠と考えられている。しかし，「真実」と同様に，この用語は，社会科学や人文科学における論争の的となっている。この論争の多くは，自然科学における用語の特殊な使用に関するものである。自然科学はそれ自体に適した特殊なテクニカルタームを発達させている。この論理においては，「妥当性」は，研究が本当に測定したいと意図したものを測っているか，あるいは，研究の結果はどのくらい正しいものなのかを決定する。これに対する1つの反論は，ポストモダニズム的な遊び心 (post modern play fullness) にみられる。妥当性についての別の理解には，Patti Lather (1994) によって提唱されるような「リゾマティック妥当性」(rhyzomatic validity) あるいは「反語的妥当性」(ironic validity) がある。Altheide and Johnson (1998) は，その他に「継承的妥当性」(successor validity)「触媒的妥当性」(catalytic validity)「超越的妥当性」(transgressive validity) を挙げている。もう一つの動きは，確実性を得るために，その妥当性の概念を取り除いてしまうことである (Altheide & Johnson, 1998)。Heikkinen ら (2007) や Feldman (2007) の関連のある2つの論文にみられるように，いくつかの議論においては，「妥当性」は「質」と同等とみなされているようである。

しかし，社会科学と人文科学は，自然科学における定義にあまり影響される必要はないし，また，そうあるべきでもない。代わりに，私たちは，測定ある

6.4 自伝における真実と妥当性の問題

いは確実性のどちらも要求しない，その用語のより一般的な理解から妥当性についての議論をはじめる。そして，自伝を議論することに適したより特殊なテクニカルな意味になるように，それを洗練させていく。

　私たちは辞書的定義にみられる妥当性を共通に理解することからスタートする。この中で，私たちはオースティンの次のようなコメントに従う（根拠とする）。「日常言語の識別は，実用上の目的にそって，はじめてうまくいくものであり，また，これは至難のわざである。日常言語は，最終的な言葉（last word）ではなく，はじまりの言葉（first word）である」(Austin, 1979, p. 185)。この方略は，人々が語る物語を判断するときに，その人たちが何を言おうとしていたのかを根拠にできるという利点をもっている。私たちは，この方略により，測定からスタートしないですむようになる。「妥当性」は，もともと測定に関連した特別な言葉ではない。むしろラテン語の validus に語源があり，'strong'（強い）を意味する。辞書的定義によれば，これを理解するためのよく知られた多様な方法があることは明らかである。Merriam-Webster (2006–7) は次の4つの新しい定義を示している。(1) 法律上の効用，あるいは力，(2) 根拠がしっかりしている，あるいは正当性がある：適切であると同時に意味がある，(3) 前提から引き出された正しい結論がある，(4) 結末の適切性―効果（「すべての技巧（工芸品）は妥当な方法を有している」という場合にみられる）。これらのうち，最初の定義は，ここでは明らかに関連がない。しかし，2, 3, 4番目は，本書に関係するものである。次に，これらの各々を順番にとりあげ，考慮するべき必要な議論を簡潔に述べる。

　妥当性の2番目の定義は，物語は真実性のあるものである―精度よく，かつ，正直に話されている―，がしかし，当面の問題にはいまだ結びついていない状態に対して注意を促すものである。自伝が適切で意味をなすためには，何が論点であるのかの理解を再構成する自伝の典型性や潜在性に関して検討しなければならない。ときどき，自伝は，それが日常的であることから明確な意味をなすことがある。すなわち，それらは，日々の複雑な文脈の中にみられる，普段の生活の鮮明な経験を意味する。たとえば，Cotton and Griffiths (2007) の研究における生徒と先生の物語はこのような特徴をもっている。これらの話は，固有な，個別的，個人的なものである。しかし，非典型ではない。これが，この話

の意味（意義）となっている。これに対して，日常的でないことにより自伝が明確な意味をもつこともある。そのような人の自伝は，めったに聞かれないために意味を引き起こすのである。たとえば，教育に関連することでいうと，極端に学力が高い者や低い者のことを想像してみてほしい。さらに，フェミニストと黒人の研究において過去数十年の間に明らかになったように，ある人の声はその他の人の声よりも容易に聞こえるということがある。性，人種，障害，社会階級といった理由により社会的に無視された人の自伝は，教育の機会均等に賢明に取り組む政策立案者に対してより多くの情報を提供するだろう。最後に，自伝が意味を有する条件として次のようなことがあるかもしれない。それは，それまで当然のように話していたことと違った展望やおなじみの奇妙さを呈示することによって，聞き手が論点を再構成することを支援することである[6]。

　妥当性の第3の定義は，自伝の再構成にかかわる典型性，バイアス，潜在性の問題を考慮した後で，さらに，真実性のあるナラティブから導かれた結論の性質（どのような性質を有しているのか）に対して注意を促すものである。ここではそのすべてを述べることができないが，これは「批判（criticality）」の領域であり，ナラティブ研究の非常に大きな領域を占めている。ここでカギとなる議論は，表象（representation），ジャンル（genre），文芸の質（literary quality）である。表象とは，自伝は話者だけでなく，それを再呈示しようとする研究者によっても提供できるという状態を意味する。すべての表象には，選択と判断が含まれる。物語を編集し，構成することは明らかに判断を必要とする。しかし，語られた形式は，その話の媒体についてどんな選択があるか，さらに，話は多くの中から選ばれた可能性の1つであるのか，それとも完成した限定的な内容となっているのかを示してくれるものでもある。ジャンルや文芸の質の議論は，表象と密接に関係するものである。最初のジャンルは，いかなる話も話者が利用できる属性（ジャンル）―もともとの話者とそれを再構成する研究者の両方の属性―によって影響を受けるということを意味する。これらは，お話のエンディングにおいて期待される幸福や悲劇の結末を望むようなことを含んでいる。すなわち，自伝は1つの物語の様式として機能することが求められる。後者の文芸の質は

---

[6] Wittgenstein & Cavell が引用しているスメイヤーの「反応性の領域の開始」（opening up the sphere of responsiveness）についての役立つ考察をみよ（Smeyers, 2007）。

6.4 自伝における真実と妥当性の問題

ジャンルに近い概念である。しかし，一部の研究者にとって，それはジャンルよりも広い領域をカバーするものである。たとえば，レヌカ・ヴィスルが「重要な記述」(crucial description) として言及しているものに関係する4つの条件の1つに，「変化させる力」(transformacy) がある。これは読み手に改革的な変化をもたらす力をもつ (Vithal, 2002)。このうち，少なくとも一部は，文芸の質の問題でなければならない。論争の余地はあるが，文芸の質は，自伝の表出においてフィクションを利用することに関連するかもしれない。Walker and Unterhalter (2004) は，南アフリカ報道局のジャーナリスト，Antjie Kron (1998) によって書かれた，真理と調停の委員会 (the Truth and Reconciliation Commission) における証言に関する記事について考察している。2年間にわたり委員会で報告されたことをまとめた本の中で，彼女は，物語により真実性（真実味）をもたせるようにフィクションを使って彼女自身のことを脚色している。文芸の質は，物語の語りの技巧（工芸品）の一部でもあるため，これは，上記した辞書的定義の第4番目とも関連する。

第3の定義は，批判 (criticality) だけでなく省察 (reflexivity) に対しても注意を促す。話の結論は，決して単純には引き出されない。それらは重なりをもっており，様々な解釈によって影響を受ける。聴衆や研究者の意図や観念によって，結末は構成されたり，あるいは再構成されたりするかもしれない。ギャップがあることに留意しなければならない。話し手の意図が評価される。そのとき注目されるのは，話し手，聞き手，研究者の関係である。研究者個人の話であっても，それは教育的研究や政策との間の関係で，意味を有するようになる。研究者の側の明白な省察 (reflexivity) は，読み手にも省察 (reflexive) をもたらす。

6.4.3 真実性のある，妥当な自伝

真実性と妥当性が判断された自伝を提供することは，研究者の責任である。また，研究の読者が，これらの批判的なアセスメントを行えるように自伝を提供することも研究者の責任である。これは自伝的研究とそれ以外の個人的な物語（一般的な自伝，逸話，たとえ話，ゴシップなど）との決定的な違いである。健全な自伝的研究が成り立つためには，研究者が次のことを考慮する必要があると考える。

第6章 自伝と政策

(1) 真実性：精度と正直さ
(2) 典型性
(3) 表象
(4) 問題の再構成
(5) ジャンル
(6) 文芸的質
(7) 省察

　最終的に，また決定的に求められることは，認識論における健全な自伝的研究は，読み手自身がその健全性をアセスメントできるという状況の中で提供されるべきということである。すべての研究においてそうであるように，研究者が語る物語は，それ自体が信頼でき価値あるものであることを示さなければならない。

6.5　政策立案者は自伝的研究を使うことができるか，また使うべきか？

　この最後の節では，政策と認識論の問題を一緒に扱う。政策周期のいくつかの段階において，自伝とライフ・ライティングの研究は注目されており，場合によっては，それに注目すべきことが提案されている。同様に，自伝とライフ・ライティングの研究は，事実上，政策上の様々なレベルと目的に適していることが示唆されている。広範囲に広がっている自伝的研究を観察しながら，いくつかの例に注目する。

　自伝的研究が政策に影響を与えることを主張するために，ある人は，それが政策に影響している事実を探そうとするかもしれない。しかし，そのような研究の効果を評価することが困難であることは周知のことである (Nutley, Walter & Davies, 2007)。上記したように，政策決定のプロセスは単純でなく，また線形的でもない。そして，それに誰がかかわっているかは必ずしもはっきりとしていない。それが直線的な時でさえ，また，何が影響して何が影響しないのかわかっている時でさえ，おそらく，私たちはその政策決定に関わる，完全な物語を知ることはないであろう。しかし，その政策への影響の可能性を実証するためには，自伝が過去にそのような力を示したという状況事例を見れば十分で

6.5 政策立案者は自伝的研究を使うことができるか，また使うべきか？

ある。そして，このような事例を見つけることは，それほど難しいことではない。Gow and McPherson (1980) の仕事はそのような例の一つである。この研究は，その後20年以上にわたり，政府文書の中で引用され続けている (Scottish Parliament, 2002)。実際，英国全体にわたって，政府教育部門は，個々人の経験に焦点を当てた研究—その多くは個人的な物語の枠組みで収集されたものである—を受け入れるだけでなく，積極的に探してもいる。Munn ら (2005) の仕事は，学校において行動支援のために付加的な人員を配置することに関して行われたものであるが，そこでは，その職員と生徒の個々の環境を調査する中で，何を取り組むかだけでなく，なぜ，どのような文脈においてそれをするのかということにも焦点を当てている (Munn, 2005)。最近，教育技能省（現在は子ども・学校・家族省）は，イングランドやウェールズにおいて，特別支援学校や特別教育施設 (Pupil Referral Units) から退学となった生徒の物語を知ることが重要な要素であるという認識のもと，彼らの経験に関する研究委託を進めている (Pirrie & Macleod, 2007)。

ところで，私たちのより緩やかな基準—すなわち，自伝は政策に影響をしている—を考えてみると，この基準は容易にクリアできることは明らかである。問題は，自伝は政策に当然影響を与えるはずのものになり得るのか，そして，もしそうなら，それは政策のどんなタイプ／レベルに対して，またどの段階においてなのか，ということである。私たちは，これまでに自伝の健全性を確立するための方法について概説してきた。また，読み手が，それをどのように判断するかを示すことは，研究者の責任であることも示した。そこで，今度は，自伝的研究が政策に影響を与える様々な条件について探索してみる。

自伝的研究が特によく適していると考えられるいくつかの研究領域がある。第一に，人種，階級，性別，障害，性的関心など，より多次元の特性が交差している生活状況について考えたとき，その境界線上にいる人々の経験がある。ナラティブ研究は，伝統的に，これまで聞くことができなかった人の声，つまり境界線上にいる人の声を舞台に上げる方法として提供されてきた (e.g. Casey, 1995/6)。Biesta (2007) が観察しているように「教養」に関する教育的研究の役割の一つは，すでに確立された序列やこれまで当たり前のように考えられてきた問題に光を当てることにより，すでに「知っていること」(known) を新しい

視点から再分析することを考慮することである。文脈の中の個々人の生活を検討することに焦点を当てることにより，自伝はこのような目的に特によくあてはまると思われる。教育システムの境界線上にいる人の経験を調査する研究は，他の研究によって一般化されたことが，境界線上の人にとっては真実ではない可能性があることを検討する。彼らの「小さな物語」は他の研究によって導き出された「より大きな景観」を洗練していく力を持っている。しかし，個人を考慮することは，境界線上にいる人たちに限られるべきものであろうか？　危険な状況にいない，つまり，境界線上にいない人の個人の経験とはどんなものなのか？　実際にもし，政策が個人的なものであるならば，それは，いわゆる主流の人を含めてすべての人を対象としたものであり，そして，自伝的研究は，通常から外れた人だけでなく，「大多数」の人も対象にできることを政策立案者は考慮すべきである。

　第二に，長期にわたる経験についての研究がある。これは，人を長年にわたって追跡していくような縦断的研究を通して検討される。しかし，政策立案者はさておき研究者は，その多くの年月を必ずしも自由に使えるというわけではない。移行に興味をもつ研究者は，そのような状況の中でライフ・ヒストリー・アプローチ（life-history approaches）を利用する。このタイプの研究例には，16-19歳の願望に関する Watts and Bridges (2004) の研究，労働者階級の若者に関する McDowell (2001) の研究，学校から職場への移行を検討した O'Sullivan and Rouse (2004) の研究などが含まれる。これらの研究はすべて根本的には，長期にわたり，それぞれのおかれた状況の中でどのようなことを感じるのか，また，それらの経験にどのような意味を見いだすかを問うものである。そして，これらの問いは，自伝的なアプローチでしか答えることができないものである。同様に，バラン，ストラサム，ムーニー，ブロックマン（Brannen, Stratham, Mooney & Brockmann）のケアキャリアに関する研究は，チャイルドケアワーカーたちの人生を継続的に追跡し続けながら公募政策を雇用分野に役立てるという明確な目的をもって実施され続けている（Brannen et al., 2007）。このように，ある組織の中で生きるとは何かということを縦断的に説明するために，それに関わる個々人の物語を導く研究が行われている。

　最後に，大規模スケールの量的な研究の領域があるかもしれない。ただし，こ

6.5 政策立案者は自伝的研究を使うことができるか,また使うべきか?

れは,おおよその流れを描くことができる一方,非常に複雑な状況のニュアンスをつかむことに失敗する可能性がある。この1つの例としては,青年時代の回復力の研究,特にミハエル・ウンガー (Michael Ungar) の国際的研究がある (Ungar, 2004; 2006)。この研究は,研究デザインにナラティブの軸を加えることで得られる特別な洞察により,大規模スケールの量的な研究の中で回復力の文化的特殊性を検討している。

自伝的研究が特に適している政策プロセスの場面もある。(この本で) ブリッジとワットは,政策決定プロセスの複雑性について述べている。それはボトム,ミドル,あるいはトップから始まる繰り返しのプロセスである (Nutley et al., 2007)[7]。様々な視点から物事をとらえ,そして,隠れていた問題を明らかにすることにより,自伝的研究は,政策が取り組むべき課題を特定するかもしれない。つまり,それは,政策議題の設定に寄与する。自伝は政策の洗練,評価,そして「微調整」に寄与するものである。様々な社会的な文脈の中で個人の経験を捉え,また,複雑で微妙な状況を表象するという自伝の能力ゆえに,最終的に,このアプローチは「何が効果的か」という単純な質問に答えるだけでなく,なぜ,いつ,どのような環境で何が効果的なのか,そして,なぜ,いつ,どこで効果があらわれないのかというような問題に答えることに役立つ。

それゆえ,自伝は,研究の特定領域や政策立案プロセスのある部分に対しては,特に貢献するものといえる。しかし,同時に,政策論議は,政策に影響を与え

---

[7] Nutley, Walter & Davies (2007) がはっきりと示しているように,政策立案はいつもトップダウンで操作される単純な線形的なプロセスではない。むしろそれは,実践者,組織,そして政策立案の間の複雑で,相互作用的なプロセスである。教育的政策は (次の) 4つのカギとなる次元の中で変化していくものと特徴づけることができる。第一は,取組の実質的領域である。たとえば,子どものアセスメント,教員のトレーニング,社会的な公正さがこれにあたる。2番目は,政策が適用されるレベルである。たとえば,これには,子ども,学級,学校,機関が含まれる。3番目は,政策周期の段階である。問題の同定,議論の決定,分析,基準,立法制定と採択,実施,評価が含まれる。4番目は,政策変化の発信源である (Doyle, 1997; Nutley, Walter & Davies, 2007)。研究,地方において受け入れられている神話,変化のモデル (e.g. 技術的合理性における「指示と介入」(prescribe and intervene) 対「診断と理解」(diagnose and understand) のアプローチ),個人的な経験である。これら (の発信源) はすべて世界的な動向や,国境を越えた共通政策 (travelling policy) が地方の文脈や,地方の場にすでにある政策 (embedded policy) によってどの程度取り込まれるかにより調整される。

るような健全な研究の手段として，自伝は信頼性が不足するとも推察している。「何が効果的か」の論議は，政策立案者が行う研究のタイプについて「受け入れられるスピーチ（つまり，自伝）の限度」を定義することになる。しかし，政策に役立っている自伝的研究の証拠を見つけることは容易でない一方で，一般に信じられているのとは反対に，自伝的研究はまだ健在であることは明らかである。重要なことは，委託される研究というのは「何が効果的か」の伝統の中にだけみられるということである。つまり，政府が出資する自伝に関わる研究は，そのような（伝統の）レーダーを通過している。もちろん，それができなければ，研究は起こらないと推測する。しかし，少し探せば，そこには，そのような事例がある。たとえば，次の研究を考えてみてほしい。Evans, Pinnock, Beirens and Edwards (2006), Brannen ら (2007), Cameron, Bennert, Simon and Wigfall (2007), Cunningham and Hargreaves (2007)。これらはすべて，少なくとも自伝的な方法の一部を使った研究計画であり，そして，そのすべては，子ども・学校・家族省の website で公表されている。

　要約すると，自伝的アプローチは，直接的に問題や疑問に取り組むための最もよい方法であり，研究はそれを利用し続けている。しかし，政策論議のパワーの前では，これらのアプローチは，ほとんどその名前を示せないというよりも，むしろ「質的研究」や「ケーススタディ」のような漠然とした用語の下に隠されてしまっている。Ungar (2006) はいくつかの興味ある事例を提供している。彼は，彼のライフ・ヒストリーの仕事を含む，質的研究のための資金を得るために，資金提供者を説得した方略について述べている。それは，量的な研究のようにみせる「装飾」やより大規模な量的研究と質的側面を結びつけることにより「ゾウと一緒に眠る（ようにみせる）」ことを含むものである。この章において，私たちは，自伝的研究の健全性を評価するための基準を提案してきた。そうすることによって，別のアプローチのためにデザインされた基準と対立せずに，政策立案者がこのタイプの研究（つまり，自伝的研究）を考慮することにより信頼をもてるようになることを望んでいる。

　何のために教育があるのかということに関しても，自伝的研究は多くの知識を提供してくれる。スメイヤーとベルヘッセンは，「固定され，また統一化された意味を教育がもたなければならないとするイデアから解放することで，私たち

の教育の目的は変わるだろう」と述べている（Smeyers & Verhesschen, 2001, p. 80）。彼らは哲学について論じているが，彼らの議論は自伝に関連するものでもある。これは驚くことではない。なぜなら，その論文のタイトルは「哲学的研究としてのナラティブの分析」だからである。自伝的研究は政策立案者によって適切に使われており，そして，もっと頻繁に使うこともできるだろう。それは，政策にとって意味のあるエビデンスの基盤となり続けるべきである。自伝的研究は，政策立案者によって必要とされる実際的な知識に本質的に寄与するものである。自伝は批判的，省察的に呈示され，そして，その真実性と妥当性―精確さ，正直さ，典型性―がどの程度であるかに注意を払うとき，それは健全な認識論的な基盤をもつことを私たちは示している。

参考文献

Altheide, D. and Johnson, J. (1998) Criteria for Assessing Interpretive Validity in Qualitative Research, in: N. Denzin and Y. Lincoln (eds) *Collecting and Interpreting Qualitative Materials* (London, Sage).

Arad, B. D, and Leichtentritt, R. D. (2005) Young Male Street Workers: Life Histories and Current Experiences, *British Journal of Social Work*, 35.4, pp. 483–509.

Arendt, H. (1958) *The Human Condition* (London and Chicago, University of Chicago Press).

Arendt, H. (1963) *On Revolution* (London, Faber & Faber).

Atkinson, R. (1998) *The Life Story Interview* (Thousand Oaks, CA, Sage).

Austin, J. L, (1979) *Philosophical Papers*, 3rd edn. (Oxford, Oxford University Press).

Avramidis, E. and Norwich, B. (2002) Teachers' Attitudes Towards Integration/Inclusion: A Review of the Literature, *European Journal of Special Needs Education*, 17.2, pp. 129–147.

Biesta, G. (2007) Why 'What Works' Won't Work. Evidence-Based Practice and the Democratic Deficit Of Educational Research, *Educational Theory*, 57.1, pp. 1–22.

Brannen, J., Stratham, J., Mooney, A. and Brockmann, M. (2007) Care Careers: The Work and Family Lives of Workers Caring for Vulnerable Children, Thomas Coram Research Institute *Research Brief* available online at http://www.dfes.gov.uk/research/data/uploadfiles/TCRU-02-07.pdf [accessed 25/7/7].

Bridges, D. (2003) *Fiction Written Under Oath?* (London, Kluwer Academic Publishers).

Bruner, J. (1986) *Actual Minds, Possible Worlds* (Cambridge, MA, Harvard University Press).

Bullough, R. V. (1998) Musings on Life Writing: Biography and Case Studies in Teacher Education, in: C. Kridel (ed.) *Writing Educational Biography: Explorations in Qualitative Research* (New York, Garland), pp. 19–32.

Butler, J. (1990) *Gender Trouble: Feminism and the Subversion of Identity* (New York, Routledge).

Cameron, C., Bennert, K., Simon, A. and Wigfall, V. (2007) Using Health, Education, Housing and Other Services: A Study of Care Leavers and Young People in Difficulty, *Research Brief* available online at http://www.dfes.gov.uk/research/data/uploadfiles/TCRU-01-07.pdf [accessed 25th July 2007].

第 6 章　自伝と政策

Carroll, L. (1974) *The Annotated Snark* (ed. and intro. M. Gardner) (Harmondsworth, Penguin).
Casey, K. (1995/6) The New Narrative Research in Education, *Review of Research in Education*, 21, pp. 211–253.
Cavarero, A. (2002) Politicizing Theory, *Political Theory*, 30.4, pp. 506–532.
Chaitin, J. (2004) My Story, My Life, My Identity, *The International Journal of Qualitative Methods*, 3.4, pp. 1–17.
Clough, P. (1996) 'Again Fathers and Sons': The Mutual Construction of Self, Story and Special Educational Needs, *Disability & Society*, 11.1, pp. 71–81.
Clough, P. (2002) *Narratives and Fictions in Educational Research* (Buckingham, Open University Press).
Connelly, F. M. and Clandinin, D. J. (1990) Stories of Experience and Narrative Enquiry, *Educational Researcher*, 19.5, pp. 2–14.
Griffiths, M. and Cotton, T. (2007) Action Research, Stories and Practical Philosophy, *Educational Action Research*, 15.4, pp. 545–560.
Couser, G. T. (2002) Signifying Bodies: Life Writing and Disability Studies, in: S. L. Snyder, B. J. Brueggemann and R. Garland-Thomson (eds) *Disability Studies: Enabling the Humanities* (New York, Modem Language Association of America).
Cunningham, M, and Hargreaves, L. (2007) *Minority Ethnic Teachers' Professional Experiences: Evidence from the Teacher Status Project, Research Brief No. RB853* (London, Department for Education and Skills).
Curtis, K. (2002) Review Essay of Cavarero and Riley, *Political Theory*, 30.6, pp. 852–857.
Czarniawska, B. (2004) *Narratives in Social Science Research* (London, Sage).
Dennett, D. (1995) *Darwin's Dangerous Idea* (London, Allen Lane).
Doyle, W. (1997) Heard Any Really Good Stories Lately? A Critique of the Critics of Narrative in Educational Research, *Teaching and Teacher Education*, 13.1, pp. 93–99.
Dunne, J. (1993) *Back to the Rough Ground: Practical Judgement and the Lure of Technique* (South Bend, IN, University of Notre Dame Press).
Dunne, J. and Pendlebury, S. (2003) Practical Reason, in: N. Blake, P. Smeyers, R. Smith and P. Standish (eds) *The Blackwell Guide to the Philosophy of Education* (Oxford, Blackwell).
Eick, C. J. (2002) Studying Career Science Teachers' Personal Histories: A Methodology for Understanding Intrinsic Reasons for Career Choice and Retention, *Research in Science Education*, 32.3, pp. 353–372.
Evans, R., Pinnock, K., Beirens, H. and Edwards, A. (2006) Developing Preventative Practices: The Experiences of Children. Young People and their Families in the Children's Fund, *Research Brief* RB735; Department for Education and Skills.
Feldman, A. (2007) Validity and Quality in Action Research, *Educational Action Research*, 15.1, pp. 21–32.
Fischer-Rosenthal, W. (1995) The Problem with Identity: Biography as Solution to Some (Post)-Modernist Dilemmas, *Comenius*, 15.3, pp. 250–265.
Franzosi, R. (1998) Narrative Analysis–or Why (and How) Sociologists Should Be Interested in Narrative, *Annual Review of Sociology*, 24, pp. 517–554.
Fraser, H. (2004) Doing Narrative Research: Analysing Personal Stories Line by Line, *Qualitative Social Work*, 3.2, pp. 179–201.
Frogget, L. and Chamberlayne, P. (2004) Narratives of Social Enterprise: From Biography to Practice And Policy Critique, *Qualitative Social Work*, 3.1, pp. 61–77.
Foucault, M. (1984) What is Enlightenment?, in: P. Rabinow (ed.) *The Foucault Reader* (London, Penguin), pp. 32–50.
Gaita, R. (1998) *A Common Humanity* (London, Routledge).
Glasby, J. and Lester, H. (2005) On the Inside: A Narrative Review of Mental Health Inpatient Services, *British Journal of Social Work*, 35, pp. 863–879.

Gitlin, A. and Russell, R. (1994) Alternative Methodologies and the Research Context, in: A. Gitlin (ed) *Power and Method: Political Activism and Educational Research* (New York, Routledge).
Gow, L. and McPherson, A. (eds) (1980) *Tell Them From Me* (Aberdeen, Aberdeen University Press).
Griffiths, M. (1995a) *Feminisms and the Self: The Web of Identity* (London and New York, Routledge).
Griffiths, M. (1995b) Biography and Epistemology, *Educational Review*, 47.1, pp. 75–88.
Griffiths, M. (1998) *Educational Research for Social Justice: Getting off the Fence* (Buckingham, Open University Press).
Griffiths, M. (2003) *Action for Social Justice in Education: Fairly Different* (Maidenhead, Open University Press).
Hammersley, M. (2002) *Educational Research: Policymaking and Practice* (London, Paul Chapman).
Heikkinen, H. L. T., Huttunen, R. and Kakkori, L. (2000) 'And This Story is True': On the Problem of Narrative Truth. Paper presented to ECER, Edinburgh, September, www.leeds.ac.uk/educol/documents/00002351.htm (Accessed 28 February, 2007).
Heikkinen, H., Kakkori, L. and Huttunen, R. (2001) This is My Truth, Tell Me Yours: Some Aspects of Action Research Quality in the Light of Truth Theories, *Educational Action Research*, 9.1, pp. 9–24.
Heikkinen, H. L. T., Huttunen, R. and Syrjälä, L (2007) Action Research as Narrative: Five Principles for Validation, *Educational Action Research*, 15.1, pp. 5–19.
Hogan, P. (2000) Virtue, Vice and Vacancy in Educational Policy and Practice, *British Journal of Educational Studies*, 48.4, pp. 371–390.
Jolly, M. (ed.) (2001) *Encyclopedia of Life Writing: Autobiographical and Biographical Forms* (Chicago, Fitzroy Dearborn Publishers).
Jones, G., O'Sullivan, A. and Rouse, J. (2004) 'Because it's Worth It?': Education Beliefs Among Young People and their Parents in the United Kingdom, *Youth & Society*, 36.2, pp. 203–226.
Jordens, C. F. C. and Little, M. (2004) 'In this Scenario, I Do This, for These Reasons' : Narrative, Genre and Ethical Reasoning in the Clinic, *Social Science & Medicine*, 58.9, pp. 1635–1645.
Krog, A. (1998) *Country of My Skull* (London, Cape).
Kvernbekk, T. (2003) On Identifying Narratives. *Studies in Philosophy and Education*, 22, pp. 267–279.
Lather, P. (1994) Fertile Obsession: Validity After Poststructuralism, in: A. Gitlin (ed) *Power and Method: Political Activism and Educational Research* (New York, Routledge).
Lawson, H., Parker, M. and Sikes, P. (2006) Seeking Stories: Reflections on a Narrative Approach to Researching Understanding of Inclusion, *European Journal of Special Needs Education*, 21.1, pp. 55–68.
MacLure, M. (2003) *Discourse in Educational and Social Research*. (Buckingham, Open University Press).
Mauthner, M. (2000) Snippets and Silences: Ethics and Reflexivity in Narratives of Sistering, *International Journal of Social Research Methodology*, 3.4, pp. 287–306.
McCloskey, D. N. (1990) Storytelling in Economics, in: C. Nash (ed.) *Narrative in Culture: The Uses of Storytelling in the Sciences, Philosophy, and Literature* (London, Routledge), pp. 5–22.
McDowell, L. (2001) 'It's That Linda Again' : Ethical, Practical and Political Issues Involved in Longitudinal Research with Young Men, *Ethics, Place and Environment*, 4.2, pp. 87–100.
McNulty, M. A. (2003) Dyslexia and the Life Course, *Journal of Learning Disabilities*, 36.4, pp. 363–381.

第 6 章 自伝と政策

Merriam-Webster Online Dictionary (2006–7) 'valid', http://www.m-w.com/dictionary/valid [accessed 3 August, 2007].

Munn, P. (2005) Researching Policy and Policy Research, *Scottish Educational Review*, 37.1.

Munn, P., Riddell, S., Lloyd, G., Macleod, G., Stead, J., Kane, J. and Fairley, J. (2005) Evaluation of the Discipline Task Group Recommendations: The Deployment of Additional Staff to Promote Positive School Discipline. Research Report to the Scottish Executive Education Department. Available at www.scotland.gov.uk/Home

Nutley, S. M., Walter, I. and Davies, H. T. O. (2007) *Using Evidence: How Research Can Inform Public Services* (Bristol, Policy Press).

Ozga, J. (2004) From Research to Policy and Practice: Some Issues in Knowledge Transfer, *CES Briefing No.31*. Centre for Educational Sociology University of Edinburgh. Available online at www.ces.ed.ac.uk/PDF%20Files/Brief031.pdf [accessed 8th May 2007].

Ozga, J. and Jones, R. (2006) Travelling and Embedded Policy: The Case of Knowledge Transfer, *Journal of Education Policy*, 21.1, pp. 1–17.

Pirrie, A. and Macleod, G. (2007) Tracking Pupils Excluded From PRUs And Special Schools: Some Methodological Concerns. Paper presented at *Work With Young People Conference* Leicester 14th-15th June 2007.

Pollard, A. (2005) Explorations in Teaching and Learning: A Biographical Narrative and Some Enduring Issues, *International Studies in Sociology of Education*, 15.1, pp. 87–105.

Polkinghorne, D. E. (1995) Narrative Configuration in Qualitative Analysis, in: J. A. Hatch and R. Wisniewski (eds) *Life History and Narrative* (London, Falmer Press), pp 5–23.

Reissman, C. K. (1993) *Narrative Analysis* (Thousand Oaks, CA, Sage).

Richardson, L. (1992) The Poetic Representation of Lives: Writing a Postmodern Sociology, *Studies in Symbolic Interaction*, 13, pp. 19–29.

Sanders, J. and Munford, R. (2005) Activity and Reflection: Research and Change with Diverse Groups of Young People, *Qualitative Social Work*, 4.2, pp. 197–209.

Santoro, N., Kamler, B, and Reid, J. (2001) Teachers Talking Difference: Teacher Education and the Poetics of Anti-Racism, *Teaching Education*, 12.2, pp. 191–212.

Sartre, J-P. (1958) *Being and Nothingness*, H. Barnes, trans. (London, Methuen).

Saunders, L. (2003) On Flying, Writing Poetry and Doing Educational Research, *British Educational Research Journal*, 29.2, pp. 175–187.

Scottish Parliament (2002) http://www.scottish.parliament.uk/business/committees/historic/education/or-02/ed02-1902.htm [accessed 2nd May 2007].

Searle, J. R. (1964) How to Derive an 'Ought' from an 'Is', *The Philosophical Review*, 73.1, pp. 43–58.

Smeyers, P. (2007) The Hidden Homogenisation of Educational Research: On Opening Up the Sphere of Educational Responsiveness, in: P. Smeyers and M. Depaepe (eds.) *Educational Research: Networks and Technologies* (Dordrecht, Springer).

Smeyers, P. and Verhesschen, P. (2001) Narrative Analysis as Philosophical Research: Bridging the Gap Between the Empirical and the Conceptual, *International Journal of Qualitative Studies in Education*, 14.1, pp. 71–84.

Smith, S. and Watson, J. (2001) *Reading Autobiography: A Guide for Interpreting Life Narratives* (Minnesota, University of Minnesota Press).

Stanley, L. (1993) On Auto/biography in Sociology, *Sociology*, 27.1, pp. 41–52.

Stroobants, V. (2005) Stories about Learning in Narrative Biographical Research, *International Journal of Qualitative Studies in Education*, 18.1, pp. 47–61.

Thompson, P. (2004) Pioneering the Life-story Method, *International Journal of Social Research Methodology*, 7.1, pp. 81–84.

Townsend, L. and Weiner, G. (2011) *Deconstructing and Reconstructing Lives: Using Autobiography in Educational Settings* (London, ON, Althouse Press).

Ungar, M. (2004) *Nurturing Hidden Resilience in Troubled Youth* (Toronto, University of Toronto Press).

Ungar, M. (2006) 'Too Ambitious': What Happens When Funders Misunderstand the Strengths of Qualitative Research Design, *Qualitative Social Work*, 5.2, pp. 261–277.

Vithal, R. (2002) Crucial Descriptions: Talking Back to Theory and Practice in Mathematics Education Through Research, *Proceedings of the Third International Mathematics Education and Society Conference*, pp. 501–511. Helsingor, Denmark. Available at http://www.mes3.learning.aau.dk/Papers/Vithal.pdf [accessed January, 2008].

Walker, M. and Unterhalter, E. (2004) Knowledge, Narrative and National Reconciliation: Storied Reflections on the South African Truth and Reconciliation Commission, *Discourse: Studies in the Cultural Politics of Education*, 25.2, pp. 279–297.

Watts, M. and Bridges, D. (2004) *Whose Aspirations? What Achievement?: An Investigation of the Life and Lifestyle Aspirations of 16–19 Year Olds Outside the Formal Educational System* (Cambridge, East of England Development Agency).

Wetle, T., Shield, R., Teno, J., Miller, S. C. and Welch, L. (2005) Family Perspectives on End-of-Life Care Experiences in Nursing Homes, *Gerontologist*, 45.5, pp. 642–650.

Williams, B. (2002) *Truth and Truthfulness: An Essay in Genealogy* (Princeton, NJ, Princeton University Press).

第7章 アクションリサーチと政策

ロレーヌ・フォアマン＝ペック，ジェーン・マレー

　本章では，「アクションリサーチ（action research）」と「政策」と「教師，政治家，およびその他の潜在的な利用者がアクションリサーチ研究に抱く信頼（confidence）」との関係について考察する。発表される教師のアクションリサーチ報告の多くは，社会科学的研究報告の従来の基準を十分満たしていないという理由で批判され，暗に，信頼できないとされる。その一方で，学者や政治家の中には，アクションリサーチを理論展開，優れた実践の普及，あるいは水準向上のための潜在的方法として見なす者がいる。アクションリサーチの主要なアプローチとして，①専門的学習，②実践哲学，および③批判的社会科学，の3つがあるが，それらに関する考察から，信頼に関する判断は，実践研究者によってなされる多様な知識主張の理解と，エビデンスまたは理由の確かさに関する適切な判断によって決まることが示される。

7.1　はじめに

　「教える」ということを，「エビデンスに基づいた専門的職業」にする動きは，教師が教師自身の研究を含む他者の研究結果に関与し，彼ら自身で研究に取り組むように促し，政府出資の研究構想の急増をもたらしている[1]。教師ら

---

[1]　たとえば，DfES（英国教育雇用省）発行の学校理事会研究ニュースは，政治家，実践者，およびその他の出資者に，DfES 出資の研究の最新結果を知らせることを目的としている。エビデンスによる政策と実践のための情報連携センター（EPPI）は，利用者の疑問に基づいた研究の批評を発行する。研究報告の要約は，そのような研究をどのように利用することができるかについてのアドバイス付きで，全英教育研究委員会から発行され，教師や TA（ティーチング・アシスタント）が独自の研究を行える方法を提案する。また，全英教育研究

第7章 アクションリサーチと政策

は，このように再び関心が向けられることに対して肯定的に反応することが多いが，必ずしも，教育研究の結果が，自分たちの状況に役立つ，あるいは関連があると見なしているわけではない。実際，大規模なサンプルに基づいた多くの教育研究の結果に基づいて一般化されたことがらが，最終的には誤解を招く恐れがあると主張されている。なぜなら，大規模なサンプリング研究による結果が，教師らが関わっている少人数の事例と必ずしも一致するわけではないからである（Bassey, 1995。本書の第4章も参照）。関連性および有用性に関しては，独自の結果を得ること，または，似たような状況にある他の教師の研究結果を読むことの方が，はるかに良い選択肢であると思えるかもしれない。しかし，自らの実践を研究することに魅せられた教師らの，その結果に信頼をおけるのだろうか？　彼らの教師仲間は，同僚の研究結果を当然信頼しているのだろうか？

つまり，研究結果に基づく知識の主張に対して我々が寄せる信頼は，その主張を支持する理由，エビデンス，および論拠の評価に基づいている。本章で取り扱うのは，実践的研究者がするかもしれない主張についての考察であり，言い換えれば，教師およびその他の者が，その妥当性を判断する際に何を考慮する必要があるか，である。

7.2　アクションリサーチ

大まかに言えば，「アクションリサーチ」とは，専門家によって行われる実践研究の形式のことであり，彼ら自身が何らかの形で責任を負う実践上の課題に関するものである。過去の状況における研究を含む他の形式の実践研究とは違い，アクションリサーチという形式の研究には，部分的に現に直面する状況改善のために行われる措置が含まれる。たとえば，教室におけるアクションリサー

財団から提供されるトピック・オンラインや，教育総会議から提供されるリサーチ・オブ・ザ・マンスなどのサイトも多数存在する。ラーニング・エクスチェンジ・オンラインは，学校およびネットワークによって行われた研究に関する情報を共有するために，ネットワーク上での学習コミュニティー用に設定されている。ザ・リサーチ・インフォームド・プラクティス・サイトは，学術論文のダイジェスト版で構成されている。ここでは，「注目の話題」が取り上げられている。授業実践研究は，高レベルの学校スタッフの必要条件である（DfES, 2004; TDA（学校教育開発機関），2006）。

7.2 アクションリサーチ

チに限定すると，評価的側面を調査している教師は，革新的な評価方法を導入し，教室での授業の録音，生徒の作品，生徒の日記などを，指導のプロセスの一部としてのみではなく，研究の証拠としても使う可能性がある。この形式は，主張を行う根拠を形成する。自らがアクションリサーチ研究に積極的に関与した同僚や生徒と，結果について協議することができる。アクションリサーチの中には，「外部」研究者との協力関係を含むものもある。そのような調査は，現在の実践で認識されている問題を解決するためかもしれないし，あるいは単に判断をする上でのより強固な根拠を見つけたいという要求であるかもしれない。

しかし，まず初めに我々は，アクションリサーチは，具体的な研究方法を選出したり共通の方法論を有したりするものではないことを強調するべきであろう (Noffke, 1997, p.308)。アクションリサーチは授業観察，アンケート，研究記録，およびいろいろなタイプのインタビューを含む，幅広いデータ収集方法を採用することができるのである。実践的研究者は，データとしてカメラ，録音またはビデオ記録装置，現場メモ，評価シート等を用いることができ，質的分析または量的分析が採用される。他の研究者同様，彼らはこのいずれかを，程度の差はあるが徹底的に，体系的に，あるいは厳密に実施する可能性がある。そのため，アクションリサーチ結果の健全性などについて一般化することは容易ではない。我々は，アクションリサーチ報告によって，研究方法や目的の違い，および研究が行われた際の配慮と徹底さにおける違いが受け入れられる状況が生まれることを期待する。

しかし，多くの実践的研究者は，研究が，問題の定義，診断計画（アセスメント計画），実施および結果評価を含むと通常言われている段階の1サイクルと，（全サイクルモデルにおける）さらに研究されるべき問題の組成変更によって構成されることを認識するであろう[2]。また，これは他者を伴う研究形式で，他者とは通常は生徒や同僚であり，おそらく研究者が一番研究の参加者を知らず，研究現場で作業者として関与していないであろう従来の研究とは違い，この他者は解決法と利害関係を持つのである (Cochran-Skmith & Lytle, 1993)。

この広大な枠組みの中で，実践的研究者は様々な知的および研究上の伝統を利

---

[2] サイクルの反復が望ましいが，実践において常に可能とは限らない。可能な場合は強度を下げて行ってもよいと Somekh（2006）は認識している。

用して，独特のアプローチを展開している[3]。Noffke (1997) は，アクションリサーチを「意見と関係が大幅に変化する」「大きな家族」に例えている (p.306)。さらに，新たな知識が示されるので，アクションリサーチについての理論化は絶えず進化している (Edwards, 2000; Coulter, 2002; Phelps & Hase, 2002; Walker, 2005; Radford, 2007)。

我々は次に，アクションリサーチの3つの異なる概念（①～③）を識別し，それぞれの特徴について検討する。

7.3 専門的学習としてのアクションリサーチ（①）

第一に，教師は必ずしも，従来の意味において，自らを公共知識の共有体であるとは見なしていない。彼らが書いた論文は，いつもではないが，しばしば，十分な裏付けがある研究報告の成果ではなく，専門的な経験に基づく学習の説明に限られている場合がある。

専門的学習としてのアクションリサーチの概念化は，少なくとも，ある英国政府出資の構想にて明確になっている。DfES（英国教育雇用省）出資の最高実践研究奨学金プログラムの場合，「教師－学者」の報告の枠組みとして，彼らが行ったこと，学んだこと，そして，彼らの学習に関するエビデンスについて報告するように示唆している。彼らは，文献に関する考察の提出や，現在の知識とのギャップがどこにあるかの特定を求められてはいないし，方法論の説明や，データの分析も要求されなかった (Costello, 2003)[4]。このような BPRS（最優秀実践研究スカラーシップ）の評価について，Furlong et al. (2003) は，彼らが審査した 100 にのぼる教師の報告の大半が，「研究成果と呼べるもの」ではなかった，

---

[3] Somekh (2006) は，彼女のアクションリサーチを定義するものとして，「アクションリサーチは，参加者と研究者の協力的関係によって実施される」という原理を含む，8つの原理を挙げている (p.7)。

[4] BPRS のために指示された報告形式は，以下のようなものであった。
・本来の目的は何か？ ・どのような方法で，自分の目的を精緻化したか？ ・自分に役立つと思った研究過程 ・自分の生徒が役立つと思った研究過程 ・研究への取り組みから得た学習点と，それを測定するための証拠 ・今後の自分の実践に関する疑問 ・自分の学校に関する疑問 ・さらなる研究に関する疑問 ・結果をどのように発信したか？ (Costello, 2003, 第6章)

とコメントした。ハロンらは，実践者よりはむしろ研究者が導いた，規律に基づいた学術的な「モード1知識」ではなく，大半が「モード2知識」，すなわち，問題に基づいており，具体的な場所と時間にあてはめられた知識，と呼ばれるものを提示していると主張した (Gibbons et al., 1994)。

その結果，Nofke (1997) が述べるように，多分に地域限定的な社会変化が強調されている場合，アクションリサーチの形式の中には，学術出版物のように公的資料では見られないものがあるであろう (p.309)。多くのアクションリサーチは，「学術出版物および論文索引誌の通常領域の外」で行われている (Nofke, 1997, p.333)。アクションリサーチは，「参加者の記憶」にのみ記録されることがしばしばある (Bassey, 1999, p.41)。多くの教師の報告は，彼らの専門的学習の説明であり，米国教育研究協会 (AERA, 2006) に定められているような，従来の実証的研究基準を満たすことを意図していないことは疑うべくもない。

そのような説明の批評家は，それらを不完全な研究であると見なす (Foster, 1999; Roulston et al., 2005; Bartlett & Burton, 2006)。しかし，学会によって関連誌に発表されているアクションリサーチ報告の中には，慣例への同様の不適合を示しているものがある (例：Fielding, 2001)。知識主張を判断する従来の「学術的」方法は，不適切であると主張する著者もいれば (Temperley & Horne, 2003)，新たな基準が必要であると主張する者もいる (Heikkinen, Huttunen & Syrjala, 2005)。

そのような教師の実践研究報告は，本職の聴衆（つまり教師集団）を対象とした「専門的」論文としても，適切に理解されない。英国教育研究協会の指針は，政策関連あるいは本職の聴衆は，研究に「不備」がないことを信頼したければ，「引用されている学術論文を参照することが適切である」と指摘している (BERA, 2000, p.7)。専門的論文は，どこかで発表された十分に実証済みの研究を導き出す，要約された説明書である[5]。全体的に見て，これはアクションリサーチの報告が提示しようと試みているものではない。

しかし，多くの教師の研究は，著者が知識の公的共同体への貢献を意図しているかいないかにかかわらず，発表されるか，あるいは広まってゆく。これは，より広範な専門的または政策的コミュニティーに提示されるものが，何が専門

---

5) 英国教育研究協会（BERA, 2004）によると，専門的論文には，取り組まれている専門的問題が示され，結果が要約され，その結果の潜在的価値が示されているべきである。

的発展に役立つアプローチと見なされるのかを示す例，おそらくはストーリー，となれるように，時には彼らが優れた専門的学習あるいは展開の例を提供するからである。言い換えると，重要なのは「研究結果」ではなく，むしろ専門的発展へのアクションリサーチのアプローチ自体なのである。彼らは時に，他の教師が「うまくいく」と学んだことあるいは気付いたことに対する考察を，提示すると考えられている。これはおそらく，彼らが，他の教師が認識すると思われる問題や，それに対して彼らが試みる可能性のあるアプローチの，特に十分根拠のある説明を提示するからであろう。最後に彼らは，本書のエリオットとラケスによる第5章で述べられている一つの事例から，学習に関する問題のいくつかを取り上げる。ここで我々は，アクションリサーチの2つ目の概念に近づくのである。

7.4　実践哲学としてのアクションリサーチ（②）

　教育的価値の知識を対象とした，実践哲学としてのアクションリサーチという考え方は，エリオットと最も密に関係する（Elliott, 1982, 2005, 2006, p. 169, 2007）。ここでの目的は，教師が，通常は他者と協力して独自の実践を研究し，独自の教育的価値と理論に，より十分に合わせることである。このモデルでは，授業中に何が起きるかについての経験的証拠が体系的に収集および分析され，三角測量のような妥当性検査が行われる。

　教師の価値観と起きていることの間に矛盾がある場合は，解決法が試され，データが回収，分析，および評価される。Elliott（1982）のアクションリサーチ工程図は，対応の調査，計画，実施および監視の3つのサイクルを示している。エリオットの初期の著作では，個々の教師の自主性が強調されている。教師は，関心のあるカリキュラム実践領域を，自由に調査できることが仮定されている。ナショナルカリキュラムの導入以来，教育の目的が争点となり（Winch, 2002; Pring, 2005），あるいは少なくとも，それについて議論の余地があるが，教師の研究に関する疑問は，授業助手や全英識字戦略の導入のような，政府の構想を実施することから生じる問題に，より関係している[6]。後の研究で，Elliott

---
6) 高等教育賞の一環として教師らによって行われた，アクションリサーチに関する研究に

7.4 実践哲学としてのアクションリサーチ（②）

(1993) は，教室での教師の実践に影響を与える，民主的かつ体系的要因の重要性を認識した。彼は，行政官，両親，雇用者，および関連する役割を有するその他の者が，教室での実践に関するデータの審議に関与するべきであると提案している。

エリオットのモデルは，教師の専門的学習および，場合によっては，現在問題のある実践の側面に関する学校方針の展開に，明確に向けられている。実践向上のためのカリキュラム構想開発という背景において，特に，教師または学校コミュニティーが実現しようとしている教育的価値と方針により近付けるなかで，目標とされている知識は証拠と教育目的の熟考から生まれ，自己評価的なものになる。このように，教育の限界または目的に関する審議，すなわち，実現しようとしている教育的価値および方針とは何か？　という問いは，何が起こっていて，何らかの介入がうまくいっているかどうかについての経験的証拠と同様に，重要である。

そのようなアプローチの一例は，Brearley and Van-Es (2002) によって提示されている。マンチェスター・ソルフォード学校協同体の会員として，彼らは集団における子どもたちの発話および聞き取り技能に影響を及ぼす要因を理解することに着手した。彼らは，発話および聞き取りを向上させるだけでなく，子どもたちが注意深く聞き，滑らかでかつ明解に話すように促しもする方法を見つけたいと願った。彼らは，学生の化学の成績の悪さが，低い聞き取りと発話技能に関連しているという自分たちの考えを調査したかったのである。彼らの方法は，互いに協調して，彼らの言語の独自の使い方，子どもたちの言語の使い方，そして相互作用の質を，ビデオによる証拠の検討とそれについての協議を通して，少人数のグループによる話し合いで評価することであった。評価は，大学の指導者から提供された，分析的枠組みを用いて行われた。これによって，データ評価への体系的なアプローチが可能となり，経時的エピソード間の比較を行うことができた。ビデオは，別の教師と大学の指導者によってそれぞれ単

よって実証されるように，批判的アクションリサーチも，価値の認識を目指した実践的アクションリサーチも，最優秀とはなっていない。賞の一環としてアクションリサーチを行っている，教師である研究者の多くは，体系的な経験的調査方法を使って，実際に役立つバージョンを採用し，具体的な方法の推奨を目的としている (Elliott et al., 1996)。

独で分析され，これは判断における三角測量的効果をもたらす。文書化された事例研究は，読者に思考，計画および行動のサイクルと，彼らが各段階で関心を持った疑問を体験させ，「子どもたちがもっとグループでの話し合いに参加できるようにするために」，子どもたちのためになるであろうと主張した実践のリストが，最後に付いている (Brearley & Van-Es, 2002, p. 81)。

多くの教師のアクションリサーチ報告に見られるように，アクションリサーチの明確なモデルは認識されていない。しかし，ブリアリーとヴァン-エスの研究は，我々が理解するところの，エリオットのアクションリサーチのアプローチに適合するように思われる。しかし，省略している部分もある。著者らは，彼らの目的や教育的価値について議論をしていない。研究は体系的であるが，言葉のやりとりの証拠例が示されていない。「学術的」研究の一つとして，知識の理論的実体への関連がないので，これは従来の基準に達していないと言えよう。しかしこの研究は，教師が彼らの授業についての洞察を得たことを示している。子どもたちが理解できないような話し方をする，生徒同士の会話を認めず，女子よりも男子が話すことを認める，などの欠点が指摘された。

この研究は，関与している教師の意思決定を伝えるために用いられているアクションリサーチの，良い例である。参加者の自己認識を目的としてはいるが，同様のクラスで似通った場面に直面している他の教師は，これを，自らの実践について考えるための興味深い情報であると思うようである（しかし，そのような思考の代用にはならない！）。著者は，このような可能性をもたらすための，十分な文脈情報を提供している。著者は，方法と結果を取り巻く規範的問題についての明解な議論を示していないが，彼らが抱く価値観を推測することができる。他の教師に対する関心と，他の教師に役立つという観点において，これは重要である。つまり教育的価値が共有されていなければ，教師または学校が，アクションリサーチ報告が妥当であると見なすとは考えられないからである。

このような結果は，教室の実践において「うまくいく」ものは，個々の地域の固有の状況（地域的に焦点を絞った研究の理論の一部）でのみ形成されるものではなく，教師と学校コミュニティーが実現しようとしている，教育的価値と原理によっても形成される，という点を強調している。エリオットのアプローチは，地域について強調しており，そのような実践や，実践の実現を目指した地域

的調査を指導する重要性に関する，全国的審議のみを強調しているのではない。そのような活動の報告は，広範な政策審議を伝えるかもしれないが，決してそのような審議の代用ではないのである（価値においても，また機能性においても）。

7.5　批判的社会科学の様式としてのアクションリサーチ（③）

　実践哲学としてのアクションリサーチ（②）とは異なるもう一つのものは，解放を意図した批判的理論形成としてのアクションリサーチである（Carr & Kemmis, 1986; Carr, 2006; Kemmmis, 2006）。Carr and Kemmis (1986) は，アクションリサーチについて論じる方法を構成している影響力の大きい認識論的類型論を生み出した。アクションリサーチの批判的理論の概念（③）を主張するにあたり，彼らは専門的学習の概念（①）を説明および批判し，実践的または解釈的な方法は，教師の知識および対応の発展には不十分であると主張した。つまり，専門的アクションリサーチ（①）は，最も肯定的な認識論的仮定を有し，因果説明および予測的一般化を求める。解釈的または実際的な実践研究は，解釈学的であり，実践者の意味するところと目的を明らかにし，実践者の様々な知識から，状況をより深く理解することを目的としている。一方，批判的アクションリサーチは，知識解放の考えに方向性があり，実践に関する誤った信念を明らかにすることを含んでいる。これは，体系的な実証的研究よりはむしろ，弁証法的論法のプロセスを通して行われ，定理の展開を目的としている。つまり，「協力的教授は，それを通してカリキュラムが示される内容と教室での実践を，継続的に協議している状態においてのみ発展可能である」というような，「特性と社会生活の営みに関する提案」である（Carr & Kemmis, 1986, p.146）。

　著者らが，研究者の動向として教師のための最適な理論的根拠を示している，と推奨したいのは，批判的社会科学に由来するこの最新の概念である（p.1）。著者らは，必ずしも慣例を変えることなく，単に意識を変容させることを目指したこれらの批判的理論と，批判的社会科学としてのアクションリサーチを区別している。ハーバーマスを引き合いに出して，著者らは，「合理性と，社会的行為および社会的機関の正義」における矛盾を克服するために，批判と政治的決断を組み合わせた共同研究形式を推奨している（p.144）。批判的定理は，その分

析的一貫性が確認され，証拠に対するテストが実施されなくてはならない。批判的社会科学は，行動および検討を行うグループによって実施される。それは「展開されている実践と，それらが行われる条件に関する知識の開発を目的とした，体系的学習過程である」(p.146)。

そのようなアクションリサーチの成功基準は，達成された洞察が，関与した各人が信頼でき相互に理解可能なものであることである。参加者は，自らのために理解することを目指さなくてはならず（強要または強制ではなく），疑問を述べ，有効性の主張を支持または否定し，「内省的議論において自らの観点を試す」ことが，全関係者に認められなくてはならない（同ページ）。研究結果は，とりわけその思慮深さの観点から評価される場合がある。つまり，実践研究で示された実践は，関係者が不必要なリスクをともなわずに行えるものである，ということである。実践への共通のコミットメントは，思慮深さを必要とする。実践研究で示された実践は民主的に行われなくてはならず，関係者は制限されることなくそれに取り組まなくてはならない。著者らは，批判的社会科学アクションリサーチ（③）の認識論を，構成主義として描写している。知識は，能動的構成過程と理論の再構成によって発展し，実践は関係者によって発展する。他の2つのアクションリサーチ（①と②），つまり実践的または解釈的および専門的アクションリサーチとは異なり，すべての参加者が，研究者であり協同調査者である。著者らは，合理性，客観性，および真実に関する実証主義者の注釈に，批判的である。彼らは真実を，歴史的および社会的に組み込まれた，社会的状況における個人の利害関係に位置付けられているものであると見なしている。方向性は，かろうじて描かれる問題解決ではなく，観念的あるいは体系的にゆがんでいる考えを，そうではない考えから区別するための熟考を通しての，不適切な実践からの解放にある。批判的方法は，「社会的変化を妨げる」要因を，「識別し顕在化させる」ために用いられる。批判的定理および活動組織のどちらも，合理的変化に対する制約を排除または克服するためのものである（同ページ）。

このアクションリサーチ・モデルは，グループの「批判的定理」の実現および発展を妨げる組織または国家の政策に対して，批判的であることが明白であろう。Melrose and Reid（2000）および Donald and Gosling（1995）の研究は，それぞれ批判的アクションリサーチのアプローチを使って求められた知識につ

7.5 批判的社会科学の様式としてのアクションリサーチ（③）

いて説明している。

　Merlose and Reid (2000) は，個々のコミットメントと「不規則な援助」の変化を調整できる，協調的アクションリサーチを体系化する方法を推奨することを試みた。そのようないくつかのプロジェクト中に開発された最後のものは，1997年にニュージーランドの技術専門学校2校で行われた，先行学習の認可に関する政策および手順の協調的開発に用いられた。

　政策を促進したのは教育改正法1990で，利用しやすく公平な資格認定体制を作るよう，ニュージーランド資格局 (New Zealand Qualifications Authority: NZQA) に委任した。オークランド技術研究所 (Auckland Institute of Technology: AIT) は，先行学習の優れた評価原理をすでに開発していた。NZQAは，先行学習評価 (APL) に関する優れた実践を広める研究資金を出した[7]。

　ここで報告されている研究は，各研究所，AIT，およびBOPP (Bay of Plenty Polytechnic) の，APL担当スタッフが関与した。著者らは，このモデルはKemmis and McTaggart (1988) の研究から進化したと主張した。これによって，慣行の領域に関して，実践者が確固たる理論を展開できる方法が打ち出された。著者らは，そのアプローチの現象論に感化され，彼らが働く歴史的，政治的，および組織的環境に対して批判的であろうと試みた。彼らは積極的に，Carr and Kemmis (1986) によって提唱された批判的アクションリサーチのモデルの採用を望んだ。彼らはまた，彼らが属する組織の体制と社会的構造を，改善という観点から分析し批判した。著者らにとって，批判的アクションリサーチは，無力化と不正性を示し，改善のための活動を指摘するために，実践の協調的自己学習と社会科学の様式における社会的分析との結合を含んだ。彼らの意図は，先行学習の評価において，優れた実践原理のいくつかをテストし，経験を積んだ学習者の履修単位修得に関連する，政策と手順の開発に貢献することであった (Melrose & Reid, 2000, p.156)。彼らの審議結果の例のいくつかが，批判的感想として示されている。たとえば「我々は，応募者がどの程度の情報を必要とするか——そして誰がそれを提供するかを，各会議にて確立する必要がある」また

---

[7] 先行学習評価（APL）という過程によって，正規の教育，オンザジョブ・トレーニング（OJT，現場での訓練），業務または人生経験のどの結果であるかを問わず，各自が過去の学習および体験の成果の，正式な評価を求めた。

第7章 アクションリサーチと政策

「まとめ役は,応募者とだけではなくプログラムを実施する教師とも,肯定的な関係を築かなくてはならない」(p. 162)。報告で強調されたのは,組織間のアクションリサーチ・コラボレーションをまとめる方法についてであり,したがって,行われた批判的および対話的研究に関する指示のみが提供されている。明らかに,求められている知識は実践的な形式のものであり,この非常に複雑な領域における彼らの実践を伝える,倫理的に健全な原理である。

2つ目の例は,Donald and Gosling (1995) による記述からである。彼らは,スコットランドにおける,1年間のアクションリサーチ・プロジェクトの普及,2つの小学校での人種差別の本質,および多文化・反人種差別ガイドラインの実施について報告している。彼らは自分たちの研究を,社会的批判であると表現している。研究は,3人の教師,少数の地方当局職員,および研究者によって行われたが,国からの資金提供が得られなかったため,主に彼らの労働時間外に行われた。研究グループは,学校が「偏見と先入観への知識」を促す必要性を強調する,スコットランドの国家ガイドラインを利用した (Donald & Gosling, 1995, p. 2)。中央州議会は,多文化・反人種差別ガイドラインを作成し,効果的な対策の必要性を強調した。

教師でもある研究者らは,3つの研究を行った。1つは,ある小学校の組織「監査」であった。これによって,カリキュラムは多文化主義が理解されているエビデンスを示しているが,子どもたちへのインタビューからも明らかなように,校庭で起きている人種差別を大人は把握していないことが分かった。彼らは,一連の政策提言を行った(例,いじめや虐待にあう子どもたちは,自己主張訓練が受けられるべきである)。そして行動は起こされた。政策が改訂され,知識は高まった。しかし著者らは,学校は反人種差別のアプローチの採用に消極的なままであると指摘した。

別の学校で行われた2つ目の研究は,民俗学的調査方法(アンケート,インタビュー)と,少数民族の少女に対するパーティーでの暴力を含む人種差別事件の,真実ではあるが匿名による話を用いた。結果は,1つ目の研究と類似したものであった。人種差別は,大人たちには「見えていなかった」。学校は,スタッフの改善が必要であることを認めた。

3つ目の学校では,52人の生徒との話し合いに,パーティーでいじめられた

架空の少女の話が用いられた。子どもたちの大半は，その出来事が「不公平」で「意地が悪い」と感じたが，少数の子どもたちは，それは自然なことであると感じ，多くの人がそうしていると主張していた。子どもたちは，その話の中の少女が白人であると思い込んでいる間，そのいじめを，彼女のパーティードレスやパーティーの主催者と彼女との交友の，いずれかに対する嫉妬のせいであるとした。黒人の少女の絵を見せられると，彼らは考えを変え，いじめは彼女の肌の色のせいであるとした。著者らは，子どもたちは，そのいじめられている少女を支持するには準備不足で，人々の間に存在する違いを受け入れて尊重するように教育される必要があるという見解を述べて，論文を締めくくった。

著者らは，スコットランドの事情におけるアクションリサーチは，「変革よりは抵抗的方策であり，全国レベルで存在する沈黙の政策に，声をあげ，おそらくは，地方レベルの政策のささやきを増幅させる方法」であるとコメントしている (Donald & Gosling, 1995, p. 9)。ここで目的とされている知識は，社会的に不公平な慣行と，それらが維持される状況への洞察であった。政策に関するその立場は，一種の批判であり，提示された例にあるように，早急な変革を期待してはいない。このモードのアクションリサーチは，政策と明確に連動しており，政策に情報を伝える可能性を持っているが，政策との関係は，業務の一つというよりは敵対的である。

これまでに述べた例から，実践的研究者が目的とする知識は，自己認識（教育的価値，慣行），意思決定が複雑な領域における慣行に関する倫理原則の知識，および不公平な慣行とそれらを維持する条件の知識を含む場合があることが，明白であろう。次の節では，アクションリサーチを他の知識の形成に用いるための，いくつかの試みについて検証する。

7.6 政策実施の業務におけるアクションリサーチ

アクションリサーチは，問題の「所有」に実践者を巻き込み，学術的な表彰体制の制約外に位置することができるので，学者の中には，実践の側面（たとえば，Koshy et al., 2006 参照）または地方レベルのカリキュラム（たとえば，Torrance & Pryor, 2001; Pascal & Bertram, 1997 参照）について転移，展開，および理論化

するための，特に行動的な方法であると見なす者もいる。政治家も，教授を改善し水準を高める手段の一つとして，研究者としての教師の可能性を調査している。

最高実践研究奨学金構想（2000–2003）の話がすでに出ている。これに先立つ研究共同体構想（TTA, 2003）は，学校，LEA（地区教育局），そしてHEI（高等教育機関）の間の，3年間に及ぶ4つの協調関係から成る。この目的は，教師が研究に関与することによって達成される利点を理解し，教師が研究活動に関与する過程への洞察を得ることであった。教師らは，学校内，地域の学校間，および4つの共同体において，共同作業を行った。方法論的支援は，大学の指導者から提供された。たいていの場合，主題の一貫性をもたらすために，特定の共同体にて教師である研究者の興味を引いた共通の研究焦点（「批判的思考」や「暗算」など）が選ばれた（McNamara, 2002）。各共同体からの結果を要約したTTAの報告書によると，研究共同体構想は教師が授業および学習についての独創性を高めることに役立ち，彼らが専門的判断を行う意欲を増し，自己批判および自己反省能力を向上させた。参加者は，授業および学習について同僚と専門的に話すための共通の言葉を生み出し，授業観察および分析技能をさらに高めた。より強力な関与の実証，会話の幅の広がり，授業間の転移学習など，学生にもプラスになった。テスト結果が改善されたかどうか，つまり，研究がより効果的な実践をもたらしたかどうかを測定するという，資金提供者の関心事もあった。この証拠は，まだ結論に達していない（TTA, 2003; Kushner et al., 2001）。

教師の個人的および専門的能力の開発として，研究共同体構想が概念化されたことは明白であるが，同時に，特定の地域限定状況において一般化が可能な，専門的知識を生み出す可能性に関する検討も行った。大学の教授らが，教師の報告書作成を支援したり援助したりしたが，主に書いていたのも教授らだったようである（Stronach & McNamara, 2002）。

確かなのは，教師らの（第1回共同体の初年度後），研究焦点の選択が制約されたということである。たとえば，ノーウィッチの共同体では，主任教師との話し合い後，関連性があり，参加している教師らが独自の質問を作成する十分な余地があるとして，不満を抱いている学生のテーマが採用された。構想の管理体制はいくぶん曖昧であるが，教師教育局の行政官やTTAの研究部長が，構

7.6 政策実施の業務におけるアクションリサーチ

想の方向性および特性を決定する際に重要な役割を果たし（Elliott, Zamorski & Shreeve, 2001; McNamara, 2002），共同体責任者のオーナーシップに関する問題が生じた。

批判的なアクションリサーチの理論家は，これらの動き—教育の国家管理の中枢機関によるアクションリサーチの吸収—を，アクションリサーチの不正利用であると見なしている。彼らは，社会改革方法というよりはむしろ政策の「ツール」としてのアクションリサーチは，残念な展開であり，誤った種類の知識を目指した誤用であると主張している（Groundwater-Smith, 2005, p. 335）。たとえばKemmis（2006）は，アクションリサーチは，「スムーズな」学校教育ではなくむしろ，学校教育についての「歓迎されない真実」を伝えるべきであると主張する（p. 469）。脱実証主義者は，アクションリサーチの真意は，効果的実践の一般化可能な知識を生み出すことではなく，変革性があり，個人や，恵まれないまたは抑圧されたグループを解放することであると見なしている。

批判的社会科学に触発された，専門的活動あるいは解釈的研究の批判では，そのような研究者が研究を行っている政治的および歴史的枠組みの正当性の，一見無批判な受容が主として強調されている（例：Coulter, 2002; Kemmis, 2006）。彼らは，実証主義者のアプローチとして典型的な，専門的思考，あるいは手段と目標の合理性が，教師らの専門知識において果たす役割はないと主張している（Biesta, 2007; Elliott, 2007, p. 2）。一方，専門知識は実践（優れた活動）と称されるのがふさわしく，この形式の実践を支持する推論形式は，実践知（慎重さ）である（Carr, 2006）。たとえばカーの説明では，実践知は，それが応用される具体的状況から切り離せないものである。これはつまり，「それは，実践を導く実用知識の維持および発展にのみ関係する，「実践哲学」の形式においてのみ高められる」という意味である（p. 427）。カーにとって，エリオットの場合と同様，アクションリサーチは社会科学の一部ではなく，方法は存在しない。それは，実践哲学の形式なのである。

このような主張は，アクションリサーチはどのような形式をとるべきであり，どのような理解に貢献すべきであるかについての主張であり，単にどのような形式であるかについての記述説明ではないことは明白である。アクションリサーチの理論家の中には，アクションの正しい概念というものはなく（Noffke, 1997;

Phelps & Hase, 2002, p.518),したがって「適切な」知識形式はない,と主張する者もいる。これは少なくとも,アクションリサーチは,知識の形式をもたらすことができるのか,という考察をもたらす。その知識とは,自己評価,不公平な慣行,あるいは倫理原則に焦点をおくのではなく,改善された測定可能な結果に関連した,実践の有効性に関するものであり,それが,さまざまな状況で一般化の可能性がある知識を生み出すかもしれない。

　教師と政治家が,そのような研究の結果を,他の研究結果のように,実践においてテストされる仮説ととらえるならば,社会科学的方法を採用しているいくつかのアクションリサーチが,研究を実施する者とその他の者両方に対して,なぜ有益で,役立ち,「権限を与える」ものであってはならないのかは理解しがたい。たとえばJennings (2002) は,彼女の10歳の生徒たちの何人かの読解力が低く,読書年齢が8,9歳並であるという問題を研究した。彼女は,児童達が中学校のカリキュラムに対応するために必要なレベルのスキルを持っていないのではと懸念した。そこで,読書年齢が9歳半の読者はどのような知識を持っていて,8歳半の読者はどのような知識を持っていないのかを調べた。その結果,10歳の読書力のない生徒は,キーステージ1で積極的に教えられていない発音上の規則を,習得していそうにないと推量した。彼女は,ソルフォードの文章読解テストを使って,彼らが多音節語を読めないことを確認した。手に入る読解計画の分析から,そのことが子どもを,読書年齢7歳から7歳半という,「優れた大人の読者」に達するにはまだ半分のレベルに至らせる,と結論付けた (p.63)。ジェニングスは,カリキュラムのこの欠陥を,ソルフォードの自分の地域における貧困問題と関連づける。生徒の65％は無料給食に,約45％は特別支援教育に登録されている。彼女は,これらの生徒は,高度な発音上の規則を教えられる必要があると仮説を立てた。彼女は,事前テスト・事後テスト方式を採用した。介入前の基礎評価を行うために,4つのテストが実施された。発音上の規則 (p.70) と行われた授業について,詳述されている。詩を使って,授業を楽しいものにするよう努力がなされた。使用した教材は,論文の付録に記載されている。彼女は,事後テストの結果の有効性と信頼性について,他のスタッフと話し合っている。体験にそぐわない結果を示したテストがひとつあり,テストが実施された方法について,いくつか疑問があった。生徒は,TTAが資

7.6 政策実施の業務におけるアクションリサーチ

金援助をした共同体に所属する研究者からインタビューを受け，子どもたちは授業を楽しんだという主張が立証された。公表されている結果は，大半の生徒の向上を示したが，すべての生徒ではなかった。介入は成功であることが，証明された。「どちらの（研究）グループも，1カ月で4カ月分の平均習得率を示した (-3～+14)。これは，平均的な子どもの4倍であり，この子どもたちの実に驚くべき達成度である」(同論文, p.73)。うまくいかなかった子どもの成績は，深刻な家庭の問題と関連付けて説明された。

これは，結論の基となっているデータと使用された方法が提示されている，立証された研究報告の例である。テストは標準化されたものなので，計画は容易に再現できる。結果は，現行カリキュラムの批判を意味している。この主張，すなわち，高度の発音上の規則を教えることが，読書力がないと見なされた大半の生徒の読解レベルを向上させる，ということの根拠または理由は，データからの正しい推論にある。我々が述べた先の例とは異なり，ジェニングスの研究は，あらかじめ定められた結果に関する知識の例であり，したがって，アクションリサーチを専門的合理性に役立てた例である。

アクションリサーチが行われた特定の環境にいる教師らが，これらの結果に高い信頼を持つのはもっともかもしれないが，他の環境で同様の結果が保証されるという主張はない。今回の問題はジェニングスの教室内にあったが，他の同様の教室で，別の教師らによって体験される問題でもある。したがって，他の教師らはおそらく問題を理解でき，提案された解決策に納得し，どのように，そしてなぜそれがうまくいったのかが解り，おそらく，彼ら自身の状況との類似点を見つけ，彼らの特定の状況においてそれが「うまくいく」かどうかを知るために，彼ら自身のために同じアプローチを試してみようという気になる，という意味では，結果の一般化が可能である。たとえ，ある状況でうまくいったものは，別の状況でもうまくいく，という認識論的保証がなくても，これは職業上重要な「一般化の可能性」である。

この例についての討議から，我々は，アクションリサーチは各教師，学者，および組織の，論理と政策審議を伝えることができ，他の参加者の考えに影響を及ぼす可能性があることがわかる。

しかし，本章のはじめに出された興味深い疑問は，次のようなものである。自

らの実践を研究することに魅せられた教師らは，その結果に当然信頼があるのだろうか？　彼らの教師仲間は，同僚の研究結果を当然信頼しているのだろうか？

　これらの疑問をもう少し噛み砕いてみると，これらは，我々が触れた2つの関連する疑問を含んでいることがわかる。そこで，その疑問に取り組んでみよう。初めに，良く計画され，十分に検討および正当化されているという意味において，研究の厳密さと信頼性に関する疑問がある。次に，他の種類よりも役立つ知識の形式があるのかどうか，という疑問がある。次の節で，これら2つの疑問について考察する。

7.7　正当な理由と知識主張

　アクションリサーチが知識の生産に関係しているとすれば，それは，なぜ実践を向上と見なすのかという知識であり，知識に関する従来の説明のように，単に向上していると断言するだけでは十分ではない。従来の社会科学の基準は，主張がなされているエビデンスが，明白に報告されており，公的な審査と批判ができることを要求している。正当な理由（warrants）の強さは，2つの要因に関して評価される。エビデンスの質と，そのエビデンスに基づいて行われる主張である。エビデンスの限界の認識によって主張が適切に保護されるならば，研究におけるエビデンスの質が比較的低い場合でも，正当な主張が成される。反対に，エビデンスの質が高くても，研究による主張が不当な場合もある。研究者の主張が，エビデンスが耐えうる範囲を超えたとき，研究は質の低いものとなる。

　したがって研究とは，実践の可能性を提案するにあたり，有効ではあるが弱い知識主張をして，他に有用な機能を果たすことができる。強い知識主張には，特に良質なエビデンス，そのエビデンスによって支持が可能な主張，および代わりの説明を排除する一貫性のある根拠が含まれる必要がある（Gorard, 2002）。もちろん，良質な証拠ともっともな主張に基づく強い知識主張は，政策形成に携わる者たちにとって，おそらく弱い主張よりも興味深いものであろう。

　しかし，実践においては，我々は，エビデンスの質と推論のみに基づいて信頼性を判断することはしない。（幅広い理解と体験の観点から）結果が信用できる

7.7 正当な理由と知識主張

か，妥当性や有用性があるか，十分な真実味があるか，道徳的に受容可能であるかなどの，他の要素が関与する。

　非社会科学的研究における正当な理由についての考えに基づくと，「エビデンス」は「理由」に置き換えられる。批判的かつ論理的なタイプのアクションリサーチは，会話過程を通して達成される真実に関する合意的見解を誘導する。たとえば Carr (2006) は，ガダマーの研究を引用して，特定の思考様式を共有する参加者は，会話を通して「その様式内の制約を超えるために，彼らの理解を合理的に修正することができる，彼らはこれまでそのように教えられ，言われ，そしてそうして来た」と説いた (p.429)。Titchen (1997) が示す簡単な例で，これを説明することができる。オックスフォード大学ウェストミンスター校の医学生に対して行われた発表で，彼女は，なぜ看護師の仕事があのような「重労働」で，なぜいつも，患者に迷惑をかけてまで「忙しそうに見え」なければならないのかについて，どのように看護師のグループを調査したかを説明した。医学生らは，この体験と期待の根拠は，軍国主義時代の看護の歴史にあると主張した。そのような理解は史実に基づいており，偏見という形をとるが（仮定），それは間違いであるか，もはや当てはまらない。このタイプのアクションリサーチは，実践哲学形式（②）であり，ある様式のなかで働いている実践者のコミュニティーによって実施される。

　賛同者は，この種の調査の正当な理由は，弁証法的な考察，たとえば少数派の声も含んだすべての意見，そして解釈の信憑性と推進される主張に依存するところが大きいと言うかもしれない (Heikkinen, Kakkori & Huttenen, 2001)。歴史においてそうであるように，解釈はエビデンスと正当な推論によって立証される。

　このように，経験的および非経験的主張は正当で，大体弱いまたは強い主張であると判断されるかもしれない。

　しかし，報告に関するこの実際の結果は，エビデンスおよび／または弁証法的推論過程は，読者，あるいはダイジェスト版の場合はその分野の調査専門家，による評価が可能な方法で発表されるべきだ，というものである。これらの条件が満たされていない場合，我々は情報に基づいて判断を下すことができないが，「うまくいった」という研究者の証言を信用するよう強制されるのである。

第7章 アクションリサーチと政策

　私たちはいま，十分には立証されていない教師の報告に対して，私たちが抱くにふさわしい信頼についての質問に答えようと努力しているのである。つまり，次のようになる。知識主張には強さの度合いがあり，したがって，教師と他の者たちが抱くと思われる信頼の度合いに一致する。個人的な学習についての記述は，そのアイデアが望ましいものであることを支持する十分なエビデンスや理由が提示されなければ，それでもなおそれらに有用性があると言うには弱いであろう。それらは，利用可能で，テストされ，あるいは開発が可能な考えを提示する可能性がある。その主張が我々教師を「脅かす」ことがなく，実践に容易に取り入れることができそうならば，実践が「うまくいった」あるいは望ましいという教師の証言以外に，我々がさらなる証拠や正当化を望むことはまずない。一方，教師の知識主張が，我々独自の実践における何らかのことに異を唱えたり否定したりするように見える場合は，もっと十分なエビデンスを要求する可能性が高い。Heikkinen, Huttunen and Syrjala (2005) は，他者が理解および学習できるようにするための，物語形式のアクションリサーチの発表に役立つ提案をしている。彼らは，現在の慣行を形成した過去の一連の出来事，振り返りの記述，および出来事を詳述する弁証法的手段に関する知識を示すべきだと提言している。彼らはまた，読者が（おそらく）彼女自身の状況との類似性を十分認識することができるであろう，「刺激性」の基準についても提案している。

　我々が知る限り，国政にアクションリサーチの結果または議論が伝わる兆候はないが，国の政治家はほぼ間違いなく，入手できる最強の正当化形式を要求するであろう。

　ここで，2つ目の疑問に取り掛かろう。手段・目標の合理性を採用した，実証主義者のアプローチの代表である専門的アクションリサーチは，教師の専門知識において，何ら役割を果たさないと言われている (Biesta, 2007)。しかし我々は，Jennings (2002) の研究は，それが本来の調査目的ではなかったとしても，読解の教授に関する理論体系に貢献する可能性があると考えている。我々は，他の教師および研究者によって検証可能な，「何がうまくいくか」ということに関しての，実質的な主張がそこにはあると考えている。

　Carr and Kemmis (1986) の用語である「専門的アクションリサーチ」は，道

具的アプローチを採用しており，教師の知識特性に関する誤った見方を示唆している。しかし彼らの主張は，手段・目標形式の合理性においては，手段が必ずしも目標に構造的に関連しているわけではなく，そして「手段」が必然的に道徳的に中立であることを受容し，「有効性」について道徳的に中立な考えを持っている場合のみ影響力を持つ。しかし，手段・目標関係性のこの分析が，唯一または最も説得力のあるものではない。たとえば Dewey (1922) は，目標はその時点においてのみ確定されると主張した。人の生活の流れの中で，それらは決して確定されてはいないのである。我々は，単純に手段を目標に関連付けて評価せず，目標を利用可能な手段に関連づけて評価する。たとえば，達成コストが高すぎる場合，目標はあまり望ましいものではなくなるかもしれない。手段が評価される前に，目標が的確に評価されることはない。手段の価値が，目標を果たすことのみにあり，それ自体では価値がないと考えるのは誤りである (Mounce, 1997, p. 131; Price, 1967, p. 562)。目標だけでなく手段も，教育的に正当化できるべきであり，これは，教授についてのより適切な分析である (Peters, 1966)。Jennings (2002) の研究では，高度な発音上の規則が生徒の幸福に及ぼす影響を，絶えず監視していた。

7.8 結 論

アクションリサーチの研究者らは，教師およびその他の教育の専門家が関心を寄せそうな疑問に取り組んでいる。エビデンスに基づいた専門的職業へ向かう動きは，経験的研究の報告に必要な従来の基準，あるいは実践に関する哲学的理論化を管理する基準を十分に満たしていない研究者らによる主張を，どのように評価すべきかを我々が理解することを必要としている。そのような報告は貴重だが，十分立証された報告よりも弱いものとなる。知識主張は，少なくとも明確に識別され，読者が十分な情報に基づいた判断ができるよう，その主張の根拠が入手可能であるべきである。我々の知識，事情および目的の現在の状態によって，弱い知識主張が有用かつ貴重になる可能性がある。しかし，ステンハウスが奨励するように，すべての研究結果は，それが強力である場合も，教室の特定の，そしておそらく固有の条件においてテストされる仮説として，教

第 7 章 アクションリサーチと政策

師によって処理されるべきである。この結論自体が，アクションリサーチのサイクルの継続への招待状である (Stenhouse, 1979; Fielding et al., 2005)。

参考文献

American Educational Research Association (AERA) (2006) Standards for Reporting on Empirical Social Science Research in AERA Publications. American Educational Research Association. http://www.aera.net/uploaded.Pdf [accessed 1.1.08].
Bartlett, S. and Burton, D. (2006) Practitioner Research or Descriptions of Classroom Practice? A Discussion of Teachers Investigating their Classrooms, *Educational Action Research*, 14.3, pp. 395–405.
Bassey, M. (1995) *Creating Education Through Research: A Global Perspective of Research for the 21st Century* (Newark, UK, Kirklington Moor Press). Bassey, M. (1999) *Case Study Research in Educational Settings* (Buckingham, Open University Press).
Biesta, G. (2007) Why 'What Works' Won't Work: Evidence-Based Practice and the Democratic Deficit in Educational Research, *Educational Theory*, 57.1, pp. 1–22.
Brearley, S. and Van-Es, C. (2002) One Mouth, Two Ears, in: O. McNamara (ed.) *Becoming an Evidence-Based Practitioner: A Framework for Teacher-Researchers* (London and New York, RoutledgeFalmer).
British Educational Research Association (BERA) (2000) Good Practice in Educational Research Writing, available at: http://www.bera.ac.uk/publications/pdfs/GOODPR1.PDF
British Educational Research Association (BERA) (2004) Ethical Guidelines, available at: http://www.bera.ac.uk/publications/pdfs/ETHICA1.PDF
Carr, W. and Kemmis, S. (1986) *Becoming Critical: Education, Knowledge and Action Research* (London, Falmer).
Carr, W. (2006) Philosophy, Methodology and Action Research, *Journal of Philosophy of Education, Special Issue: Philosophy, Methodology and Educational Research Part 1*, 40.2, pp. 421–437.
Cochran-Smith, M, and Lytle, S. L. (1993) *Inside/Outside: Teacher Research and Knowledge* (New York, Teachers College Press, Columbia University).
Costello, P. J. M. (2003) *Action Research* (London, Continuum).
Coulter, D. (2002) What Counts as Action in Educational Action Research?, *Educational Action Research*, 10.2, pp. 189–206.
Department for Education and Skills (DfES) (2004) *National Standards for Headteachers* (London, Department for Education and Skills).
Dewey, J. (1922) Human Nature and Conduct, in: J. Boydston (ed.) *John Dewey: the Middle Works*, Volume 14 (Carbondale, IL, Southern Illinois University Press).
Donald, P. and Gosling, S. (1995) 'No Problem Here': Action Research Against Racism in a Mainly White Area, *British Educational Research Journal*, 21.3, pp. 263–276.
Edwards, A. (2000) Looking at Action Research Through the Lenses of Socio-cultural Psychology and Activity Theory, *Educational Action Research*, 8.1, pp. 195–204.
Elliott, J. (1982) Action-Research: A Framework for Self-Evaluation in Schools, Working Paper No. 1, in: R. Winter (ed.) *Learning from Experience: Principles and Practice in Action-Research* (London, Falmer Press).
Elliott, J. (1993) What Have We Learned from Action Research in School-Based Evaluation?, *Educational Action Research Journal*, 1.1, pp. 175–186.
Elliott, J. (2005) Becoming Critical: The Failure to Connect, *Educational Action Research*, 13.3, pp. 359–373.

参考文献

Elliott, J. (2006) Educational Research as a Form of Democratic Rationality. *Journal of Philosophy of Education, Special Issue: Philosophy, Methodology and Educational Research Part 1*, 40.2, pp. 169–187.

Elliott, J. (2007) *Reflecting Where the Action Is* (London, Routledge).

Elliott, J., MacLure, M. and Sarland, C. (1996) Teachers as Researchers in the Context of Award Bearing Courses and Research Degrees, UK Economic and Social Science Research Council End of Award Report No R000235294 (University of East Anglia, Centre for Applied Research in Education).

Elliott, J., Zamorski, B. and Shreeve, A. (2001) (amended June 2002) Norwich Area Schools Consortium: Final Report to the TTA (University of East Anglia, Centre for Applied Research in Education).

Fielding, M. (2001) Students as Radical Agents of Change, *Journal of Educational Change*, 2, pp. 123–141.

Fielding, M., Bragg, S., Craig, J., Cunningham, I., Eraut, M., Gillinson, S. M., Horne, M., Robinson, C. and Thorp, J. (2005) Factors Influencing the Transfer of Good Practice. DfES Research Brief no: RB615, University of Sussex, available at: http://www.dfes.gov.uk/research/data/uploadfiles/RR615.pdf

Foster, P. (1999) 'Never Mind the Quality, Feel the Impact': A Methodological Assessment of Teacher Research Sponsored by the Teacher Training Agency, *British Journal of Educational Studies*, 41.4, pp. 380–398.

Furlong, J., Salisbury, J. and Coombs, L. (2003) The Best Practice Research Scholarship Scheme: An Evaluation. Final Report to the DfES. (Cardiff, Cardiff University School of Social Sciences).

Gibbons, M., Limoges, C., Nowotny, H., Schawrtzman, S., Scott, P. and Trow, M. (1994) *The New Production of Knowledge* (London, Sage).

Gorard, S. (2002) Warranting Claims from Non-Experimental Evidence. Occasional Paper series 48, ESRC Teaching and Learning Research Programme (Cardiff, Cardiff University School of Social Sciences).

Groundwater-Smith, S. (2005) Painting the Educational Landscape with Tea: Re-reading Becoming Critical, *Educational Action Research*, 13.3, pp. 329–345.

Heikkinen, H. L. T., Kakkon, L. and Huttunen, R. (2001) This is My Truth, Tell me Yours: Some Aspects of Action Research Quality in the Light of Truth Theories, *Educational Action Research*, 9.1, pp. 9–24.

Heikkinen, H. L. T., Huttunen, R. and Syrjala, L. (2005) On the problem of Quality in Narratives of Action Research. Paper presented at the European Educational Research Association Annual Conference, 7th-10th September, University College Dublin.

Kemmis, S. (2006) Participatory Action Research and the Public Sphere, *Educational Action Research*, 14.4, pp. 459–476.

Kemmis, S. and McTaggart, R. (1988) *The Action Research Planner*, 3rd edn. (Geelong, Deakin University Press).

Koshy, V., Mitchell, C. and Williams, M. (2006) *Nurturing Gifted and Talented Children at Key Stage: A Report of Action Research Projects. DfES Research Report 741* (London, Department for Education and Skills).

Kushner, S., Simons, H., James, D., Jones, K. and Yee, W. C. (2001) The Evaluation of the TDA School-Based Research Consortia, available at: www.tda.gov.uk/upload/resources/pdf/c/consortia99.pdf

Jennings, S. (2002) Helping Weak Readers Up the Reading Ladder, in: O. McNamara (ed.) *Becoming an Evidence-Based Practitioner: A Framework for Teacher-Researchers* (London and New York, Routledge, Falmer).

McNamara, O. (2002) *Becoming an Evidence-Based Practitioner: A Framework for Teacher-Researchers* (London. RoutlegeFalmer).

第 7 章 アクションリサーチと政策

Melrose, M. and Reid, M. (2000) The Daisy Model for Collaborative Action Research: Application to Educational Practice, *Educational Action Research*, 8. 1, pp. 151–165.
Mounce, H. O. (1997) *The Two Pragmatisms: From Peirce to Rorty* (London and New York, Routledge) .
Noffke, S. E. (1997) Professional, Personal and Political Dimensions of Action Research, *Review of Research in Education*, 2, pp. 305–343.
Pascal, C. and Bertram, T. (1997) *Effective Early Learning: Case Studies in Improvement* (London, Paul Chapman).
Peters, R.S (1966) *Ethics and Education* (London, Allen and Unwin).
Phelps, R. and Hase, S. (2002) Complexity and Action Research: Exploring the Theoretical And Methodological Connections, *Educational Action Research*, 10.3, pp. 507–523.
Price, K. (1967) *Education and Philosophical Thought*, 2nd edn. (Boston, Allyn and Bacon).
Pring, R. (2005) The Nuffield Review of 14–19 Education and Training. Annual Report 2004–05, October, University of Oxford Department of Educational Studies, available at: http//www.nuffield14–19review.org.uk
Radford, M. (2007) Action Research and the Challenge of Complexity, *Cambridge Journal of Education*, 37.2, pp. 263–278.
Roulston, K., Legette, R., Deloach, M. and Buckhalter Pitman, C. (2005) What is 'Research' for Teacher-Researchers?, *Educational Action Research*, 13.2, pp. 169–188.
Somekh, B (2006) *Action Research: A Methodology for Change and Development* (Buckingham, Open University Press).
Stenhouse, L. (1979) Using Research Means Doing Research, in: H. Dahl, A. Lysne and P. Rand (eds) *Spotlight on Educational Problems* (Oslo, University of Oslo Press), pp. 71–82.
Stronach, I. and McNamara, O. (2002) Working Together: The Long Spoons and Short Straws of Collaboration, in: O. McNamara (ed.) *Becoming an Evidence-Based Practitioner: A Framework for Teacher-Researchers* (London, RoutledgeFalmer, Chapter 12).
Teacher Training Agency (TTA) (2003) Teachers and School-based research. The Reports of the TTA/CfBT funded school-based research consortia initiative 1997–2000, available at: www.gtce.org.uk/research/ttaresearchhome.asp [accessed 21.10.04] .
Titchen, A. (1997) Creating a Learning Culture: A Story of Change in Hospital Nursing, in: S. Hollingsworth (ed.) *International Action Research: A Casebook for Educational Reform*(London, Falmer Press).
Training and Development Agency (TDA) (2006) [Online] The Revised Standards for the Recommendation for Qualified Teacher Status (QTS), available at: http://www.tda.gov.uk/upload/resources/doc/draft_qts_standards_17nov2006.doc [accessed: 17.4.07].
Temperley, J. and Horne, M. (2003) Networked Learning Communities: Multiple Models of Enquiry and Research. Conference paper at International Congress for School Effectiveness and Improvement, Sydney, 5–8th Jan.
Torrance, H. and Pryor, J. (2001) Developing Formative Assessments in the Classroom, *British Educational Research Journal*, 27.5, pp. 615–631.
Walker, M. (2005) Amartya Sen's Capability Approach and Education, *Educational Action Research*, 13.1, pp. 103–110.
Winch, C. (2002) The Economic Aims of Education, *Journal of Philosophy of Education*, 36.1, pp. 101–117.

第8章 政策および実践の基盤としての哲学
われわれは哲学的分析と議論に
どんな信頼を抱けるだろうか

ジェームズ・コンロイ, ロバート・A・デービス, ペニー・エンスリン

　本章の目的は，いかにすれば哲学は重要な役割，正確にいえば，教育発展 (educational development) を導くような政策を形成するうえでの役割を果たし得るかを提言することにある。哲学と政策との間にある信頼の性格について省察することから議論を始める。哲学的アプローチの偉大な可能性を隠ぺいしてしまうような，政策共同体における観念的な理論化に対して広範な抵抗がおきていることを示す。我々は，哲学的な装備をして政策にアプローチすることは理論的に不可避な課題であると考え，哲学的な探求は研究を始める前の最初のステップと解釈されるべきではなく，探求および裁定のプロセス全体を通じての，エビデンスと政策形成に関しての一つの立場として解釈すべきであると主張する。哲学がなしうる特有の貢献を描くために相互に関連する5つの局面を提示する。そこでは，政策の開発，批判および例証といったすべての過程において，哲学的な思考が構成的な役割を果たしている。

8.1　イントロダクション

　マイケル・フィールディングとテリー・マクローリンは哲学と政策との間の関係についての対照的な2つの見方を提示している。フィールディングによれば，「哲学のない教育政策は，混乱して調和性がなく本論から外れたものや些細なことに過度にこだわったものとなり，そして為すべきことをこなすことで手一杯になることを考えれば，知見が得られる可能性より得られない可能性の方がおおきい」という (Fielding, 2000, p.377)。これに続けてフィールディングは，政策を生み出すことと政策を省察することの双方に関するものとして，なぜ哲学

が重要なのかを述べている。マクローリンはもう少し慎重な見解であり，哲学がなしうる貢献はささやかなものであって，教育政策に言及するのに哲学的な考察をわざとらしく持ち出すべきではないと警告している（McLaughlin, 2000, pp. 443-444）。フィールディングの拡張主義的な見解のほうが好まれる傾向があるが，それにもかかわらずマクローリンのアプローチは政策共同体における哲学についての解釈学的な疑義を出してくれるので，より生産的なものとなるだろう（以下で述べるように，この疑義が何か自傷行為的なものだったということもできる）。よくできた，そしてよく実行された政策においては，哲学は政策形成の場における熟議に対して，ささやかかもしれないが核心的な貢献をなしうる。おそまつな政策形成のもっともひどい例では，いまだに観念的，理念的な考察が展開されているのに出くわすことがあるが，そうした事例では政策はしばしば不適切に形成されたり精査されたりしている。本章の目的は，いかにして哲学は重要な役割，正確にいえば教育発展あるいは教育革新を導いてくれるような政策を形成するうえでの役割を果たしうるかを示すことにある。哲学と政策との関係において，信頼というものの性質について省察を加えることから議論を始めたい。哲学的なアプローチがかなりの可能性を持っていることを隠ぺいしてしまうので，政策共同体における観念的な理論化に対しては広範な批判があることを述べる。我々は，哲学的な装備をして政策にアプローチすることは理論的に不可避な課題であると考え，これを擁護するものである。

8.2　信頼の性質について

マクローリンとフィールディングとの見解の相違には，政策に対して哲学がなしうる貢献という相対的な重要性について議論を行なう中で，我々は謙虚であるべきか無遠慮であるべきかといったことよりも，もっと深い問いが隠されている。この，もっと深い問いとは，「政策と実践の基盤としての哲学に対して，いったい我々は信頼をしているのか？」というものである。もちろんこのことは，一つの業績としての哲学の真正性についての問いとしてまず現れるが，しかし，より詳細に精査すると，実は信頼それ自体の性質についての問いなのかもしれないといえよう。こういうことはありえないかもしれないが，公的な力

と制度が絶えず広がっていくその過程，その手続き，その要求といったものへの信念（faith）が失せてしまって，社会心理学的な信頼それ自体が意味を失うことになったのではないだろうか。宗教から政治，公共交通から病院に至る広範囲の諸制度において，監視と監督の手法という重要な領域が導入されたことが，公的信頼それ自体を構成するものについての常識をゆるがしてきたのは間違いない。さらにいえば，政治家とそれ以外の人々が受け入れやすいようなものをエビデンスとして再形成することは，信頼を認めたり信頼を集めたりすることに悪影響を及ぼす。米国での社会調査にいまや唯一採用されるアプローチである二重盲検法を導入するにあたって，デビッド・ブリッジの観点に立脚するのであれば，我々は次のようなことを問うことが求められている。つまり政策立案者（policy makers）と政治の専門家（political operatives）はほとんどの種類の社会調査を信頼することができて，哲学的探求の抽象性をほとんど信頼できないでいるのかどうか。一般になぜ二重盲検法は信頼できて，エスノグラフィーや人類学や質的調査は信頼できないのか。その答えは社会についての特定の思考様式に過度になじんでしまっているということにあるに違いない。つまり次のように問いたい。「なぜ人は社会についてのある一つの思考様式を信頼し，ほかのものを信頼しようとしないのか」。この問いに答えるために，信頼という言葉を使おうとするときにいくつか異なった意味があることを考察してみたい。たとえば，次のように使うことがあろう。

- 宝くじに当ることへの信頼
- 未来についての信頼
- 終末論への信頼あるいは，ある共同体でのそれ以外の宗教的主張への信頼
- 神の存在といった形而上的主張などへの信頼
- 他人への信頼
- 自分の意識の証明についての信頼
- 他人の意識についての報告による証明への信頼
- 自分の判断についての信頼
- 他人の判断についての信頼
- 政治システムや社会システムについての信頼

第8章 政策および実践の基盤としての哲学

　信頼という表現が使われる文脈がこんなにも違っていることをあらわすこれらの用例の間になにか共通性があるだろうか？　信頼ということばの用法のうちいくつかは—たとえば宝くじに当ることへの信頼—「私は宝くじに当ると信じる（believe）」，あるいは，「私は宝くじに当ると確信（faith）する」ということと同義であろう。それぞれの例において信頼は，そう信じるに足る理由はほとんどないのに敬虔な信心（あるいは不信心）以上のものとなっている。未来についての信頼も信心以上の期待に基づいていて，表面的には大変似ている。しかし，そうした主張は社会へ向けた記述になりうるから，そこに注目されるべき重要な相違点がある。すなわち，立場のとりかたである。もっと平凡ないい方をすると，優れた資質を持った学生ならば，その学生のこれまでの素質，経験および成功などに基づいてその将来について信頼していいと言うことができる。この意味での信頼は，人としての重要さと，その学生がどのように社会と関わっていくかということとを提示している。別の言葉でいえば，非合理的な所与の当選確率に従う宝くじと違って，未来についての信頼には予想される結果に関して合理的な計算があるように見える。ここでは信頼とは根拠のある楽観主義と同義であるといってもよいだろう。形而上的主張への信頼はまた違っていて，冒頭の2つの例の要素をまさにつなげつつ，それらの相対的な重みは他の重要な一連の要因，とりわけ誰がその判断をしているかということに依存する。一方で，そのような信頼に対して懐疑的な立場からは次のように言いたいだろう。すなわち，そういう信頼を持っている人は，宝くじに当ると信じている人よりもさらに妄想的になるだろう。他方で，こうした形而上的な主張をよくしがちな裁判官ならば，ここでいう信頼とは実のところ社会の中である立場に合法的に立つということだと考えるだろう。ここでの信頼とはある観点でいえば，価値の主張と同義である。自分の意識の証明についての信頼というのもまた違った種類のものであり，経験主義者の次のような主張との関連がより強い。すなわち，社会の物事については直接的な感覚によって理解するか，あるいは第三者機関による信頼できる仲介によって理解しているという主張である。この文脈において信頼ということばは，知識についてのある特定の，しかしかなり限定的な定義と同義である。しかし，人間がやりとりをする中で，かくも厳密に確定された知識を望むことはまれである。これは教育のように集合的な

仕事においてもっとも顕著である。すなわち教育とは，生徒たちの成長発達を構成する責任の範囲内で社会が信頼を投資しているようなもので，このときの責任とは，われわれが大変苦労して経験主義との何らかの結びつきを明らかにしている哲学的，文化的な前提に由来している。最後の3つの用例では，信頼は信用という概念に関連したものだと見ることができる。

　信頼についてのこのような省察は思われているほど難解なものではない。本章と本章がその一部となっているTLRPプロジェクトの双方には固有性と必要性があり，これが信頼と信用の構築の中に体現された一対の関係性というものと直接・間接に結びついている。ここで確認した信頼の意味の多様性は，政策形成においては異なる役割，そしてしばしば補完的な役割を果たしている。たとえば，我々がある種の願望それ自体を持ち続けさえすればその願望は実現されうるという不確かな期待感の上に，ある特定の教育政策が作られてきたということは珍しいことではない。未来についての信頼と，ある種の財（goods）を実現させる我々の能力とが結びつくことによって，ここ数十年のうちに企画され活発に議論された色々な報告書や教育政策が形成されることもまれではなかった。1944年のハーバード報告書（Harvard Committee, 1945），1949年の中等教育に関するスコットランド報告書（Scottish Report on Secondary Education），そして影響力のあったプラウデン報告（Department of Education and Science, 1967），（いずれもその後の政策形成にかなりの影響を与えたものであるが）などは，ある種の意向を表現するものとしての，未来に対する信頼によって作られた提案の例である。ここで，これら3つの報告書すべてが，一方で哲学的かつ規範的な，他方で実証的な記述との豊かな相互作用を例証していることは特筆すべきことである。エビデンスに基づく政策形成は，社会がどのように見えるかという主張と同様に，我々はどのように行動できるかという明確な根拠に基づくものであった。これらの報告書が著された時期というのは，21世紀初頭の場合よりももっと哲学への信頼があった。そうした（これらの報告書の中に見られるような）信頼にもとづく政策形成の有効性については懐疑論が出てきたにも関わらず，またそれが「エビデンスに導かれた」政策にとって代わられるようになったにも関わらず，教育哲学および教育学の他の分野の学者との関係性においては信頼というものがまだ中心を占めている。教育の改善と発展という仕事にとっての教

育哲学の価値または有用性は，ある重要な面においては，他の人の判断と能力の双方についての信頼関係に依存せざるをえない。

　もう少し説明しよう。どんな種類の有意義な関係でも，これを深めていくには相互の信頼というものが重要である。とりわけアドバイスや援助をしてあげたいと思っている人は受け取る側の信頼を得ておかねばならない。的確に応えてくれるホームドクターを信頼するよう患者たちに求めたとしても，結局それはいろいろな条件が満たされているかどうかによる。その医師の診断が正確だといえる証拠があるだろうか？　その医師が自らの専門的知見はここまでだと思ったときに他の専門医に紹介してくれるだろうか？　実際，その医師は自らの専門的知見の限界を認識しうるのだろうか？　彼女は配慮してくれるだろうか？　こうした疑問はすべて重要であるが，最後の点は教育者にとってもっとも重要である。結局，人は，慢性病と慢性病という診断の両方に対するあきらかな蔑視のために仕事ぶりを調節しているような医師を信頼したくないのではなかろうか。デニス・フィリップスがなぜ教育哲学は実証的な教育研究にほとんど寄与しないかということについて書いた論文で（Phillips, 2005），我々の興味を引き付けているのがまさにこの問題である。彼の見るところでは，教育哲学者（実際の名前を挙げているが）は実証研究の分野に生じた論点を長いこと無視してきたという。お粗末な実証研究のもっともひどい例をとりあげることにエネルギーを注ぐことや，これらのものから，そうした研究はすべて役に立たないくらい致命的な欠陥があると推定をすることは，教育哲学者にとってはあまりにも容易であった。しかしこれは，もっとも好ましい出発点では決してない。フィリップスがいうように，「我々の多くの仲間がおこなった研究を的を射てないものだと問題提起するのは確かにはなはだ傲慢なことだが，しかし教育哲学者の中にはこうした威圧的な挑戦に立ちあがろうとする人もいる。」(同上，p. 587)。実際，仮に教育哲学者がその領域での他の研究者からの信頼を得たいというのであれば，教育哲学者の規範論的な主張をなんらかの形で吟味してもらうことを覚悟しておく必要があるといえるだろう。これは，教育哲学とそれ以外の教育研究領域および政策共同体とが関係構築をしていくにあたっての必須条件である。哲学者は結局，哲学者による熟議（deliberation）の誤りから免れることはできない。教育哲学者の貢献は他者の貢献が有効であることを認めるこ

8.2 信頼の性質について

と，ないしは認めないことだと想定するのは誤りである——つまるところ，哲学者自身による解釈学的および規範的な主張は反論にさらされることがないというわけにはいくまい。このことは，教育哲学者が「人類の繁栄」といったものを，これは「どういうものなのか？」とか「そうした繁栄はどうすれば達成可能か？」とかいうかたちで問えるようなものではないのだと規定するのであればなおのことである。

こうした観察からは，本稿が投げかけた質問の最初の部分は次のように言いかえることができる。「哲学者による熟議は政治家が信用をおけるようなものなのか？」簡潔にいえば答えは「ノー」である。このとき我々は，彼ら政治家がそうすべきかどうかを問うこともできる。しかし，これまでに示したように，この問いはやや性急すぎるだろう。多くの実証研究が「疑いの余地なく明白である」と主張をするような状態になるまでに落ちぶれていくかもしれないという議論をする場合に，スメイヤー，スミス，スタンディッシュ（Smeyers, Smith and Standish, 2007）の議論が有用な視点を提供してくれる。新人教員のエスノグラフィー的研究の例に関する彼らの議論によれば，その研究が提供する一連の結論には，新人教員は自分が新人だと感じている，といった知見があったという。このような我々がすでに知っていること以上のことをほとんど教えてくれないような研究に，投資をする必要が本当にあるのだろうか？　経験の浅い人はたいてい自分の経験のなさを感じ取るものではないのか？　しかし，ここで本当に興味深い疑問は次のようなものである。「この研究に資金を出した政策立案者や審議会は，専門職者が世代間で受け継いでいてすでにわかっていることを確認するのに，なぜこのようなタイプのエスノグラフィー的研究を必要とするのだろうか？」実証研究は直観に反するような知見を提供することができる一方で，思いがけない発見をする能力には抵抗力がなく，これは次のような場合にのみ保たれる。つまり，研究の対象となっているものの性質を明るみにできるほど，問題と調査および解決の方法の双方に充分に差違があるような場合である。どういう研究においてもこのことは当てはまると言えるのだが，ここで我々は，どのようにして結論が前提の中に組み込まれてしまったかという興味深い例を見ている。その前提についてもう少し考慮をしていれば，そうした努力はまったく不要だっただろうと思われる。隠された論点は，生活についての

第8章　政策および実践の基盤としての哲学

日常の常識的主張に，政策立案者が信頼を置いていないということではないであろうか？　既存の判断や主張を確認することが，政策共同体の援助によって行われた研究の主たる目的としての立証にとってかわったということもまた問題ではないのだろうか？　委託研究に関与する研究者コミュニティには多くの逸話があって，刊行物が遅れたり，発見した事実の書き換えや発見した事実を修正するよう研究者に圧力がかかったりするのは，それらが研究を委託した人たちの望んでいるような政策やその政策が目指す方向性を肯定することになっていなかったからであった。

　しかし，「政策共同体」─多少は異質で拡散的な一団（そもそも一団であればだが）─にいる人々の圧倒的多数に，おだやかな意図と，よいことをしたいとか自分が仕えている国家のより広範な人々の生活を改善したいとかいう一般的な願望とがあるとしよう。そういう人々がメフィストフェレス的であることはまれであるが，この広範な国家になり代わってどんなタイプの良き社会を実現させようとしているかについては確信がもてない。さらにいえば，彼らが「良き社会」についてのはっきりした認識をもっている場合でさえ，どのようにすればそれを実現できるかについてはまったく定かでない。しかし，このことは，より広いビジョンの構成要素になるかもしれないような地域的あるいは中間的な段階に彼らが焦点を当てようとすることを妨げるものではない。こうしたことに基づいて彼らは研究に取りかかるのである。そこでは，我々が集団的に獲得しようとしているものについて，彼らに確信がないことが混ぜ合わさることで，たいていの研究には限界があり部分的なものであるということがわかる。しかし，人は数字の時代に育っているので，数字に対してある種の信仰をもっている。コルネリュウス・カストリアディスは，数字が現代人にとって存在論的に起源的な意味を呈してきたことを指摘する（Castoriadis, 1997）。このことから，少なくともデカルト以降，「算術」がある超越的な位置を与えられてきたこと，そしてその結果信条的な地位を引き受けていると彼はいう。こうして，我々は算術が社会的・教育的な問題や課題に対する特定の解決策のカギを握っていると考えるように促されているのである。そのとき信頼は，算術が現実の社会をあからさまにしてくれることへの信頼となるのだが，それは我々の主観的判断の貧困さに打ち勝つことができるからである。

我々は何故こうした進行相的な (atelic) ものにこだわらなければならないのだろうか。それは我々が公共生活をすることを選ぶことになった規範論的な判断に確信がないからであろうか？　数字は確実なもののように見える。その隣に並べられると，規範を尊ぶことは非常に漠然としたものに見える。我々は，自身の規範論的な主張が本質的に耐久性をもっているということを受け入れるのには不安を覚えるし，またそれらの主張が価値についての懐疑主義にあまりにとらわれていることをじれったく思っている。我々が自らの信念について自ら信頼できないでいることからくる衝撃への緩衝剤を，算術が提供してくれるように思えるのだ。もしも私が，我々はXという方法あるいはYという価値にしたがって生きていくべきだと信じるとして，その場合，このことは私自身の確証に属することがらであって，他人にとってはなんら重要でもないし興味もない私的なことがらであると解釈されてきた。もちろん，これはポストモダン的な思考においてしばしば出くわす誤った推論である。我々がこの明白な不確実さを数字というものの「安定した」外観のかたわらに置いてみたとき，数字にはより上位の地位が与えられているようである。我々が数字の体系と基本的な約束ごとをいったん受け入れてしまえば，$2+2=4$ は公に同意されているということについて多くの人は何の困難もなく公に同意しうる。哲学者の研究には我々はそもそも信用を置けない，なぜなら哲学者は，我々自身が参与することの脆弱さに我々を直面させようとするからである。さらに哲学者は我々に，これらを明確化せよ，その意味しようとするところを示せ，などといったことを求める。それでいて，我々を人間として他から区別できるのはまさにこの参与のおかげなのである。そこでジョン・ルカクスはつぎのようにいう。

　我々は，正確性よりも理解力の方が高次の秩序であることを認識しておけば十分である。計量には数字が必要である。その目的が正確性にあるからだ。しかし，想像力を含む理解力は，計量ということからは影響されない（そして想像力は神経学的な実験からさえも影響されないだろう）。数字には知恵，つまり，意味を与えるもの，生命と調和しようとするものがなく，我々は数字を言葉にして考え，言葉にして表現しなければならない (Lukacs, 2002, p. 138)。

　いくつかの重要な点においては，政策形成は想像力の活動であって，結局我々は特定の種類の社会的（経済的なものを含む）財が福祉の特定の状態をもたらし

てくれると想像している。そして福祉は集合的想像力の産物以外の何物でもない。そうなると，哲学者が暗黙のうちにとりいれている価値，かつ／または哲学者が公的に宣言したこれらの価値が，ある種の社会的および教育的実践についての判断の根拠のようなものを提供してくれるという信念を政策立案者に復活させることが哲学者の務めだということになるだろうか？　別の言葉でいえば，哲学は数字に装いを与える際の援助を通して，政策を助けているということになる。この文脈では信頼が信用として理解されている。つまり，規則がありながらもそれが不完全なままのような場であっても規範的な判断をすることができるという，自分自身の本能に対する信頼である。これはさらに基本的な哲学の2原則を発動することにもなる。つまり「エビデンス」を構成するものについての豊かな感覚を求めること，およびそうしたエビデンスとそのエビデンスから導かれそうな結論に直面したとしても，懐疑的に立ち止まることを採用することである。大規模なデータセットときめ細かいエスノグラフィーは政策立案者が政策を描く際に依拠する情報源を提供してくれるが，しかし，私的な行為としてではなく公的な熟議の一形式として思索がなされているところでは，この両者が思慮深い省察と関与に容易にとって代わることはできない。このような機能を果たすためにも，哲学的な介入は，研究作業にとりかかる以前の初期段階として解釈される必要があるだけでなく，調査と判定の全過程にわたっての，エビデンスおよび政策形成の世界に対する立場を示す方法としても（もし単独でなければ結合したものとして考えて）解釈される必要がある。あまりにもしばしば政策形成は緊急に進められていく。ここで我々は，哲学的な省察のために懐疑的に立ち止まることで，そこにあるような政治的緊急性が緩和されることを望みたい。

8.3　哲学による建設的な貢献

　本節では哲学がなしうる政策的熟議に対する特定の貢献に話を移すことにする。ある意味で哲学は，統計値の中間にある空間を探索することによってこのことをなしうる。しかし，正確には何がこの空間を構成しているのか？　エビデンスに基づく政策には，人間の行動を理解しようとする関心がその基盤として

8.3 哲学による建設的な貢献

ある。つまり，人は特定の刺激にたいしてどのように反応するか，人は特定の文脈の中でどう行動するか，などである。このような基盤は将来の行動を予測するのに用いられる。そして，そうした行動が実現化しそうな文脈を伝えようとして政策が調整され，発展され，形成される。こうした議論ではしばしば量的調査と質的調査との間に区別が設けられるけれども，この点に関して両者に大きな差異があることが明確になっているわけではない。もちろん，量的データは予測されるパターンというものに直接関連しているし，質的データは，ある経験の性格と質を発掘することに関連している。しかし，質的研究から得られる情報はいまだに，情報を与え予測をするために使われており（そうでないと，いったいなぜ情報を出すのか？），このようなやり方においては，間接的にだがまだ数字との関わりがある。このような方法で使われる質的データは，量的データと同様に，質という原初的でより拡散的な概念によって修正される必要性に立脚した，唯物論者が社会をみるときの観点の一部となっている——このときの質とは，人類の存在と行動に関してなされる判断を表現するものだと見られている。ここで検討しているどちらのタイプの研究でも，特定の様式で行動する人，つまり文脈の中での特定の刺激や変化に反応する人の数を理解するのに役立つ。けれども，そのもっとも完全な意味で理解したときの質というものは，すでに示したように，もっと異なる意味をもったものに関連する。質的データセットからデータを得るために開発された一連のツールは（NUDISTなど），カテゴリー化，分類，区分といったことに関心が置かれている。つまり数字や算術の一つの拡張という行為に関心が置かれている。しかし，「分類はカテゴリー化を要するし，均質化を導くことになる。そこでは質および差違でさえもが，それらの予見およびプログラムされた能力に依存するようになる」(Lukacs, 2002, p.139)。たいていの質的調査が量的手法で展開されていると論じることは，哲学的な見方の明白な優越さを復活させようとか，その結果かつての分裂や敵意を押しつけようとかいったことを不正にたくらんでのことではない。それにもちろん我々は，ある状況下の詳細な点について焦点を当てるような著作をする質的研究者が，一般化可能性よりも移転可能性について語るのを好むということを認識している。

　哲学とは，判断の本質を理解しながら援助できるような，精神の活動である。

第8章　政策および実践の基盤としての哲学

自明的に妥当な実践というものは存在しない。つまり，あらゆる実践は，仮に実践自体はうまくいったとしても，継続的な吟味を受ける必要がある。判断は政策に前置するものではないが，発見，決定，裏付けといった同時進行の仕事と一体のものである。我々が避けたいと思うことは，哲学的研究と政策との間では概念化と明確化（これは哲学者の仕事である）のあとに，半独立的な方法で，構造の実施と実践など（これは政策立案者と実践家の仕事である）が続くという提案をすることである。最初に概念化がありそのあとに実施があるとの想定は純朴だと言いたい。「省察的実践者」について，我々は彼のためにそれ自体が有効な一連の実践を作り出してあげているが，その人自身はそれほど省察的になりすぎる必要がない人であるという最近の考え方は，批判されるべきだと思う。共通感覚となりそうなものはめったになく，あるとすれば相当に率直的なものである。

　最初の例でいえば，それぞれの現象の望ましい点や望ましくない点についての判断はしばしば見る者の目にかかっており，また，ものごとはいかに「あるべき」かという規範的な一連の前提に依拠している。ジェフ・ウィッティの『教育改革の社会学』はここでの問題にかかわる興味深い例を提供している。彼は新自由主義的経済社会政策からの転換を描き，議論の中ではこの政策の影響についての社会的不安が高まってきたことを示唆している。我々が知らされているような社会的不安は，「前の政府の政策が公平を損なうような影響を与えた」との懸念が（ウィッティを含めて）多くの人の間にあったために生じた（Whitty, 2003, p.127）。このような懸念は，何人の人がどの程度までウィッティの議論に賛同しているかという調査ならできるかもしれないという点を別にすれば，なにか実証的な吟味に基づいたものではない。むしろ，ある政治体制が資源と財，それには教育財も含められるが，それらの分配をどのようにとりまとめているかということについての一つの主張にすぎない——実際のところ，かなり根底的な倫理的主張である。ウィッティは，「公平」それ自体はたとえば「自由市場での選択」よりも重要な価値であるとするアプリオリな主張をしてしまっている。もちろん，特定の社会経済政策の効果を測定する方法はいくらもあるという議論はできる。しかし，それは次のような問いを先送りしているにすぎない。「ほかのやり方ではなくこのやり方で，これらの資源を配置していくのはなぜ

か？」こうして我々は，ある重要な点において政策形成は実証的研究に前置しているということをわかり始めるだろう。むしろ政策は，我々が生きて活動している社会における特定の規範的な概念の中から現れるものである。したがって，もし研究が政策形成の過程に何か付け加えることがありうるとするならば，研究とは，それ独自の方法と，ものごとはいかに「あるべきか」という特定の概念を現実化するための探索を開始することとの間を頻繁に行ったり来たりするものでなければならない。

そこで，こうした複雑さを所与とすれば，我々は教育政策形成における実践としての哲学の役割をどのように理解することができるだろうか？ 次節では試論的な方法を描いてみる。

8.4　アプローチの提示

本節はこの章のカギとなる節であり，フィールディングとマクローリンの両研究において出てきた議論のいくつかを取り上げる。ここではマクローリンが関係性の複雑さを強調したことを取り上げるが，それに加えて彼の注意喚起，すなわち，哲学は「複雑さを明らかにし，ジレンマを明確にし，現実的な妥協の基盤を崩し，決定よりもさらなる議論，討論をうながすことに寄与する」(McLaughlin, 2000, p. 451) ことができるという発言も取り上げる。そしてまた，政策形成での how, what, why について，その特殊で重要な省察をするためにも哲学が求められるとするフィールディングの主張にも耳を傾けよう。

したがって我々のテーマからは一つの問いが導かれる。我々はどのような質問を検討するように依頼されるのか，そして何をもってそうした質問への回答とみなすのか？ 我々は純粋に実証的に答えられるような，教育的な問いに答えようとしているのではないといいたい。実際，我々は，「推論」(inference) という概念には明らかに問題が多いと思っている。教育政策形成という作業に哲学的な分析を適用する際の，主たるターゲットの一つは，「推論」のようなプロセス概念についての未発達で脆弱な理解であるといえよう。推論的な論法は，特定の教育問題を考察し，そしてエビデンスを解釈することで出てくる政策提案の開発において，たとえ明瞭ではなくても，重要な機能をしばしば果たしてくれ

る——そのときのエビデンスは一定の手続きを踏んだ研究データであろうと，所定の教育的経験への参加者によるありふれた観察であろうとかまわない。手続きを踏まえたデータ，あるいは非公式なデータによる分析からは，推論が特定の政策的介入または政策的見地の基礎として描かれるのが一般的である。もし，ひろく思われているように，推論が，ある与えられた課題や現象について確実に知り得たことを根拠とする妥当な結論に達するための行動であるとするならば，哲学的研究の一つの重要かつ第1次的な課題は，教育政策を決定づけるような何らかの結論に至るまでの段階を問うということであろうし，もっと重要なのは，知り得た事実を—あらゆる変数とともに—できるだけ深く理解することを，何らかの結論を下す前に確実になすことを要求するということであろう。推論のきまり—つまり常識的な洞察と不確定性のある周辺領域を大切にすることが完璧に両立していること—について明確に理解することは，政策形成の場合の多くが依拠する，帰納法的な推論を強化することになろう。推論ということについての哲学的な見地からは，研究者および彼らが助ける政策立案者の双方にとって，多面的な観察実験（確認と反証の両方がある），多因子観察，因果関係の複雑さ，認められていない仮説の存在，そして教育研究に現れる直観的でない性質などの諸要素が重要であることを際だたせることになるだろう。（前に述べたような）質と判断の性質についての我々の理解だけでなく，推論についてのこの「密な」理解にも基づいて我々が反対してきたのは，政策に対する哲学の関係をあらわすモデル，すなわち，政策は予備的な概念明確化または価値についての言明を何かしらやった後に，政策の中で推奨していくことがらを発展させていくだけであるとの想定をするモデルであった。ちょうど推論的論法が研究または政策形成の過程でうまく機能する（そのように認められていようがいまいが）のと同じように，より広く理解されている哲学的分析も政策形成の仕事との対話を恒久的につづけていくべきである。

　政策形成などの活動に対する哲学の寄与についての2つの支配的な見方のうち，哲学の応用としての概念明確化はジョン・ウィルソンのよく知られた研究の中で例示されている（Wilson, 1963）。概念分析としての哲学は教育に対する関心領域のマッピングを試みている。ウィルソンの場合にもっとも重要なのが道徳教育の領域である。これは，我々が言葉を使うときに普通はどういう意味で使っ

8.4 アプローチの提示

ているか，とくに，ある概念の例として使われているものを調べることによって概念の意味とその論理的な含意を明確にしていく作業を含んでいる（Wilson, 1963, pp. 4–5）。これらの概念的な問いは，「価値的な」判断と同様に「事実的な」問いからも区別されていて，言葉が人間的な目的のために使われている方法の理解も要請するものである（p. 6）。言葉は一つ以上の意味をもって使われることがあるので，概念分析では言葉の用法を定める基準に注意を払うことになる。

哲学を概念分析ととらえるウィルソンの見解は批判を浴びてきた。たとえばブリッジ（Bridges, 2003）による批判では，その用語の定義と交渉についての視野の狭さが問題とされた。哲学が教育研究に提供できるものについての描写では，その全盛期においてはこれが影響力をもっていたし有用でもあった。なぜなら，「教授」（teaching），「教化」（indoctrination）—そして「教育」（education）それ自体もだが—このような鍵的用語の意味について，合意に達することがたとえなくても，議論を促すことにはなったからである。いろいろな概念とそれらの意味に細心の注意を払うために利用できるツールはその後広がったけれども，意味に対して繊細な注意を払うことは，教育に関する哲学的研究にとっての実際的に有用な次元を保っている。ブリッジはそうした有用なものの例として「質」といった概念の用い方の基準を開発することに言及しているが，それは「民主主義」そして「権威」というような言葉を問う場合でも同様に重要である。それにもかかわらず，哲学の貢献はウィルソンがいうよりももっと幅広いということが教育哲学者の間で広く同意されている。概念分析としての哲学に関連していることだが，政策の争点と実践についての我々の理解を明確にするような区分をつくることの中には，哲学のさらなる生産的な役割が存在している。たとえばアイリス・マリオン・ヤングによる，外部的排除（external exclusion）と内部的排除（internal exclusion）との区分は教育において政策を開発する際に容易に利用されうる。つまり（ヤングが示す例によると）人々が意思決定過程へアクセスするのを拒否されているというときの外部的排除と，議論に加わることは許されていてもその結果に影響を与えることができないから排除されているというときの内部的排除とを区分することになる（Young, 2000）。ヤングによる政治哲学と教育哲学の区分を引用すれば，我々は，たとえばインクルーシブ教育において政策を開発する場合の排除の様相を，よりよく理解できるようになる

第 8 章　政策および実践の基盤としての哲学

だろう。つまり，教育的空間に物理的に連れてこられた人ですら，外部空間にいたままだとしたときと，同じ程度に排除されていることを認識できるからである。

また哲学者は，政策と実践をすでに補強しているか，場合によっては補強するようになるべき価値の明確化，分析，そして防御にも寄与している。この課題は概念的に関わるよりもより本質的な貢献であるように見えるけれども，次のような認識に対してはこれもまた脆弱性がある。つまり，すべてのそうした研究は，政策の基盤となりうる「現実的な」研究に対しては，結局のところ単に予備的なものにすぎないという認識である。この広範な観点に関連した語彙は，我々が以前に避けてきた基礎主義へと向かいがちで，そこでは，哲学の役割が研究作業よりも厳密に前置されている。この見方によれば，その基盤が明確になり概念が整理されると，哲学の仕事が完成されたことになる。ここでは用語を定義づけることと混乱を解決することとが第一義的な課題とみなされている。そうしたアプローチは，哲学的な思考が政策と実践に関連して大変重要な役割をもつことを認めるように見える一方で，この第一義的な課題と政策形成の継続的な熟義のプロセスとの間に，亀裂を生じさせることにもなりがちである。この説明の中で哲学的な議論に対して与えられた見かけ上は高い地位にある役割が，実際には，哲学者の活動と政策共同体の決定との間の分離を再生させてしまう。そのような状況においては，哲学は政策形成のプロセスにかかわりをもちつづけることができなくなり，その価値への信頼はそこで消滅する。

我々はこの分裂状態の起源を，archein と prattein との分裂（ジョセフ・ダンが—ハンナ・アーレント（Arrendt, 1958）にしたがって—指摘するようにプラトンにまでさかのぼる分裂）に求めることができる。「archein には始まりまたは広がり（opening up）という要素があり，実行と達成という要素をもつ prattein は同時に，その始めから明らかになった結果を経て受け止めるということである。この両者はいずれも，自由行為者の多様性の範囲内で誰もがとる行動に本質的に備わっているものである」(Dunne, 1993, p.94f)。プラトンがこれら 2 つの間での分裂を提唱し，そこでは前者（つまり企てへの参入）は規則という概念の中に，したがって支配者（ruler）の中にあり，prattein は行為者（doer），つまりは規則を実行する人の中にある。(Conroy, 2004, pp. 93 and 107) そしてこのような分裂が起きて

いるのはまさに教育研究においてであり，それはつまり政策立案者によるある規範的主張から政策が生じてくるその始まりからの一連の動きの中で，補強的証拠と結果の提示が専門家（professional）の政策共同体にゆだねられているからである。このことが，その後に続いてくる政策実施過程への責任をとるというプラトン哲学以前の能力を，専門家（technician）から奪っているのである。このような分裂は各部分をその総量よりも小さくしてしまうから，哲学者にとっても政策立案者にとっても役立つことがない。

　基礎主義においては政策を企画する際のさまざまな段階で，たとえば方法の構造的な配列の在り方や倫理的な含意や結論といったものについての哲学的な吟味が要請されるところであり，ここで提言された哲学的な方法は，この基礎主義への単純な代替法として解釈されるべきものではない。これが哲学を巻き込むことへの我々の信頼を改善してくれ，また基礎主義を乗り越えるためのステップを提供してくれるということは疑いないが，しかし，全体としての哲学の有効性に対する信頼を維持するだけでは十分ではない。つまりそこでは，哲学が結びつきをもったその企画の正しさを証明するという監査的な役割へと，結果としてあえて降格させられている。つまり我々は，哲学にとってのそうした機能は政策開発の有用かつ必要な側面だろうという主張を受け入れて満足しているとはいうものの，もし哲学的解釈が信頼というものを実体的に測定することだとすれば，それは政策の開発，批判，具体化というプロセス全体に統合された部分だとみなされるべきだ。ここでは我々は，一方で政策に対する哲学の関係と，もう一方で実践に対する理論の関係という2つの関係の間での比較をしていることになる。哲学は両方に関係している。

　前にみたように，自由主義体制での政治的努力は，人類の繁栄を探究する際の構成要素であるし，またそうなるように試みられてきた。もっと平凡にいえば，このようなより高次の財を現実的なものにしようとするこの努力の内には，公共政策の発議は社会的または教育的な困難と認識された問題をめぐる特定の文化的または政治的な課題への反応であるとの前提が含まれていることがよくある。このため，スコットランドでは10代の妊娠件数が増加したことが，この傾向を抑制しようとする政府のいくつかの政策発議につながった。というのも，10代の妊娠件数の増加は，貧困，経済的機会の縮小，将来的な犯罪などを含む

社会悪につながるからである。基礎主義者モデルによれば，この種の何らかの政策的反応に哲学がなしうる貢献は，とりわけ若い人にとってのよき生活を構成するものについて，一般的で規範的な主張をすることにとどまるであろう。

政策形成に対して哲学的な分析がなしえたであろう貢献の中に，我々が本章の冒頭から好んで追求した拡張的な対話というようなものが含まれていたということを，近年のポピュラーな教育政策発議と称されるものの多くの例が説明してくれている。電子黒板（Interactive White Boards: IWB）が学級全体での授業に与えた影響についてのフェイ・スミス，フランク・ハードマンほかによる研究では，イギリスの学校における主要なICT革新のことについて言及されている。この発議には，進歩主義的教育学と先端的学習テクノロジーとの間での，ありうるかもしれない調和の象徴である魅力的なハイテク教育機器への莫大な支出が伴っていた。しかし，これらの新しい道具へのアピールが最初に教育計画立案者に寄せられたときの政策に向けた考え方には重大なギャップがあることが，スミスとハードマンによるIWB事業に対する評価で浮き彫りにされている。「そうしたテクノロジーそれ自体は学級全体での授業の伝統的なパターンに根本的な変化をもたらすものではない」との結論を調査によって導きつつ，スミスとハードマンは次のようにいう，政策立案者は「テクノロジーに魅了されており，学校で長くつづいてきたことで慣例化した教師―生徒間の相互作用のかなりの部分に電子黒板が刺激と変化を与えるだろうと思いこんでいる」(Smith, Hardman & Higgins, 2006, p. 455)。そのかわり彼らは，電子黒板のパラドキシカルな影響の一つは，「伝統的な，学級全体での授業のパターン」を強化することだということを見出した。つまり実際には生徒同士でのグループ討論へと縮小するように帰結していくのである。教室での学習および教授における電子黒板の位置づけについて哲学的に洗練された省察をするのならば，その関心を向ける先を，電子黒板それ自体の魅力的な多機能性から，スミスとハードマンが教室での知識と参画を共同形成していく際の「言説運動」と呼ぶものをより深く精査することへと移しておくべきだった。教師―生徒間の相互作用についての豊かで変化に富んだ概念を拡充していくことで，哲学的分析は電子黒板それ自体の操作的な特徴を越えて最適な学習ということの意味，価値，および状態についてもっと深く問うことを優先することになるだろう。なぜ我々

8.4 アプローチの提示

は相互作用に価値を見出すのか？ 学級全体での伝達機構モードと小集団的発見および実験との適切な関係とはどんなものか？ 我々はどんなタイプの学習者を教室で育てたいのか，そしてそれはなぜか？ 行為者である人間と学習テクノロジーとの関係を，自由な裁量権という点で我々はどのように理解し評価すべきか？ 電子黒板の有効性はいかなる基準で測られ，また，それらの基準では，ハイテクノロジーとしての威信やそれらに対する象徴的あるいは物質的な資本投資などといった，学習と教授の過程には無関係な要因がどの程度まで見えないところで考慮されているのか？ こうした問いに答えることから，哲学的分析が政策開発に従属したものとしてではなく，教育およびその広範な目的についての統合された重要な認識の一部であるとみなしてもらえるような，知的な問いかけの習慣が醸成されていく。

　教育実践におけるジェンダーや人種的アイデンティティといった観念をめぐる，常識的な一連の前提に対抗しようというここ数年の間に登場してきた学問の中にも，このような統合についての別の表現を見出すことができる。もう一度言うが，この領域で実行される幅広い政策テーマはほとんどの場合，社会の中での教員の役割についての一般的な認識群と，そしてとりわけ生徒の生活と行動に対して教員が与える影響の大きさとに由来するものである。国民の強力な識見が変わってきたのはイギリスのマスコミが扇動したためであり，そのマスコミが主張したのは，学齢期の男子生徒のうちの特定の階層にみられる学業不振—そしてこのような失敗に絡んで社会悪がしばしばおこっている—には，不満を抱いた少年たちのための肯定的な役割モデルたりうるような男性を教職に就かせることで，最も効果的に対処できるというものだった。イギリスの学校でエスニックマイノリティの学業成績が低いことの解決方策の中にも，類似した見解が見られた。どちらのケースにおいても—関連学界の幹部らにより信用が与えられたことで—初任者教員養成プログラムに男性やエスニックマイノリティ出身者からの志願者をひきつけるような，金のかかる精巧な政策手段が慎重にとられることになった。この戦略には一連の基準と，そして一見して自明に思える原則とが付随しており，エスニックマイノリティ出身で成功した教員が，エスニックマイノリティの生徒に努力して成績をあげるようなインセンティブを与えているのと同様に，成功をおさめた男性教師は少年たちにモチベーショ

ンを与えることになるという意味において，そこでは教師と生徒との関係についての，ひどく理論負荷的（theory-laden）ではあるがおそらくは常識的な観察が優勢になっている。この事例は前述のスメイヤー他（Smeyers et al., 2007）による事例，つまりそこでは前提の中に結論が伴っていたのだが，それとは区別して扱うべきである。ここでは，そのように前提に結論が含まれているようなことはなく，この種の区分を行なうことが哲学的思考の課題であるといえる。

受け取る意見が膨大になってきたことに直面して，カーリントンとスケルトンは，イングランドとウエールズの教職で白人と女性が優勢な構成となっていることが生徒の成績に有意な差を生みだしているというエビデンスは，実のところないのだということを表明している。彼らは，直観に反して，男性教師の行動が女子生徒，ある場合には男子生徒，そして女性教員らを疎外する「男らしい行動」をわずかだけ助長しうるとするような，豊富にあるのにめったに気づかれない研究から導かれたエビデンスを示している。

「役割モデル」という用語が無批判につかわれており，そして，もしあるとしても，公的な言説で定義されたことはほとんどないということを我々は指摘した。しかし，男性とエスニックマイノリティを対象として資金が投入された戦略がありながら，それらを裏付けるような明確な説明的枠組みは出てきそうにない。我々独自の研究によれば，このような混乱した思考の結果，男性とエスニックマイノリティ出身者を教職に就かせることが，学校での様々なジレンマ状況に直面するだろうということが示されている。実際，「役割モデル」としての男性とエスニックマイノリティに焦点を当てることは教職に就こうする際の逆インセンティブとなってしまうかもしれない，というのがこのジレンマである（Carrington & Skelton, 2003, p. 258）。

彼らの認識が暗示しているように，教員の「役割モデル」認識全体は，そしてその帰結である安易な政策的方程式は，たいていは真面目な哲学的評価を欠いている。たくさんの模倣問題，抵抗，影響のパターン，因果因子，抑制的変数，制度化された権威，権力の非対称性，個人の裁量権と専門職としての行動との比率，ジェンダーポリティクス，そして学校での個人間関係という全く単

純化できない複雑さ，これらすべてがこの分野の政策では無視されている。基礎的な哲学的分析は解釈学的な休止に確実に帰結していくが，それは，問題がはじめて記述されたまさにその場での当初の概念明確化の可能性を開くことになるからであり，また一方で，現象とその下の構造についての継続的な代替的解釈への展望を提供するからである。検証の対象となっている問題に表面上明白な継続性がある中で，政策共同体が反射的に安易な解決策に頼るということは，哲学的な批判と活発にやり取りをするというこうしたスタイルをとることで抑制可能である。スミスとハードマンの事例のように，教師と生徒との相互依存性という単純なモデルの拒絶は，哲学的分析をある種のハインドキャスト（hindcasting）であると表しており，つまり，政策共同体に直接関連する問題の定義に欠点があることをさらけ出し，その問題に対処するのに誤った努力がなされていることを暴露することにもなる。それにも関わらず，いずれの事例もかなり違った，そしてもっと肯定的な，哲学的洞察と政策発展との統合を含んでおり，そしてまさにこの上に将来的には研究上のパートナーシップが築かれるべきである。

8.5　哲学的な関与のプロセス

　極端な形式の場合だが，概念的に洗練されていない実証研究には「好奇心」と称されるようなものが欠けていることがわかる。このことについてありうる事例の一つは，近年の教育政策における有力な概念としてのシチズンシップが出現してきたことの中に見出されうる。他の自由民主主義体制の国に共通するが，イギリスは，市民参加と参加民主主義の崩壊として一般には認識されるようなことを経験してきた。これは，学校において迅速に実施されるべく，全体の処方と教育学的な処方との一つの組み合わせが現れたことから，やや急なことだが，社会の緊急事態という意識を引きだした。認識から実践に跳ぶということは，流動的な最近の産業社会体制においてシチズンシップとみなされるのはどういうものかということについて慎重に考察をしないまま，あることを省略し他のものに移ることなのだとわかった。予備的な関与というカテゴリーに単純化するのではなく，むしろ，ある問題を特定していくことからその解決策

第8章　政策および実践の基盤としての哲学

を指示することへと移る動きの中での熟義のプロセスに，ある種の思考を伴わせるように要請するという実質的な貢献を哲学がなしうるのは，まさにこの点にある。アーレントとダンがともに指し示すのはこのプロセスであって，つまり，政策形成と政策の手段および目的への吟味との間で必要とされる関与がずっと続いているプロセスである。すでに示唆したように，教育哲学に帰せられる役割が，一つまたは複数の基本的な課題としてのそれであったり，あるいは政策形成の各段階において現時点の動きと次の時点での動きとの一貫性を確認することを目的とした，何か不格好な監査装置としてのそれであったりすることはよくあることである。むしろ我々は，教育政策形成における哲学的な思考は説明と明確化という課題で始まるのであり，そこにとどまるべきではないということを指摘したい。そのかわり，哲学は開始と完了の間を正確に橋渡しするものとみなされる。というのは，哲学には，吟味，説明，分析および開発を通じてそのつながりを回復し解明することができるからである。我々は，哲学的思考が良好な政策形成とその付随的な実践とにおいて，本質的な役割を果たす相互に関係した5つの段階，というものを特定することができる。ここで示そうとする分類論は，一連の監査的なプロセスとして解釈されるべきではなく，一つの疑問の発生により，政策形成と戦略の発展を通して社会的および教育学的関与へと，教育的実践が進展する過程での思考に対して，我々が立ち向かう方策の暗示として解釈されるべきである。

8.5.1　認識

シチズンシップの場合，ある種の実証的データは市民参加の低下または崩壊を示唆するかもしれない。それは民主主義的社会制度に備わった装置が危機的に失われているということを予告するものだとみなされるであろうし，実際そうみなされてきた。哲学者はこの段階で，それもただちに，「参加とは何を意味するのか？」という質問をしたくなるかもしれない。また，明らかになっていない参加の概念と関係しそうな他の要因を見つけたいとも思うかもしれない。たとえば，「装置と参加の間のつながりとは何か？」認識についての疑問をめぐるその活動において，哲学的な方法は反直観的であると再び見なされるかもしれない。実際，そんな反直観それ自体が思考のための適切な立ち止りを与えて

くれるだろう。このことによって我々が提起したいのは，次のようなことである。ある社会的現象についての「常識的な」認識が，哲学的な洗練された評価によって促されるある種の緻密な吟味の下で，我々が単純化して理解できるように特定の因果関係を表していると感じ取られることは，めずらしいことではない。カーリントンとスケルトンの事例であれば，我々はどのような問題が言及されているかを問うことから始めることはなかっただろう。むしろ，そもそもここに問題があるかどうかである。

この段階では，哲学は，とりとめのない実践の中に洞察を展開し，公的な言説（たとえば，一般的な男子生徒と，特定の集団またはアフリカ系カリブ人のコミュニティにいる男子生徒との間）において，別の近似している，あるいは重複しているパターンを明らかにすることを助けることができる。実際，カーリントンとスケルトンは，性差による達成度の低さをめぐる公的な言説は，アフリカ系カリブ人男性をめぐるレトリックと一緒であることを指摘した。

8.5.2 診断

状況というものを「それ自体が存在している状態」[1]としてとらえることと，因果関係の記録を分析することとの間にある峻別を無効にすることが政策形成では好まれる。このことが，我々の推測する能力と代替的な観点，そしてむしろ代替的な因果論的説明を提供する能力とを邪魔してしまう。このようなずれはしばしば，吟味中の社会問題や教育問題の目立った特徴について急いで判断してしまうことに帰結していく。哲学的な平静さを維持できなくなることでしばしば我々は，意味の明瞭な説明枠組みへとおぼれていく。再びカーリントンとスケルトンの例を持ち出せば，政策立案者または調査研究の理事らによって作られた仮定というのは，学校での男性の学業成績に問題があるというものであった。教職に就く男性は少ないということにも言及された。現代学校教育のこれら2つの特徴を一緒に考慮に入れるのは，一つの因果関係的なつながりを

---

[1] もちろん我々は，経験または社会は無媒介的にそれ自体で存在するという主張に付随した，重要でなくもない解釈学的な難しさを意識している。しかし，それにも関わらず我々は実践的な理由で，この区分論が有用な説明装置としての役目を果たすということを示したいと思うのである。

もつかのように思われていたため，つまり，2つ目の出来事が何らかの過程で1つ目の出来事の原因となっている，というものである．仮に，「問題」に対する診断にもっと時間をかけることができたなら，納税者からの多くの金を，男性を教職に就かせようとしてあわてて使うようなことは避けられていなかっただろうか？

8.5.3　予測（prognosis）

　決定的な処方箋を出したいという誘惑は，考慮中の社会的または教育的な問題の複雑さに対応して起こりうる結果を予測する能力を，我々から失わせてしまうであろう．プラトンのソクラテス的対話は哲学的な予測というスタイルのためのありうるモデルを提供してくれる．ソクラテス的な対話者は，起こりうる多くの結果を注意深く考慮すること，また起こりそうな結果についての系統的な質問をすることによって判断を下すことは自制させられている．スミスとハードマンの事例から我々が言いたいのは次のようなことである．新しい教育学的関与を生み出そうとした電子黒板の失敗から，我々は特定の1組の実践あるいは複数の実践へと集約する必要が必ずしもないような手法を提供することが求められている．しかし，我々は特定の実践を，実際的にも，そして，我々に言わせれば，道徳的にも他のものより勝っているとなぜ認識するのかということを，過去にさかのぼって問い直すことが求められているのかもしれない，

8.5.4　処方

　これは，政策が形成される段階であり，この段階では，判断を専門家に委ねつつ哲学者はそのプロセスから離れていくと思われるであろう．しかし，哲学的な素質が本領を発揮するのがまさにこの段階である．その素質は多くの補完的な方法で現れる．第一に，倫理的な関与の形式をとって現われ，その効果は，ある共同体が持っている倫理的な伝統と「よい社会」の展望についての知識と理解によって権威を授けられた審問に，意図された処方を従わせることができるというものである．自由民主主義政治体制においては，提案された処方について熟議をしているあいだに，複数の倫理的理想が出現しがちである．そうした理想は時として相互に緊張をはらんで現れることがあるだろう．このとき哲

学的態度は，政策立案者らに彼ら自身の倫理的伝統という資源を再び注意深く知らせるができるであろうし，またそうすることによって，こうした伝統に対抗して出された処方を政策立案者らが検証できるようにもしてくれる。第二に哲学者は，ありうる処方から出てくる認識論的な疑問に取り組む際の援助ができるであろう。たとえば，次のような認識である。知識経済の文脈において現代の教育では，近年の産業社会の複雑な社会的関与に適合した若者たちを労働力市場に輩出することができていない。こうして，哲学の熟議的な関与が，認識論的な疑問を解きほぐすのに有用となるだろう。これらは一義的には，価値をめぐる問題へと導くプロセスとしての教育と，たとえば文化的遺産としての知識に対抗するようなメタ認知的アプローチの妥当性との間にある関係性にかかわるものである。

8.5.5 社会的実践

社会的実践（教育学的なそれも含めて）が煽動されるときには理論のない行動のような状況だとみなされることがよくあり，また，哲学的な素質があればよかったのにという，どのような主張ももはや適切ではないと受け止められることもよくある。ここでは我々は，「機能するもの」についての関心しかないとみられている。しかし，社会的実践は，文化負荷的な介入としてのその起源を隠ぺいする行動の適合的な様式へと自らを取り戻させることができる。このことが鋭利さを鈍らせ，我々のもっとラディカルな洞察と関与の性格を隠ぺいしてくれる。すなわち，社会的実践それ自体は一つの目的ではなく，また認識と診断がなされた状況についての解決策でもないのであり，継続的な再認識と洞察の反復的な過程の中の一つの段階なのである。

参考文献

Arendt, H. (1958) *The Human Condition* (Chicago, University of Chicago Press). (志水速雄訳 (1994)『人間の条件』筑摩書房)
Bridges, D. (2003) Six Stories in Search of a Character? 'The Philosopher' in an Educational Research Group, in: P Smeyers and M. Depaepe (eds) *Beyond Empiricisrn: On Criteria for Educational Research* (Leuven, Leuven University Press).
Carrington, B. and Skelton, C. (2003) Re-thinking 'Role Models': Equal Opportunities in

第 8 章　政策および実践の基盤としての哲学

　Teacher Recruitment in England and Wales, *Journal of Educational Policy*, 18.3, pp. 253–265.
Castoriadis, C. (1997) *World in Fragments: Writings on Politics, Society, Psychoanalysis and the Imagination* (Stanford, CA, Stanford University Press).
Conroy, J. (2004) *Betwixt and Between: The Liminal Imagination, Education and Democracy* (New York, Peter Lang) .
Department of Education and Science (1967) *Children and their Primary Schools: Plowden Report Vol. 1* (London, The Stationery Office).
Dunne, J. (1993) *Back to the Rough Ground: Practical Judgment and the Lure of Technique* (South Bend, IN, University of Notre Dame Press).
Fielding, M. (2000) Education Policy and the Challenge of Living Philosophy, *Journal of Education Policy*, 15.4, pp. 377–381.
Harvard Committee (1945) *General Education in a Free Society*, J. B. Conant, Introduction (Cambridge, MA, Harvard University Press).
Lukacs, J. (2002) *At the End of an Age* (New Haven and London, Yale University Press).
McLaughlin, T. (2000) Philosophy and Education Policy: Possibilities, Tensions and Tasks, *Journal of Education Policy*, 15.4, pp. 441–457.
Phillips, D. C. (2005) The Contested Nature of Educational Research and Why Philosophy of Education Offers Little Help, *Journal of Philosophy of Education*, 39.4, pp. 577–597.
Smith, F., Hardman, F. and Higgins, S. (2006) The Impact of Interactive Whiteboards on Teacher-Pupil Interaction in the National Literacy and Numeracy Strategies, *British Educational Research Journal*, 32.3, pp. 443–457.
Smeyers, P., Smith, R. and Standish, P. (2007) *The Therapy of Education* (Basingstoke, Palgrave).
Whitty, G. (2003) *Making Sense of Education Policy* (London, Paul Chapman). (堀尾輝久/久冨善之監訳 (2004)『教育改革の社会学——市場，公教育，シティズンシップ』東京大学出版会)
Wilson, J. (1963) *Thinking With Concepts* (Cambridge, Cambridge University Press).
Young, I. M. (2000) *Inclusion and Democracy* (Oxford, Oxford University Press).

第9章 プロテウスの出現

教育研究を再考する

リチャード・スミス

　教育研究は「科学的」であるべきであり，そして理想的にはランダム化比較試験（RCT）に基づくべきものである，という考え方は，覇権主義的になる可能性を含んでいる。この問題に直面した時，他の教育研究との代替可能性を考えることが重要である。我々は，「科学的」な研究は，現代主義的な特徴を持つため，部分的であり，一時的なものである，ということも心に留めておかねばならない。本章では，現代主義的な思考であるロマン主義の特徴的な事例を示したい。我々の教育に対する見解（理解力，感覚）が，ロマン主義の見識や視点を受け入れることにより，どのように変わるのか。そして，ロマン主義を受け入れることにより，ロマン主義的な要素を持った教育研究というものを，どのように考えるようになるのか。

9.1　認識論

　本章は，経済社会研究会議（ESRC）の教育学習研究プログラム（TLRP）による「教育研究の知見の認識論的基盤」の研究セミナーに基づくものである。このセミナーの議論は以下の通りであった[1]。

　　学級全体のシステム，あるいは一般的な教育政策の観点から見た場合，各学級において，何がなされているべきか，ということについて，教育研究が提供するものは，判断材料となり得る正当な理由（warrant），あるいは信頼性

---

[1]　http://tlrp.org/theme/seminar/bridges.html

(confidence) である。故に，「エビデンスに基づく実践」と「何が役立つか」という主張が議論されることが多い。しかしながら，「エビデンスに基づく実践」と「何が役に立つか」は，研究，政策，そして実践との関係性の中の広いフレームワークに存在していると言えるだろう（政策から実践を導くだけでなく，研究から政策や実践を導くということに関係しているということを考察することも含まれる）。

　3つの事例を紹介する：①「科学モデルを批評するための誘因（「エビデンスに基づく実践」と「何が役に立つか」）」，②「（社会科学より幅広く考えられる）研究についての，幅広い論文を含む議論の場」，そして③「確信の正当な理由やその度合いの強調」である。

　これらを考える上で考慮しなければならないことは「教育研究の知見の認識論的基盤」というものが，政治的な目的には適しているが，ある種，負荷が大きすぎるということである。認識論が我々に示しているのは知識論である。たとえば，正当性，真実の信念，または知る方法と知るべきことの差異である。後述するように，知ることというのは，様々な意味を持つ言葉であるが，我々が外界と関係を持つ際の唯一の方法である[2]。基本的な認識論の考え方が示唆しているのは，認識論とは基礎をなすものであるが，多くの哲学者は誤った認識を持っている（たとえば，Rorty, 1980; Kolakowski, 1972/1989）。「研究結果」というフレーズは，イギリス経験論を強く示唆している。研究というものが本来は事実とその相関を発見するようなものである（たとえば解釈的視野，哲学的分析がもたらすもの）。想定や負荷というものは，近代主義の特徴である。世界が，仮定や負荷から分かれた別のものであるということが科学的に知られており，認識学はある程度の基礎，そして認識論の仮定を提供している。リチャード・ローティ（Rorty, R.）にとって，それは，近代主義と近代哲学を始動させた原理主義者の活動としての認識論に対するデカルトの認識である。

---

[2] ガダマーの発言は，同様の効果をもたらす。「認識についての現代科学的な考えにおける可能性より，理解の普遍性を理解するという懸念において，（人間科学における正しいことにおける省察（reflection）というものが）何を使うかというコンセプトについて新たな関係性を構築しようとすることである」(Gadamer, 1979, p. xiv)

9.1 認識論

　それと同時に，近代主義の特徴は，科学の普遍的な理論を発見するための熱意であり，そしてそれは我々が今，社会科学に求めていることである。この活動は，デカルトの『方法序説』(正式なタイトルは，理性を正しく導き，もろもろの知識の中に真理を探究するための方法序説）を通じてフランシス・ベーコンと彼の著書『ノヴム・オルガヌム』(オルガヌムとは，啓蒙的に，ハンドブックやマニュアルのようなものを意味する）まで遡る。『方法序説』は，デカルトの著書『精神指導の規則』と同様のもので，規則第4で「物事の真理の探究には方法が必要である」といわれている。この流れをくむのは，ディヴィット・ヒュームの「因果判定の規則」(『人間本性論』第1巻，第3部，第15節）にある8つの規則と，ジョン・ステュアート・ミルの4つの「経験法則」(『論理学体系』，第3巻，第8章（System of Logic, Book3, chapter8)) である。また，私は別の文書 (Smith, 2006b) で，多くの教育研究がベーコンの理論に対する研究にはっきり由来している，ということを述べている。これは，研究成果（結果や成果：「何が役に立つか（what works）」）を出す研究というものが行われていること自体が，問題のないものであると考えられているためである。現実を完全に知ることができること。それは，徹底的な監査が現実で作られるかもしれないという幻想を伴うという責任により動く。教育研究における近代主義者の資質は，一般的に言われることではあるが，疑いの余地がなく，そのもの自体が素晴らしい。

　ここで，「19世紀，あるいは17世紀でさえ，当時のヨーロッパ・アメリカ系のきらめく人の中で規定された」(Law, 2004, p.143) のではない教育研究とは何か，そして，どのような確信を我々が持つことができるのか，という2つの興味深い問題を提示する。この問題に対するローのアプローチは，以下の2点であるが，3点目を追加したい。1点目は，「方法の後：社会科学研究における混乱（After Method: Mess in Social Science Research）」という彼の本のタイトルとサブタイトルにより示されているように，科学と社会科学は，比較的不変の現実として昔から扱われてきた。ローは「所得分配，世界の二酸化炭素排出量，国民国家の境界線」(p.2) の事例を用いた。スコットランドの学校におけるサポーティング・グループワークのように，教育研究は不変の現実と同様のものを探究している。ステージ1でのクラスのグループにおける科学概念の学習，そして高等教育におけるより深い参画。それは定量分析（「教育学習研究プログラム：

第9章 プロテウスの出現

TLPR」の事例）のような不変の現実と同等のものである。時に世界はこのような不変の方法によって構成されるが，ローによると，時にそれは別の方法で構成される。

　……ゆっくり進んだり，なめらかに進んだり，現れたり消えたりする物事。形を変えたり全く形を変えなかったり，予測不能だったり……もし世界の多くのものが曖昧で冗長であり，もしくは具体化されておらず，つかみどころがなく，感情的で，刹那的で，とらえどころがなく，もしくは，非常にぼやけており，万華鏡のように変化したり，変化しない場合，これは社会科学からどこへいくのか。どのようにして我々は，現在見失っている現実をとらえるのか。（Law, 2004, p. 2）

ローが主張する2点目は，我々が社会科学研究を行う方法が単に，現実の知識を反映したり，伝達したりするための手順を構成している，だけではないという事実である。「正確にいえば，それは遂行的発話である。それは現実を生み出すことを助けるものである（p.143）。」そこに現実はあるものの，我々の研究は「これらを再び機能させ，再び束ねあわせ，そして，現実を改めて巧妙に作りだし，新しい世界を作り出すのである」（同著）。これは「新たな共鳴，新たな明示，新たな隠匿を生み出す」（同著）。有名な教育研究事例がある。学校の有効性における研究が新たな世界を作り出し，その世界は，社会の不公平性や排除という幅広い問題が視界から消えがちになるという世界である。調査結果の改善やその方法に関する研究は，実世界へと近づいている。そして，その実世界とは当たり前のものであり，この当たり前の世界とは，教育の中心である。あるいは，教育が唯一のものである世界である。

3つ目のポイントは，認識論の考え方に戻る。ローは，現在見失っている現実をどのようにして捉えるか，ということについて，自分自身の疑問として認識している。「我々はそれをよく知ることができるのか（たとえばこの現実）。我々はそれを知るべきなのか。「知る」ということは，我々が必要としているメタファー（隠喩・暗喩）なのか。そして，もしそうでなければ，我々はそれらとどのように関係するのか（p.2）。「知る」ということに代わるものを考えた時，我々

9.1 認識論

は知るということだけではなく，認識という概念があるということに気付くかもしれない。相違というものはしばしば，精神分析学の文学[3]の中で取り上げられ議論されている。懐疑主義において，認識というものが，「知る」ということに連結しているということと，経験したことを何と呼ぶのか (Stanley Cavel, 1969) －他人の痛み，まさに人間であるということ，我々自身の具現化と死の必然性－我々の経験，感じること，そして表現されることが求められるが，同時に，我々が抑制しようとしているかもしれない。たとえ我々が「知る」ことよりも，「理解する」ことを語ろうとしても，それを説明するものはほとんどないだろう。世界を知ることに代わって，我々は同調し，敏感になることがある。我々は理解することに反響し，リズムを共有する。それは，自然界と一体になる方法である。その構成要素を分析する代わりに，自らを理解することにしたらどうだろう。当時の我々が持っていた知識は，ブラングウェンの持つ知識のようなものであった。 (D. H. Lawrence, The Rainbow, Chapter 1)

　彼らは春に活力の到来を感じ，そして，止めることのできない波を知った。しかし毎年生み出される種を投じ，地球上に生まれたものを残す。彼らは天国と地球の間の交換を知り，太陽を胸と腸に引き込み，雨が日中吸い上げられ，秋には風の下にやってくる。

知識というものは，研究者が研究中に習得するものよりもはるかに技術的なものであろう。これはいかにして人生を送るかという問題とは切っても切り離せない。我々は，自分のものの見方や，対応の仕方に対して，何も示唆がない生き方をしてきたということを考えただろうか。その逆もしかりである。ローの著書に「理論は作業，作業の方法，そしてそのもののやり方と共にあるものである」(Law, 2004, p.10) というものがある。
　ローが示しているのは，「散らかり」というものがどこに存在するのか，とい

---

[3] たとえば，「フロイトとローゼンツァイクの両者が，痛烈かつ不可思議で理解できない状況において，他者の考え方を知ること (knowing) について自らの責任を有するということと，他者の考えを認識すること (acknowledging) についての責任を受け入れることの相違を考える意味を与えてくれている」(Santner, 2001, p.23)

うことである。彼が調べた不安定な現実である「知る」ことは，解決困難なものである。我々が考えたであろう「散らか」っている教育の現実についての問題は，後述する。

9.2 ロマン主義

D. H. ロレンスのブラングウェン家の物語にある直観的な知見はロマン主義的である。それは，我々人間の理解の考え方であり，この理解とは現実を作り出すものである（もしくは生み出すものであり，ローが言うところの方法であり，現実を作り出す方法である）。それは単純に反映したり，再生されたりすることよりも，現実を生み出している。そしてそれも特徴的なロマン主義である。本章では，研究としてロマン主義を取り上げるが，科学的な耳を持つ者にとっては奇妙に聞こえるかもしれない。私の言い分を繰り返すなら，もしそれがロマン主義のフレームワークや見方であったとして，私はどのような（教育）研究をしたらよいか。そして，どのような種類の確信を持つことができるのか。

これは，おそらく，今までの章が，ロマン主義と，特に教育との関係性について体系的に何かを言おうとし，おそらく，伝統的な文学のレビューについての見解を示そうとしている。ここで難しいのは，ロマン主義と教育の関係性についての著書が非常に少ないということである。たとえば，Halpin (2006) の「なぜ教育のロマン主義の概念が問題なのか」は，数少ない関連著書である。また，教育におけるロマン主義の影響や，子供の本質の見方に焦点を当てている文学もある。たとえば Willinsky (1990) の「子供中心主義のカリキュラムプロジェクト，表現主体の言語プログラム，モンテッソーリ学校，そして，代替の学校の動き，といった教育プロジェクトのロマン主義のルーツの文書」という著書があげられる。しかしながら，またさらに 2 つの興味深い難しい点があり，ロマン主義と機械主義がお互いが近すぎる状態を保つことが求められる時に生じるものである。

はじめに，ロマン主義という言葉は，人によってとらえ方が違うように，非常に流動的な単語であるということはよく知られている。ロマン主義の特徴として，ロマン主義というものは，多種多様に理解されてきている。現実を創造的

に構成する教員としての創造力の考え方を説明しているものがほとんどで，その現実とは理由と対比されるか，別のものとして理解される。そして，おそらく，感情と一緒の理由として，一種独特に組み合わさっていると理解されるしかなかった。本質とは，もちろん，功利主義者や機械論者による成長しすぎた文明への非難として，そして，詩人や，風景や天気における感情と類似しているものを見つける芸術家のための自意識を高める方法としても重要である。自分自身への興味，というものが非常に近いものであり，それは個人主義から導かれている。この個人主義はジョージ・ゴードン・バイロンの『チャイルド・ハロルドの巡礼』にまとめられている。この作品は一般的にも典型的なロマン主義を表している。しかし，これは愛について一切語られていない。国家主義と共にあるロマン主義の関係について，ゴシック芸術と異国情緒あふれるものへの関心，感情の養成と，その他の考え方や期間の範囲が語られている。F. L. ルーカスの「ロマン主義の考えの衰えと没落」(Lucas, 1948) において，11396 ものロマン主義という言葉の定義がなされているように，ロマン主義という言葉の解釈は，非常に多く，多種多様である。「ロマン主義」という言葉は，概念が広すぎて役立たないと結論付けている作家もいる。たとえば Lovejoy (1941) は，ロマン主義を「その言葉だけでは何の意味もなさない」としている。近年，ロマン主義という言葉は，Romanticism という単数形ではなく，Romanticism's' という複数形として用いるという作家もいる。Clark and Goellnicht (1994, p.3) のように，Romanticisms を「かなり確かな考え方の錯綜」の複数形として使っている例もある。Peer and Hoeveler (1998) は，我々が，もし「無数のロマン主義」についての認識を発見することができれば，ロマン主義を理解することができるとしている。

　ロマン主義という言葉の流動性や多様性は，あるロマン主義と教育に関する論文に見られる。ハルピンのロマン主義の解釈は，彼の論文である「あなた自身の中のヒーローを探す：なぜ教育のロマン主義の概念が起こったのか」(Halpin, 2006) から分かる。そして，ユートピア，ロマンス，創造性，愛，勇気，反逆，批判といういくつかの「キーワード」からも判断することができる。ハルピンは，ロマン主義というものを，希望や有望性と関連付けている。そしてロマン主義の考え方と理念の損失というものが，「教育の実践についての先進的な考え

方の判断を妨げている」(Halpin, 2006, p. 326) ことを後悔している。

　2点目の教育とロマン主義を関係付ける上での困難な点は，おそらく，解決困難で，より興味深い，という両方の意味を持つ困難さである。そしてそれは，ロマン主義について体系的に描こうとしていることとの逆説が含まれている。そしてその動きは通常は系統的であり，秩序的であったものであることを問題としている[4]。ハルピン自身はエイダン・デイの「ロマン主義を，必ず現象を超体系的にし，そして単純にするものと要約する挑戦」(Day, 1996, p. 327) を引用している。しかし彼は，ロマン主義が「効果的な教師と生産的な学習者になることについて，よりよい意味を作り出している」ということを書いている——ここのポイントは，ハルピンに鈍感さや不一致の有罪性を宣告するということではない。論文からの引用，そして要約の作成は，学術的な書きものの技術の一部であり，その欠点を最も認識させることを，このシステムに負担させるという書き方である。

　このポイントは，その兆候を示しており，深く考えるに値するものである。19世紀初頭のロマン主義は，主に現実に対する反応であり，啓蒙主義におけるその知的な表現，そして印象的であるが，産業革命ではない。哲学的なロマン主義とは (Kompridis, 2006 を参照)，現実に対する批判的な反応であると考えている作家もおり，19世紀のロマン主義の遺産を使う，もしくは繰り返している。それは自身の時代において明確に表されている。「それは，現実性の形態の流れである」とコンプリディスが書いている (p. 4)。これは私がシステマティックで系統的であると前述していることだけではなく，コンプリディスの言葉である「厳格 (rigid) と頑固 (inflexible)」(同著) でもある。これらの硬化した生活の形に挑戦することが必須である。この挑戦が (哲学的な) ロマン主義から来る挑戦，「ポストモダン・コンディション」から来る批判を提供するポスト・現実主義から来る挑戦であろうと，その他のものであろうと。この意味では，「世界をロマ

---

[4]　ニーチェの有名な言葉「私は，全ての組織化した人間を信頼しない。そして，彼らを避けるシステムへの希望は，正直さの欠如を示す」(ニーチェ，2003)。ニーチェがロマン主義者として，またはロマン主義運動に強く影響された人間として数えられようが，そうでなかろうが，このことは継続的にされている議論である。Yelle (2000) と Picart (1997) の事例参照。

ン主義化することは，新たな空間を作り出すこと，新たな可能性のための空間を作り出すこと」(同著)である。それは，教育のプロジェクトにおいて必須かつ除去不可能な課題である。

このような批判は，さらに，現実性により形作られ，あるいは，その方法に敏感になるに違いない。そして現実性という言葉のあやと前提を後退させ，崩壊させてしまうという危険に常にさらされている。この懸念事項は，なぜなら，コンプリディス（同著）がそれ自身を「表現性」と呼ぶことが含まれている。それは書いたり話したりする方法，そしてこれは文学の，そして一般的に芸術の懸念事項に近付けるものである。我々が感じていることは，発言することを求められるものの，現代の特徴や認識の方法については発言することはできないことがあるということ。そして，当然であると思えるようになることはできないことや，そのためには異なる解釈が求められるということである。

9.3　プロテウスの見方

これらの考え方は，ある程度まで，何に従うのか，システマティックとは反対であるというロマン主義はどこにあるのか，という私の考え方のアプローチ法を説明している。それらは創造性，すなわち忠実にそれを表現するよりも，実際に存在するものから現実を持ってくる，ということであり，それは変幻自在で不安定なものとともに動くものである。そして—表現を超えた動きのその他の局面もある—それは明確なものを超越した真実と知識である。それらは，他の説明が必要な場合，なぜ「表現性」が形を成しているのか，ということも説明している。私は，特徴的なロマン主義のテーマをいくつか含む詩の解釈を通じ，続けている。これは，音の構成要素は何かという議論への誘導を含んだ事例である。（特筆すべきは，ここには，特に正式な解釈を生み出すことに対する主張はない，ということである。事実，後に明確になるが，私の研究としての文学批判のポイントは，私自身の経験が批判的な議論になっているということであれば，ある意味，既に示されている。ポイントは，アプローチの形にあり，その中身にあるのではない。しかし，その中身の事例を示すことなくアプローチを示すことは不可能である）。以下の詩は，ウィリアム・ワーズワスの「浮世の瑣事が余りにも多し（The World is Too Much

第 9 章 プロテウスの出現

With Us)」(1807) である[5]。

　　浮世の瑣事があまりにも多し。
　　朝まだきより夜遅くまで金銭のために，自からの力を浪費し，
　　われらのものなるかの大自然に眼を注ぐこと少なく，
　　われらは自からの心を捨てて賤しき成功に没頭する。
　　月光にその胸を開くこの大海，
　　いついかなる時も咆哮として止むことなく，
　　今は眠れる花のごとく鳴をしずめる風，
　　かかる物すべてに対してもわれらは共鳴すること能わず，
　　大自然はわれらを動かすことなし——あゝ，むしろ，
　　われは古びたる信仰に育くまれし異教徒たらん。
　　さもあらば，この快き野辺に立ちて，
　　寂しさを慰む想像を捉えて，
　　海原より昇り行く海神プローティアスを眺め，
　　さては老いしトライトンの貝殻笛を吹くを聞くをえん。

　作者は，人類というものが，この世界にある物に影響され過ぎていることに不満を持っている。我々は自然と関係しているという感覚をなくしている。もはや，その景色 (This Sea)，その音 (咆哮 (the hawling winds))，その香り (眠れる花 (the sleeping flowers)) が調和されることはない。特に海と風は，形のないものに立ち向かう我々の無能さや，自然界の不安定さを象徴している。(「もし世界のほとんどのものが，曖昧で，冗長で，不明確で，つかみどころがなく，感情的で，刹那的で，とらえどころがなく，不明瞭であったら」というローの前述の言葉にあるように) 我々は整頓された，バランスのとれた支え (朝から晩まで (late and soon)，金儲け (Getting and spending)) の会計士の夢の中で生きるのを好む。この詩の最初の言葉から，全ての世俗世界が，我々が立ち向かうことのできる (我々が，「あまりに多くのそのすべて (it's all just too much)」というかもしれないように) ことよりも

---

[5]　(訳注) 田部重治選訳 (1938)『ワーズワース詩集』岩波書店

多くのものを証明している，ということを読み取ることができる。しかし，行のリズムと，ここで言われていることへ調和していくことは，'with'という小さな言葉で，さらに強調される。その感覚はあまりなく，我々が世界との同調から外れ，一緒になり，それだけを見つけるには都合がよい。幾分か似ている形の中で，詩の3行目の'Little we see in Nature that is ours'は，自然の（ロマン主義的に考えられた）領域からの転位というものを最初に連想させる。しかしさらに皮肉な感覚がある。それは，簿記や財務に関することから自然を見上げることであり，我々は，財産や収益としてそれを手に入れることもできるし，結果として失うこともできる。我々はこれを見ていない。作家は，この鮮明さを持つ文明の憂鬱な像（picture）と，異教徒の神話と魔法を比較している。そのような世界を「垣間見ること」でさえ，または景色（'hear old Triton'）のない音でさえ，彼の気持ちを幸せにする。プロテウスは，ここでは特別な意味を持っている。彼は海の神であり，形を変えることができる（「すべったり，すべりおちたり，現れたり，消えたり，形を変えたり，形を持たなかったりするもの」：ローが再度述べている）。彼は，彼自身の変化や変容を通じ，彼の持っている力で誰にでも（メネラウスのように。ホメロスの叙事詩オデッセイの4巻より），その人の将来を告げることができる。海からのプロテウス出現の見方（持続可能な壮観）に価値を持っている人は，おそらく，形がないものや不安定なものを恐れない。

　この詩はソネット（14行詩）であり，そして，そのソネットの形式によく見られるケースである。最初の8行と最後の6行の間に小休止がある。最初のセクションで，後半部分で解決されるべき問題の設定をしているケースがある。ここの小休止は，韻のスキームが変わるところに位置付けられている。しかし，その小休止は，そのセンテンスにおいては不明瞭となっている。そのセンテンスとは，2つ目のセクションの中にある最初のセクションの後半半分を作っているセンテンスである。この効果はおそらく，最初のセクションで概略を説明している問題が大きな影響を及ぼすという兆候を示している。そして，2セクションの（「Great God!」）で始まる表現は特に質を落としている。押韻形式が印象的である。最初のセクションはABBA，ABBA，そして次のセクションがCDCDCDの間にABBA。二番目のセクションの終わりのDは，最初の終わりのAを反響させている。（'soon'，'boon'から'outworn'，'forlorn'そして'horn'まで）最初のセ

第 9 章　プロテウスの出現

クションの韻は，ほんの少し単調に聞こえ，詩にある事柄の無感覚な状態が適切である。この詩の語法は一般的に単調であるが，最後の 6 行においては，著しく独特で鮮明である（'A Pagan suckled', the mythical figures of Proteus and Triton）。'wreathed horn' という最後の飾り書きは，特に，形容詞が 2 音として発音されるため，'glimpses that would make me less forlorn' が確認され，詩の世界の俗世をおぎない，異国風なものとしている。

　さて，この詩を研究の一つとして考えてみよう。ウィリアム・ワーズワースは人間の状態を調べた。これが彼の発見である。（もし，ここにおける教育の意味合いが十分に明確でなければ，我々はこういうだろう。全ての段階における教育が非常に有益で理性的であるかどうか，そして魅力的であるかどうか。WordsWorth, 1807；Kieran Egan: Egan, 1990）。この詩，この研究，この文言に，我々はどんな確信をもつのか。もしくは，もしこのワーズワースの詩が読者に対して何も訴えない場合，我々の感情に訴えかけたり，答えを要求したり，特に創造的な文言において，どのような確信をもつのか。どこで「はいそうです。これは重要な何かをとらえています」と言うのか。もし単純に知的に動かされるのではなく，自身の経験に対して，我々が読んだものの誠実さにより動かされたら，それがどのようなものなのか。この誠実さにより動かされる場所はどこなのか？

　確信についてのこの問題の奇妙な点は，研究の安定性を保証し，ひいては確信を保証するという包括的な基準がいくつか求められているということが明らかな点である。医学研究や教育研究の類の文脈において，医学研究はランダム化比較試験（RCT）や，正式な統計分析により保証されたモデルとして扱われている。このことにより，この種の研究が，強固で，信頼でき，そして複製可能なものとして証明され—典型的なカイトマーク（英国規格協会検査証）の記述子のようなもの—大学の経理担当者により認められる。しかし，ワーズワースの詩や，ひいては，「ロマン主義の研究」と私がここで呼んでいるものを表す言葉はない。ここにおける信頼性や反復可能性は不自然である。読者が同じであれば，詩を 2 回読んで同様の解釈をするように（または原則として同じ結果が出るはずである）ように，その他の読者も同様の方法で詩を解釈する。「強い」(robst) というこの詩の解釈の考え方は，少しおかしいのであって，修辞学の語にすぎないよう形容詞とし，堅実的 (down-to-earth) で，実用的 (no-nonsense) で熱心

な（tough-mindedness）考えを提案しようとしたのである。

　詩の解釈は非常に異なる。それは繊細であること，調和していること，柔軟であることを含む。ワーズワースの詩は，繊細さだけをとれば，良い読み物である。私が，この詩に調和しているのであれば，最初の節におけるリズムを例として挙げる。良い批判というのは，その芸術作品を再度みるという柔軟性（謙遜の心）を持っているものである。特に，他の芸術作品の経験や知識を成長させるには，何度も何度も，理解を早めるテストをするものである。返答の柔軟性—今のところ達成している最善の理解としての一時的な自然でさえ—は，科学的なアプローチの，伝説的な「強さ」から，全く真反対なところに事実上あるということである。さらに，この種の研究については，少なくとも暗黙のうちに対話的になっているものもある。文学評論家のF. R. リーヴィスは以前，「これは，そうですね（This is so, isn't it?）」，と評論的な発言をし，「はい，でも（Yes, but）」（Matthews, 2004, p. 60）という返答をし続けていた。Leavis（1961, quoted ibid., p. 55）は，「主張する時に不可欠なものは……批評は協力的で創造的に相互作用する。そして，それはコミュニティを創造し，生きている文化を生み出し，継続していくプロセスからは分離できないものである」ということを書いた。以前に指摘したように，「最初の 'is' は，まさに問題となっていることの重要性を正しく強調し，一方，最後の 'it' は，文学的な判断の考えを反映するということを，声を大にして言わなくてはならないのであって，いかなる道徳的な事にも似て，それは再び話題に上がり，再び認識されるもの」(Smith, 1997, p. 111) に従って 'This is so, isn't it?' のイントネーション（抑揚）をもっと切り替えた方がよいかもしれない。一般的に，文学と芸術の研究者および評論家は，多くの派閥（マルクス主義者，男女同権主義者，読者反応理論家，ポスト構造主義者，脱構築主義者）に分かれており，それぞれの研究や批判の目的が，それぞれの派閥の最終合意を得られることはほとんどない。

　もちろん，明らかに誤っている解釈もある。それは，言葉がある意味，作者や現代の読者に受け入れられないと解釈された時，または，解釈する者が明らかに誤りのある主張（たとえば，もしワーズワースの詩の韻の用法が，前述したものと異なる場合）をした時である。しかし，ポイントとなるのは，良い解釈というものは，外側から定めることができない，ということである。もし解釈が繊細，

第 9 章　プロテウスの出現

巧妙，敏感であった場合，自分がもし特定の詩に対して敏感であれば，あなただけが理解していることになる。評論家や研究者が追跡したり，実施したりするための手順やテクニックはない（二流であるから退けられることを受け入れるとする）。そして，たとえば，その返答が，想像以上に芸術的であるという点からは，かけ離れている（そしてハロルド・ブルームの「強い誤解」の考えが，これが明確でないことを表す。Bloom, 1973 参照）。同じ研究に携わっていたり，研究者間の対話に関与しない研究理論のメリットを判定することができたりする専門家が入る余地はない。教育研究と社会科学研究における状況とは，全く異なる。それはもちろん，適切な方法論の一般的な規定と，現存する研究における権威ある判断の両者に共通して見られる[6]。

9.4　研究と政策

　私の望みは，教育研究において我々が持つことのできる確信とは何かということである。そして，ここで，その考え方の基礎として，どのような見方ができるのか，「妥当」で，「質の良い」教育研究とは何か，という我々の回答とは異なったものを示す。後者の問題は，モダン主義的で科学的な—そして体系立てられた—考え方に寄りがちである。しかしながら，前者の質問は，考え方が純粋に妥当であるという衰弱な前提から我々を解放してくれる。または，覇権主義的なものではあるが，別の種類の教育研究もある。それにより，我々は（建前上の）科学というものとは，かなりかけはなれている考え方や解釈の仕方，そして研究の仕方について，自信を持つことができる。そして，政策を作り上げることを熟考する。我々がロマン主義的な考え方や研究と呼ぶものについて，研究を進めることができる。それが我々にとって十分重要であり，教育についての考え方および教育研究を証明する上で 3 つの可能性をもたらす。第 2 章 2 節からの繰り返しだが，不適当または変幻自在（プロテウスのようなもの）であるこ

---

6)　アメリカの「情報センター（clearinghouse）がいかに動くか」(http://www.whatworks.ed.gov/) というものが特に頭にある。物理科学における状況が，一般的な科学的な方法として存在するものを否定する準備をしたポパーのような多くの理論家の Arts における状況にとても近い。Rowbotton and Aiston（2006），p. 137.

9.4 研究と政策

とを，正当化する可能性がある。また，我々の研究を報告したり説明したりするのと同じくらいの現実を生み出すことを理解する可能性がある。そして，それらを「知る」ことの現実との関係性の考え方から遠ざかる可能性がある。強調されるべきことは，我々が利便性をもとに分類している「ロマン主義」よりも大切であるという可能性である。ガダマーやハイデガーのような他の作家は，この方法において，それらを分類することなく，同様のスタンスにある。たとえば，コラーディ・フィウマーラは，西洋のロゴス中心主義に代わるもの—聞く能力を超えた話法の支配—をみつけるという観点から書いている。

　謙虚さと忠実さをしっかりと固定する考え方と共にある関係性が求められる。我々の近年の考え方，掌握することを中心に展開する，習得すること，使い方，において前例のないアプローチ…。[この]哲学的な見方は，我々が存在すること，規則に従うことのような要求によって特徴づけられる。我々が知ろうとすることは何でも。我々は何かを知っていることよりも，共存することを求めている（Corradi Fiumara, 1990, p. 15）。

しかしながら，利便性（そして，もちろん，科学的方法や西洋の考え方を邪魔する方法）のために「ロマン主義」の看板を維持することで，「ロマン主義的な」教育研究は，どのように見えるのか？　いくつかの事例を挙げると，私が意識していることが，幾種類かのプログラムを推奨しているようにみえる。あるいは，新しい方法論を提案しているように見える。もちろん，それは私の意図するところではない。私は，この「ロマン主義」的アプローチについて，良く知らないことはない。それを示す教育についての考え方が，一般的に理解されているものとしての，理論ベースの研究と変わりうるくらい，より視覚的であるということを，ただ単に示したいだけである。私は，3つの実例，あるいは先に掲げた可能性に分類する。1）現実を創造することを受け入れる研究，2）不安定なものとともに働くことを受け入れる研究，3）我々の「知ること」の現実を問題視することを受け入れる研究。実は，問題はそんなに整頓されたものではない。可能性が1つ以上あるものを説明している事例が多い。実例の半分は我々自身の仕事から分かったことである。だからこそ，決してこの虚偽の陳述

259

第9章 プロテウスの出現

に不満を持たない。

　はじめに，教育に対する理想がいかなるものかを考えてみる。教育の理想は，そのために（for itself）（リベラルな教育の考え方，もしくは，教育された人，あるいは教養のある人のために）生み出されなくてはならない。現実を生み出す（law, 2004）。そして，異なる世代，異なる種類の人間の言葉で何度も実施される。これがいかに異なるか，教育はそのほかのもの（大卒の人間は，大卒ではない人間と比べて，生涯賃金が18万7千ポンドまで上がるということを楽しみに待つことができる）にとって良いものであるということを示すことに由来する。それは間違いのない現実であり，相互に関連されるべきものに対するものである。これはリチャード・ホガートが作ったもの。あるいは多分，我々が魔法の言葉を言うかもしれない，現実への理想である。

　私が5番街にいた時に，何らかの理由で，彼は一連のエッセイに注意を向け，見つめた。私はHardyでそれを書き，次のように始めた。「T. Hは確かに教養のある男だ」……と。彼はその後，私を1～2日後に止めさせ，彼の研究に対して態度を変化させ，こう言った。「ホガートよ，何が本当の教養をもった人間なのだ？」私は困惑した。そしてまた，私も彼が困惑していると思った。なぜなら，もし我々の先生が，何が本当の教養をもった人間なのかということを知らなければ，また，もし，そのフレーズが全く融通性のないものであるのであれば，我々はそもそもどこにいたのか？　そして彼は言った，「私はその一人なのか？　私はそう思わない。私は自分自身を『本当に教養をもった人間』だとは思わない」。これは，自身の推測，そして無関心ゆえに正しい判断ができ，自由に動くことができるという考え方の最初の見え方である。私は常に，「何が何々動詞であるのか，あるいは，これが1762年に起きたことであり，そして，あなたはそれを学ばねばならない」と発言した者としての，熟練者のことを考えている（Hoggart, 1970）。

　これは，正しいことを理解することができているということである。今まで見たことがないものを，その他の読者がみることの助けとなるかもしれない。しかし，ここには「研究成果」はない。詩，小説，映画（おそらく『いまをいきる』）

9.4 研究と政策

と同様かもしれない。

　あるいはまた……。今の大学は何になることができるのか。その最善のものは，増え続ける官僚機構や会計監査をよそに，事前に形作られた目的（aims）と結果（outcomes）における主張（そして，おそらくこれらのことに対する静かな反論において），無制限で平等な場所としての大学である。ここには，想像や発見と同じくらいの何かがある。半ば架空の作品のための機会，部分的に自叙伝的で，いくらかユートピア的である。きちんとしていて，かつ礼儀正しい学生（各主題に対する洞察力の鋭さ，そして彼ら自身に対する洞察力を熱望している）のためのセミナーを実施してほしい。（Smith, 2003）。それはそうですよね。

　二つ目に変幻自在であり，不安定である。注目すべきは，いかに教育研究が，学校を，比較的安定させているか（もしくは安定しているか）。さらなる研究成果として，より一層効果的に，より一層高い信頼性のある組織となるかである。子供たちのための用意された世界があり，そこでは試験の結果についてどうであれ，移転可能なスキルや態度，どんな準備が最も有効であるのかということの特筆すべき問題である。異なる（そしてさらに稀な）論文が別の見方を提案している。たとえば，Mackenzie（2002）は，いくつかの種類の学校を描写している。「とりわけ，回避することを学び，ごまかすこと，教員に嘘をつくことを含む」（p.616）。これは，学生の教育における，「敵対者のカリキュラム」により特徴づけられる学校として，共謀されないわけでもない。そしてマッケンジーの提案は，「我々の世界が安定していない」（p.613）ことだけが理由ではない，そのような学校は，教育の本質における，微妙であり重要である見方を保っている。

　そして再び，教育の治療的な側面は，先進的な部分と破滅的な部分とを同時に持ち合わせている。それは，啓示書と，しかしそれに近い何かである。特に，自信の言語（自尊心や内気といったような単語も含まれる）は，私は議論しているが，「騒然としており，そして，混沌としている」（Smith, 2006a）。それは常に，包括的な分類に対する挑戦に失敗する。それは我々に，計画を立てることと計測をすることの安定した現実を示さない。それはおそらく，分析学者の概念のマッピングによるものでさえない。

　三つ目に教員は，直接，知られることのできない大きな問題を扱う。死，嫉妬，妄想，そして，名もない恐怖が，童話，神話，そして伝説を通じ，うまく

第9章　プロテウスの出現

扱われている。童話「雪の女王」の物語を，真剣に見聞きしている子供たちを見てみる。カイとゲルダがルーフバルコニーで，幸せそうに一緒に遊んでいる。しかし，そこには鏡をもった悪魔ゴブリンがいた。鏡に映ったものを見た時に，世界で一番愛している物でさえ，彼にとっては，醜く，憎らしく見える。ある朝，悪魔ゴブリンは，その鏡に映った自分の姿を見てしまった。その姿は恐ろしく，歪んでいた。そして，彼は激昂し，鏡を粉砕した。そして，鏡のガラスの欠片が地上に落ち，その一部がカイの目に入った。すぐにカイは屋根庭，窓にあった箱，そして，カイがゲルダと一緒に見ていた絵本を見渡して，「全部大嫌いだ」と叫び，ゼラニウムの植木箱を蹴ってひっくり返した。間もなく，雪の女王が，黒い馬にひかれたソリで町にやってきたが，その馬のひづめの音は，町の通りに敷き詰められた雪によってかき消された。毛皮をまとった雪の女王はとても美しかった。カイは雪の女王についていき，彼女の召使になる以外なかった。カイ達が北の最果てにある宮殿に到着したら，彼女はカイにパズルをやらせた。そしてカイは，「理性の鏡」とよばれる氷の湖から，氷の塊を巧みに使い，「永遠」という言葉を作った。カイが「永遠」という言葉を作り終わった後に，雪の女王はカイに，この世界の全てとソリ靴を渡した。

　ここにある種の真実があると，我々は考えるかもしれない（そうでしょう？）。しかし，良い教員というのは，子供たちに，その物語の作者が我々に教えようとしていることを尋ねない。ここでは，そういった意味で知るものはない。この物語は全て聞かれ，十分に味わわれ，身につけられるべきである[7]。神話の特性は，ソクラティズムとニーチェが呼んでいるものから守られている。「正当化するための破滅的な傾向や理由にとても頼っている。そして，理由が我々の唯一の案内になるべきではないという内容において」(Smeyers et al., 2006, p. 143)。我々の文化が，オイディプス（同著, pp. 144 ff）のように，他の神話と比べて，良く知られ過ぎているというのは，昔からある警告である。ある種の療法，特に精神分析学による影響を受けたものは，神話を用いることもある。それは，部分的に知識や物わかりの良さに抵抗する方法としてであり，そうした知識など

---

[7]　「聞くことは，『真実』というものが，制度化された言語によって代表されるのにふさわしくない場所の深さを描く」(Corradi Fiumara, 1990, p. 51)

はより深い学びや達成を困難にする[8]。

9.5 結論の兆候

　上述のものは，方法の方向性以上のものを構成していない。しっかりした標識というより，浮浪者のサイン (tramps' signs) である。コラーディ・フィウマーラは，我々に必要なことは，「前代未聞のメッセージ，声，ヒントへの注意を払うこと」としている。この習慣を開発することであると書いている (Corradi Fiumara, 1990, p.47)。浮浪者のサインは，正確な地図よりも浮浪者にとってより有効かもしれない。すべきことは垣間見ることだけである。自然科学とその研究，そして，とても教育的な研究として我々が考えることは，そのアプローチにおいて，物理科学よりアートに，いくつかの点で近いのではないだろうか？ もし，物理学ではなく文学的批判が知識のパラダイムであるなら，何がどのように異なるのだろうか。あるいはもしニュートンではなくダーウィンが，我々の持つ科学者のイメージであったとしても。

　もし，知ること，理解することの問題ではなかったら，我々は新たな方法（理解する方法，意味をとらえる方法等）が必要となる。同居すること，とどまること，共生すること (Corradi Fiumara, p.9 上述)，垣間見ること（絶望を少なくすること）。気づくこと。聞くこと（あたかも，我々が何を意味しているかを知るように）。エビデンス，データ，研究成果の騒音を遮ること，すなわち明らかなこと，再現可能なこと，そして，潤沢に資金を供給できること。ゆっくりであること，ためらうこと，確かでないこと。遠慮がちなこと。曖昧なことに対して空間を作ること。ある種の沈黙を作り出す能力。「それは音の輝きを減らすため，そして，ニュー

---

[8]　私がこの貢献について初めてプレゼンテーションした会議において，聴衆の一人が近寄ってきて，私に「あなたは，アンデルセンの白雪姫の物語の原作者への言及を含むべきだ」と言った。その作品は，Nye Eventyr. Forste Bind. Anden Samling (1845) の一部分として出版され，オリジナルのオランダ語版のテキストが http://www.adl.dk/adl_pub/vaerker/cv/e_vaerk/e_vaerk.xsql?ff_id=22&id=2479&hist=fmS&nnoc=adl_pub （2007年6月2日アクセス）に掲載されている。アンデルセンは称賛に値する。一方で，これは，そのような言及が物語の典型的な真実を一般化して，その力を弱めていないかどうかという興味深い質問である。

第9章 プロテウスの出現

トリノ、あるいは霊的な神秘のかすかなシグナルに、さらされること、聞こえること、そして拡大することを許すある種の沈黙を作り出すために考えうる理論の規律である—しかし、想像でもある」(Law, 2004, p. 118)。これは、身体上の調和を求めている。精神的なものだけではない。

　これは、異なる書き方を示す。もし、我々が現実をつくりだしているのであれば。もし、他のツールと共にきわめて注意深く、それを巧みに作る（同著）のであれば。もし、我々が、呪文に対して用心深くなっている存在に対して魔法をつかうのであれば、我々は使っている言語が何かということに、より注意深くなる。「願うことには気をつけなさい、実現するといけないから」。詩は現実を作り出すものであり、それを反映すると主張する研究レポート以上のものである。ニーチェ哲学の信奉者の祭事と冷笑的な行為。怒りと皮肉。自伝と信仰告白。個別のもの、学術的、そして国際的にも一般的なもの以上のもの。非衛生的な作品 (Latour, 1993)、多くの不純物と荒く不確かでごちゃごちゃしたもの。考えることのできないメタファー (metaphors)、人を不快にさせることや、再度不快にさせてしまうことを正当化しようとする方法。対話。

　そして、政策立案者はこれを聞くことを提案しているのか？　法律は今より以前に、詩人、小説家、そして彼らの非体系的な作品によって変えられている（たとえばチャールズ・ディケンス。教区によって運営されていた救貧院および救貧法はその明確な事例）。また本書の他の章で明らかなように、政策立案者は、いかなる場合においても、自身の規則をもっている。教育研究者は、全てを理性的、構造的、そして整然としたものにするよう熱望している—得ることと費やすことの巧みなコラム—政策立案者が欲しがっていると研究者が想像しているものを与えるために。そして、多くは注目されず、人目を引かない、ということを無視し、挙句の果てに裏切られる。他の詩や絵画が思い浮かぶ。絵画はピーテル・ブリューゲルの「イカロスの墜落のある風景 (The Fall of Icarus)」(この本の表紙となっている)。羊飼いが沿岸から内陸を見ている。そして農民は、すきの刃が回転しているのを芝生の上でぼうっと見ている。子供のイカロスは、先生であり父親のダイダロスによって巧妙にデザインされた羽によって、しばらくの間、とてもうまく飛んでいた。しかし、海に落ちてしまい、そして溺死してしまっ

た。この詩は，W. H. オーデンの「美術館」からの引用である[9]。

> …
> 農夫は，ざんぶという墜落の音や絶望の叫びを
> 聞いただろうが，重要な失敗だとは感じなかった。
> 太陽も相変らず，緑の海に消える白い脚を照らしていた。
> ぜいたくで優美な船も，驚くべきものを見たのに，
> 空から落ちる少年を見たに違いないのに，
> 行くところがあって，静かに航海を続けたのだ。

　このイメージは，おそらく，この章だけではなく，全体として本書に結論づけるものである。我々が繰り返しているテーマは，「エビデンスに基づいた実践」の狭く定義づけられた要求，そして多くの「系統的」レビューの求める条件によって，「系統的」に除かれた調査の形への参加を誘導することである。本書で紹介したこれらの調査の形は，ケーススタディ，個人の体験談，実践的研究，哲学，そしてこの章においては「ロマン主義への転換 (the romantic turn)」であり，これらはより伝統的な大規模母集団研究と同じである。しかしながら，教育研究は，同様に他にもたくさんの形で研究されている。もし，仕事中の農民のように，あるいは航海中の船のように，政策立案者と彼らに情報を与える人間が狭く焦点を当てた場合，彼らは，墜落，しぶき，見放された悲しみを誰かに知らせるだろうか？　彼らは，最も光り輝くながめ，プロテウスの出現を享受するだろうか？

参考文献

Bloom, H. (1973) *The Anxiety of Influence: A Theory of Poetry* (New York, Oxford University Press).
Cavell, S. (1969) Knowing and Acknowledging, in: *Must We Mean What We Say?* (New York, Scribner).
Clark, D. L. and Goellnicht, D. C. (1994) (eds) *New Romanticisms: Theory and Critical Practice* (Toronto, University of Toronto Press).

---

9)　(訳注) 中桐雅夫訳 (1969)『世界詩人全集 19 オーデン』新潮社

第 9 章　プロテウスの出現

Corradi Fiumara, G. (1990) *The Other Side of Language: A Philosophy of Listening* (London, Routledge).
Day, A. (1996) *Romanticism* (London, Routledge).
Egan, K. (1990) *Romantic Understanding* (London, Routledge).
Gadamer, H-G. (1979) *Truth and Method* (London, Sheed & Ward).
Halpin, D. (2006) Why a Romantic Conception of Education Matters, *Oxford Review of Education*, 32.3, pp. 325–345. Available at http://www.ioe.ac.uk/schools/cpa/DavidHalpin/ROMANTICISMARTICLE.pdf [accessed 2 June 2007].
Hoggart, R. (1970) Growing Up, in: *Speaking to Each Other, vol. I* (London, Chatto & Windus).
Kolakowski, L. (1972/1989) *The Presence of Myth* (Chicago, University of Chicago Press).
Kompridis, N. (ed.) (2006) *Philosophical Romanticism* (London, Routledge).
Latour, B. (1993) *We Have Never Been Modern* (London, Harvester Wheatsheah).
Law, J. (2004) *After Method: Mess in Social Science Research* (London, Routledge).
Leavis, F. R. (1961) A Note on the Critical Function, *Literary Criterion*, 5.1, pp. 1–9.
Lovejoy, A. O. (1941) The Meaning of Romanticism for the Historian of Ideas, *Journal of the History of Ideas*, 2, pp. 251–278.
Lucas, F. L. (1948) *The Decline and Fall of the Romantic Ideal* (Cambridge, Cambridge University Press).
Mackenzie, J. (2002) Stalky & Co.: The Adversarial Curriculum, *Journal of Philosophy of Education*, 36.4, pp. 609–620.
Matthews, S. (2004) The Responsibilities of Dissent: F.R. Leavis after Scrutiny, *Literature and History*, 13.2, pp. 49–66.
Nietzsche, F. W. (2003) *The Twilight of the Idols*, R. J. Hollingdale, trans., 'Maxims and Missiles' no. 26 (Harmondsworth, Penguin).
Picart, C. (1997) Nietzsche as Masked Romantic, *The Journal of Aesthetics and Art Criticism*, 55.3, pp. 273–291.
Peer, L. H. and Hoeveler, D. L. (1998) *Comparative Romanticisms: Power, Gender, Subjectivity* (Columbia, Camden House).
Rorty, R. (1980) *Philosophy and the Mirror of Nature* (Princteon, NJ, Princeton University Press).
Rowbottom, D. and Aiston, S. (2006) The Myth of 'Scientific Method' in Contemporary Educational Research, *Journal of Philosophy of Education*, 40.2, pp. 137–156.
Santner, E. (2001) *On the Psychotheology of Everyday Life* (Chicago, University of Chicago Press).
Smeyers, P., Smith, R. and Standish, p. (2006) *The Therapy of Education* (London, Palgrave Macmillan).
Smith, R. (1997) Judgement day, in: R. Smith and p. Standish (eds) *Teaching Right and Wrong: Moral Education in the Balance* (Stoke-on-Trent, Trentham Books).
Smith, R. (2003) Unfinished Business: Education Without Necessity, *Teaching in Higher Education*, 8.4, pp. 477–491.
Smith, R. (2006a) On Diffidence: The Moral Psychology of Self-Belief, *Journal of Philosophy of Education*, 40.1, pp. 51–62.
Smith, R. (2006b) As if By Machinery: The Levelling of Educational Research, *Philosophy, Methodology and Educational Research, Special Issue of Journal of Philosophy of Education*, 40.2, pp. 157–168.
Willinsky, J. (1990) *The Educational Legacy of Romanticism* (Waterloo, Ontario, Wilfrid Laurier Press).
Yelle, R. A. (2000) The Rebirth of Myth? Nietzsche's Eternal Recurrence and its Romantic Antecedents, *Numen*, 47.2, pp. 175–202.

索　引

ア　行

アクションリサーチ（action research）　195–207, 209–216
アーレント（Arrendt, H.）　234, 240
一般化　22, 27, 30, 34, 36, 38, 40, 118, 120, 122, 129–131, 137, 138, 141, 144, 150, 152, 153, 155
一般化可能性　117
一般性　113, 150
逸話　154, 166, 167, 183
因果関係　40, 82, 83, 86, 87, 105
ウィッティ（Whitty, G.）　230
ウィルソン（Wilson, J.）　232, 233
ウッドヘッド（Woodhead, C.）　18
英国・経済社会研究会議（ESRC）　v, 14, 20
エスノグラファー　124, 145
エスノグラフィー　124
エビデンス（evidence）　iii, v, 3, 53, 54, 57, 212
エビデンスに基づく実践　53, 246, 265
エビデンスに基づく政策と実践（evidence-based policy and practice）　3
エビデンスの基盤　8
演繹的説明　87
エンジニアリング・モデル　29

落ちこぼれを作らない法（No Child Left Behind Act）　3, 21, 23

カ　行

解釈　124, 151
概念明確化　232
科学性　132
科学的証拠　63
科学的説明　87, 92
カストリアディス（Castoriadis, C.）　226
語りと文化　153
語りによる研究　139
価値観　37, 38
学級あたりの児童数の研究　94
カーリントン（Carrington, B.）　238, 241
儀式　124
儀式的呪文　146
帰納的説明　87
機能的説明（functional explanation）　87, 92
客観性　141
キャンベル共同計画　23, 24
教育学習研究プログラム（TLRP）　v, 4, 14, 245
教育政策発議　236
グランディド・セオリー　137

索 引

クリアリングハウス　21
系統的研究レビュー（systematic research reviews）　64
系統的レビュー（systematic review）　3, 20, 24–27, 265
啓蒙的　130
啓蒙的研究　118, 121–123
啓蒙的な研究者　121
ケース　115
ケーススタディー　113, 116–118, 123, 128, 134, 136, 139, 141, 145, 154
原因　84
研究と政策形成の関係　58
研究と政策の間のギャップ　49
研究と政策の関係　49
研究の本質　30
健全　167, 176
健全性　168, 184, 185, 188
見地　140
行動の人　135
合理的な論拠　75, 77
国勢調査　140
コミュニティー　120, 129

サ 行

再構成　182–184
参加観察　123
サンプリング　146
サンプル　117, 127
サンプル研究　115, 123, 127, 128
質　229
実際的な知識（praxis）　168, 170, 172–175, 189
実証可能性　116
実証主義的　126
実践知（phronesis）　135, 168, 169, 173, 174, 209
実践的な哲学　119, 149

実践哲学　135
質的　126
質的研究　36, 116, 117, 142, 229
質的調査　221, 229
質的データ　140
質的方法　115
自伝　161–164, 166–168, 175, 177, 180–185, 187–189
自伝的アプローチ　188
自伝的研究　167, 168, 183–189
社会的規範　39
社会的構築　32, 34
社会的実践　243
ジャンル　134, 135, 137, 139, 182, 184
熟議　220, 224, 234, 240, 243
手段としての合理性　149
状況的な理解　131
状況における判断　135, 149
証拠　iii, 54
正直さ（sincerity）　176–179, 183, 189
初等中等教育法（Elementary Secondary Education Act）　3
処方　242, 243
新ウィトゲンシュタイン派　155
シンクタンク　51
真実　176, 180
真実性　176, 178, 181–183, 189
診断　241, 242
人文主義的　126
信頼（confidence）　195, 220–222
信頼性　152, 245
心理測定的アプローチ　127
心理－統計的　118, 121, 122, 126
推論　139
推論様式　134
スケルトン（Skelton, C.）　238, 241
スタンディッシュ（Standish, P.）　225
ステレオタイプ　146
スミス（Smith, F.）　236, 239, 242

スミス（Smith, R.）　225
スメイヤー（Smeyers, P.）　225
精確さ　189
政策　58, 61, 164–166, 168, 184, 185, 187–189
政策共同体　220, 239
政策形成　228, 231, 241
政策決定　62, 63, 167, 184, 187
政策立案　164, 167, 168, 173, 182, 184, 186–189, 264
省察（reflexivity）　183, 184
政治的意志決定　113
政治的文化の適切性　113
精度（accuracy）　176–179, 183
正当な理由（warrant）　iii, v, 116, 125, 152, 212, 213, 245
政府の近代化　20
設定された状況下での倫理　117
専門的アクションリサーチ　214
専門的学習　195, 198–201, 203
相互作用的な理論構築過程　123
測定の科学　128, 132, 133

タ 行

大規模集団研究　133
大規模母集団研究　81, 83, 105
妥当性　18, 21, 24, 38, 42, 167, 175, 176, 180–183, 189
ダン（Dunne, J.）　234, 240
誕生　174
知識（knowledge）　v
地平　140
抽象化　154
超越した認識論　113
超越的な合理性　155
通過儀礼　124
典型性　181–183, 189
電子黒板　236, 237

道具主義　154
統計的説明　87
統計的なメタファー　117
特殊化　154
徒弟制度　155

ナ 行

内省　180
何が有効か　17–19, 21, 22, 25–29, 40, 44
ナラティブ　161, 162, 164, 182
ナラティブ・アプローチ　163
ナラティブ研究　161–164, 185
ナラティブ・ターン　163
ナラティブの分析　189
二重盲検法ランダム化比較試験（RCT）　3, 94
認識　239, 240
認識論　113, 119, 120, 129, 141, 156, 168, 172, 175, 184, 189, 246, 248
ヌッフィールド・レビュー　32, 34, 41, 74

ハ 行

排外的信頼性　123
ハーグリーブス（Hargreaves, D.）　18
ハードマン（Hardman, F.）　236, 239, 242
ハーバード報告書　223
パラダイム　121, 126, 129
パラダイム論争　115
反省的実践家　149
判断の要約　122
比較可能性　131
批判（criticality）　182, 183
評価　59
表現性　253
描写学派　137
標準化　127

索　引

表象　182, 184
標的となる文化　132
フィリップス（Phillips, D.）　224
フィールディング（Fielding, M.）　219, 220, 231
フィールド　126, 154
フィールド研究　125
フィールドノート　124
フィールドワーク　144
普遍性　113, 150
普遍的真実　131
普遍的な原理　122
プラウデン報告　223
ブランケット（Blunkett, D.）　18, 19
ブリッジ（Bridges, D.）　221, 233
ブレア（Blair, T.）　19
文芸の質　182–184
母集団　117, 140

マ　行

マクローリン（McLaughlin, T.）　219, 220, 231
民俗学的調査方法　206
民族誌　115, 130, 137, 144, 151
民族誌的　113, 114, 123, 126
メタ・アナリシス　21
メタファー　148, 151
目的適合性　115

ヤ　行

役割モデル　237, 238

ヤング（Young, I.M.）　233
予測　242

ラ　行

ランダム化実地試験（randomised field trial）　81
ランダム化比較試験　21, 245, 256
ランダム抽出　117, 139
量的　126
量的研究　36, 116, 117, 137, 138, 140
量的データ　140
量的方法　115
理論化　123
理論的解釈　129
倫理　113, 155
ルカクス（Lukacs, J.）　227
労働党　19
ロマン主義　245, 250, 258
論拠（argument）　57

ワ　行

枠組　140

アルファベット

EPPE3–11 研究　108
EPPI センター　3, 20, 23, 24, 27
RCT25
STAR プロジェクト　95, 96, 98, 99, 102
WWC 情報連携センター　23, 24, 27

訳者紹介

柘植雅義（つげ まさよし）編者　序文，第1章，第3章，第4章，第7章
　　国立特別支援教育総合研究所上席総括研究員／教育情報部長
葉養正明（はよう まさあき）編者　第9章
　　埼玉学園大学人間学部教授／国立教育政策研究所名誉所員
加治佐哲也（かじさ てつや）編者
　　兵庫教育大学学長

籾井圭子（もみい けいこ）第2章
　　文部科学省国際統括官付国際戦略企画官
肥後祥治（ひご しょうじ）第5章
　　鹿児島大学教育学部教授
海津亜希子（かいづ あきこ）第6章
　　国立特別支援教育総合研究所主任研究員
玉木宗久（たまき むねひさ）第6章
　　国立特別支援教育総合研究所主任研究員
尾﨑朱（おさき あや）第7章
　　宝塚市立高司小学校教諭
河場哲史（かわば てつふみ）第7章
　　筑波大学附属久里浜特別支援学校小学部主事
田中裕一（たなか ゆういち）第7章
　　兵庫県教育委員会特別支援教育課指導主事
中川恵乃久（なかがわ えのく）第7章
　　愛知県立半田養護学校桃花校舎進路指導主事
本多正人（ほんだ まさと）第8章
　　国立教育政策研究所総括研究官
向後明希子（こうご あきこ）第9章
　　国立教育政策研究所総括研究官

D. ブリッジ（David Bridges）
イースト・アングリア大学名誉教授，ケンブリッジ大学セント・エドムンズ・カレッジ名誉フェロー。著書に *Fiction written under Oath?*（2003, Kluwer），共編に *Philosophy and methodology of educational research*（2007, Blackwell）。

P. スメイヤー（Paul Smeyers）
ルーヴェン大学心理・教育科学部教授。共著に *Thinking Again*（1998, Praeger Publishers），*The Therapy of Education*（2010, Palgrave Macmillan）。

R. スミス（Richard Smith）
ダラム大学教育学部教授。*Ethics and Education* 誌で編集委員を務める。共著に *The Therapy of Education*（2010, Palgrave Macmillan）。

エビデンスに基づく教育政策
───────────────
2013年11月20日　第1版第1刷発行

編著者　D. ブリッジ
　　　　P. スメイヤー
　　　　R. スミス
編訳者　柘　植　雅　義
　　　　葉　養　正　明
　　　　加　治　佐　哲　也
発行者　井　村　寿　人

発行所　株式会社　勁草書房
112-0005 東京都文京区水道 2-1-1　振替 00150-2-175253
（編集）電話 03-3815-5277／FAX 03-3814-6968
（営業）電話 03-3814-6861／FAX 03-3814-6854
三秀舎・青木製本所

Ⓒ TSUGE Masayoshi, HAYO Masaki, KAJISA Tetsuya　2013

ISBN978-4-326-25092-9　　Printed in Japan

JCOPY ＜(社)出版者著作権管理機構　委託出版物＞
本書の無断複写は著作権法上での例外を除き禁じられています。複写される場合は，そのつど事前に，(社)出版者著作権管理機構（電話 03-3513-6969，FAX 03-3513-6979，e-mail: info@jcopy.or.jp）の許諾を得てください。

＊落丁本・乱丁本はお取替いたします。
http://www.keisoshobo.co.jp